U0527684

Big Law: Money and Meaning in the Modern Law Firm
by Mitt Regan and Lisa H. Rohrer
© 2020 by The University of Chicago. All rights reserved.
Licensed by The University of Chicago Press, Chicago, Illinois, U.S.A.
本书简体中文版由芝加哥大学出版社授权法律出版社有限公司独家出版发行。
版权所有，违者必究。

著作权合同登记号
图字：01-2023-1978

盈科专家智库丛书

大 所

现代律师事务所的商业关切和职业价值

BIG LAW

Money and Meaning in the Modern Law Firm

[美] 米特·里根　　[美] 丽莎·罗勒　著
　　Mitt Regan　　　　Lisa H. Rohrer

王进喜　李　华　译

法律出版社 LAW PRESS·CHINA

图书在版编目（CIP）数据

大所：现代律师事务所的商业关切和职业价值 /（美）米特·里根,（美）丽莎·罗勒著；王进喜，李华译. -- 北京：法律出版社，2024. -- ISBN 978 - 7 - 5197 - 8988 - 6

Ⅰ. D916.5

中国国家版本馆 CIP 数据核字第 202450LC85 号

大所：现代律师事务所的商业关切和职业价值

DASUO: XIANDAI LÜSHI SHIWUSUO DE SHANGYE GUANQIE HE ZHIYE JIAZHI

［美］米特·里根（Mitt Regan）
［美］丽莎·罗勒（Lisa H. Rohrer） 著
王进喜　李　华　译

策划编辑　朱海波
　　　　　杨雨晴
责任编辑　朱海波
　　　　　杨雨晴
装帧设计　汪奇峰
　　　　　臧晓飞

出版发行　法律出版社	开本　710 毫米×1000 毫米　1/16
编辑统筹　法律应用出版分社	印张　19.75　字数　300 千
责任校对　蒋　橙	版本　2024 年 11 月第 1 版
责任印制　刘晓伟	印次　2024 年 11 月第 1 次印刷
经　　销　新华书店	印刷　三河市龙大印装有限公司

地址：北京市丰台区莲花池西里 7 号（100073）
网址：www.lawpress.com.cn　　　　　　销售电话：010 - 83938349
投稿邮箱：info@lawpress.com.cn　　　　客服电话：010 - 83938350
举报盗版邮箱：jbwq@lawpress.com.cn　　咨询电话：010 - 63939796
版权所有・侵权必究

书号：ISBN 978 - 7 - 5197 - 8988 - 6　　　　　　定价：80.00 元

凡购买本社图书，如有印装错误，我社负责退换。电话：010 - 83938349

译者简介

王进喜 男，1970年生，法学博士，中国政法大学法学院教授，博士研究生导师，法律职业伦理研究所所长，律师学研究中心主任，兼任《证据科学》杂志副主编、司法部律师惩戒委员会委员、中国法学会律师法学研究会副会长；2008年度教育部新世纪人才支持计划入选者，2010年教育部长江学者和创新团队发展计划"证据科学研究与应用"创新团队负责人；澳大利亚新南威尔士大学2009—2012年度客座研究人员，2010年9月—2011年6月美国加州大学戴维斯分校法学院高级访问学者。主要研究领域：法律职业伦理（法律职业行为法）、证据法。

李 华 女，全国律师行业优秀党员律师、北京市优秀律师、北京市律师行业优秀党务工作者，最高人民检察院第六和第七检察厅民事行政检察专家咨询网专家，中国人民大学法学院法律硕士专业学位研究生实务导师。盈科律师事务所创始合伙人、副主任、盈科全国业务指导委员会主任，《盈科全国业务指导委员会系列丛书》总主编。钱伯斯2024/2023大中华区榜单TMT：数据保护＆隐私上榜律师，The Legal 500 2024年亚太地区中国法域榜单金融科技领域推荐律师。

译 者 序

律师究竟是属于职业还是商业,是律师、法律教育工作者、律师行业规制者长期纠结的问题。正如本书作者所指出的那样,人们一直对律师失去职业身份的可能性感到焦虑,这种持续关注为不时发起的重振职业主义的运动提供了澎湃的动力。在时代的迷雾中,这一问题的答案时而清晰,时而模糊。这一问题的假设前提是职业与商业的二分法,即职业关切和商业关切具有本质上的对立性。根据商业和职业二分法,律师在市场上执业,但是独立于市场力量;律师代理商业,但是能够脱离其控制和影响。这种隔离了竞争和商业压力的理想环境,使律师们觉得职业主义是绝对真理,对商业方面的考量应加以拒斥,或者至少应当服从于律师行业的职业理想。然而随着法律服务市场条件发生显著的变化,这些理想条件在逐步丧失。例如,公司内部律师的崛起导致委托人行为方式发生变化,内部法律顾问更关注外部法律服务的成本和效率;委托人强调律师事务所之间通过竞争来提供法律服务,不再重视与律师事务所的长期关系;更多的法律服务提供者进入法律服务市场,形成买方市场;强大的法律媒体根据律师事务所的规模、营收及合伙人的收入进行排行,揭开了律师事务所内部管理的面纱,促进了律师行业的竞争性流动。美国已故的联邦最高法院首席大法官威廉姆·瑞恩奎恩特(William Rehnquist)于1987年谈到,"法律实务一直是一种'天职'——例如神职,它几乎不考虑薪酬——和产品销售——最重要的是薪酬——的微妙的混合体。过去的25年里的动向,一直是更加重视薪酬,使法律实务更像一种商业"。

大型律师事务所尤其受到上述因素的影响。在一些论者看来,大型律师事务所的出现和崛起,就代表着职业价值被商业使命所取代。在历史上,法律职业曾通过禁止律师广告、禁止对委托人进行劝诱、禁止风险代理、建立法律服务最低收费标准等措施,试图维护法律职业活动中职业因素与商业因素之间的区别和距离。

然而,用"职业—商业"这种二分法来理解律师的世界,会阻碍我们理性、清晰地审视律师所面对的世界和所做的事情。在一些人看来,在美国,律师现在不是一种职业,而且在律师历史的大部分时间里,他们从来就不是一种职业。美国学者费雷德森(Freidson)也认为,所有的行业都必须谋生。因此,所有行业不可避免地必须作为有效的商业来运作。因此,职业主义不需要、也不可能完全独立于市场力量。职业逻辑和商业逻辑并不是截然对立的,商业和职业价值既可以对立,也可以互补;一些政策可以增强律师事务所的商业前景,也可以增强职业价值得以蓬勃发展的条件。换言之,商业和职业因素完全可以以不同的组合形式存在于组织内部。因此,我们应当历史地关注不同逻辑的元素如何在组织中共存,以及它们相互补充或者冲突的程度。本书根据2009年至2016年期间对美国大型律师事务所合伙人进行的279次深度访谈,得出结论认为,现代律师事务所如果既希望财务上获得成功,也希望秉持职业价值观,则必须平衡商业和职业逻辑。实现这种平衡的一个关键条件,则是某种形式的律师事务所的特有资本,以在面对关于委托人和律师日益增长的竞争时,能够提供稳定性。

律师行业是否具有商业性的问题,也是我国律师行业某种焦虑的渊源。在百年未有之大变局中,律师执业的外部环境发生了重大变化,而且这种变化可能是法律服务市场的永久性、不可逆的变化。例如,律师人数增长、法律咨询公司等市场主体的进入所带来的激烈竞争,人工智能等新兴法律科技在法律行业的应用,委托人付费意愿和能力的下降,等等。律师事务所不再像以往那样安然度日,比以往任何时候都更深切地感受到了市场力量的影响。

有人说，2023年律师行业的年度关键词是"卷"。我在一次律师行业的研讨会上听到一位律师说道，对于许多律师事务所而言，现在的问题是"生存"，只有生存下来才有发展问题。在这样的法律服务市场环境下，商业关切似乎正在迅速遮蔽律师实务的职业价值。在这样一个新的、更苛刻的市场环境下，律师事务所能在多大程度上平衡商业和职业因素，是颇值得关切的问题。我欣喜地看到，许多律师和律师事务所仍然珍惜自己的职业身份，仍然通过诸如法律援助等公益活动表达自己的职业关切。尽管当前法律服务市场的发展趋势促使律师事务所要比过去更多地关注商业因素，为律师更好地赋以商业意识和商业技能，但是对许多律师而言，职业价值仍然是他们在实务中的满意度的一个来源。

虽然本书关注的是美国大型律师事务所中职业因素和商业因素的平衡问题，但我认为其中的一些结论同样适用于中国律师行业。这源于几个前提：第一，中美律师结构相似，在很大程度上都是非分立的职业，其代理职能与服务职能合于一体，即不存在诸如英国出庭律师和事务律师这样的职业分工，尽管中美法律服务市场都出现了许多新的市场主体；第二，中美都可以称为律师大国，都有着庞大的内部法律服务市场，有着数量不菲的大型律师事务所，近十年来中国大型律师事务所的发展尤其令人瞩目；第三，中美律师行业都有很丰富的国际化因素或者潜力，特别是中国官方提出要培育国际一流律师事务所，为国际法律服务市场注入了更多中国元素，中国律师事务所必然成为不可忽视的国际存在；第四，中美律师行业面临的时代冲击很类似，尽管程度不同。因此，本书不仅仅是一窥美国大型律师事务所运作与文化的窗口，也是律师事务所决策者、律师行业管理者可以借鉴并据以决策的参考。

王进喜
2024年11月10日

米特·里根(MR)：

献给南希(Nancy)；

献给丽贝卡(Rebecca)、本(Ben)和布莱恩(Bryan)，献给利亚姆(Liam)和达什(Dash)；

以及纪念西尔维亚·利奥波德(Sylvia Leopold)。

丽莎·罗勒(LHR)：

献给J.J.，加文(Gavin)和麦迪·罗勒(Maddie Rohrer)；

以及献给比尔(Bill)和简·爱森(Jan Haueisen)。

目录

导言：大所 // 001

研　究 // 010

本书的组织 // 013

结语：商业、职业和伦理 // 015

1　商业与职业：弥合鸿沟 // 018

历史背景 // 019

职业主义与制度逻辑 // 025

商业、职业和律师事务所特有资本 // 029

结　论 // 035

2　委托人在主宰 // 036

对于律师事务所服务的需求 // 037

影响需求的力量 // 039

给律师事务所—委托人关系带来的后果 // 047

结　论 // 058

3 鼓励创业者 // 060

成为企业家 // 062

女性与生产力 // 068

身份工作 // 081

结　论 // 084

4 创业者与合作 // 086

作为单独执业者的企业家 // 086

委托人的机构化 // 091

合作文化 // 093

培育合作 // 101

结　论 // 106

5 为了生产力而精简 // 108

新常态 // 109

合伙人人均利润的象征意义 // 113

作为移动目标的生产力 // 117

精简与文化 // 121

调和商业逻辑 // 126

结　论 // 135

6 薪酬的物质经济 // 137

概　述 // 138

合伙结构和晋升 // 140

股权合伙人薪酬 // 145

律师事务所的内部市场 // 155

结　论 // 163

7　薪酬的象征经济 // 165

概　述 // 167

金钱与尊重 // 169

尊重与晋升 // 171

律师事务所薪酬决策 // 173

律师事务所内部市场 // 185

薪酬透明度 // 196

结　论 // 199

8　诱惑横向流动人员 // 200

横向流动市场动力学 // 203

文化风险 // 208

横向招聘和职业价值 // 211

结　论 // 224

9　受信赖的顾问和服务提供者 // 226

可信赖的顾问 // 229

委托人想要什么 // 239

忠诚与信任 // 246

忠诚与距离 // 249

律师事务所文化与可信赖的顾问 // 255

告　诫 // 256

结　论 // 260

结　论 // 262
现代律师事务所中的商业和职业价值观 // 262
寻找律师事务所特有资本 // 265
迎接挑战 // 269
结　论 // 275

附录:研究项目 // 277

致　谢 // 279

参考文献 // 281

导言:大所

律师事务所的实务已经今非昔比。以下同一律师事务所的两名律师的不同说法,反映了过去几十年里发生的重大变化。第一位合伙人回顾了他在20世纪80年代中期从事法律实务时的经历:

> 我记得我去见"一位前合伙人(已故)",他当时是管理合伙人,我对他说:"我在做一些会计责任方面的工作,我在全国各地奔走,与'某合伙人'一起办理刑事诉讼案件,我在写一份最高法院的调卷申请书。我是否应该缩小关注范围,尝试做一些有助于获客的事情?"他说:"不要担心获客问题。只要尽你所能成为最好的律师,为这个职业服务,委托人自然会来找你。"(#257*)

另一位合伙人是21世纪初从法学院毕业的,她被问及在律师事务所的实务经历时,她回答说:

> 我过去以为这种工作涉及的销售很少。我妈妈是做销售的,我跟她说了一些事情,她说:"哦,你是在做销售。"我说:"如果我想做销售,我就去做销售人员了。"……我不认为你真的意识到你实际上是在销售

---

* 对合伙人进行的访谈编号,下同。

一项服务,你是在服务行业,你必须是一名销售人员。(#241)

第一位律师描述了这样一个世界:在这个世界里,内部职业标准所定义的优秀的法律技艺为晋升和经济成功提供了保证。第二位律师描述了这样一个世界:在这个世界里,赚取这些好处需要更多地依赖商业技能。这种转变通常被这样描述:"律师执业活动正变得更像一种商业而不是一种职业。一些律师对此表示谴责。其他人欢迎它。少数人则否认它。"(*Economist* 2011*)

这种说法并不新鲜。一个多世纪以来,对公司律师事务所持批评态度的人一直声称,律师事务所为了商业成功,逐渐放弃了职业价值观(Berle 1933;Bristol 1913;Llewellyn 1931;Stone 1934)。另一些人认为,在20世纪的头几十年里,实务的典型合伙模式可能使一些公司律师事务所免受商业压力的影响(Glendon 1994;Linowitz 1994;Smigel 1964)。这为他们创造了一个机会,让他们在塑造自己的法律实务方法时,有意义地汲取了职业价值观。

然而,近年来,第二种观点的许多支持者认为,经典合伙模式背后的市场条件已经崩溃,堤坝已经坍塌,商业压力现在已不受抑制地涌入了法律实务。许多人声称,其结果是坚持职业价值观的可能性越来越小。这一主张与这种观点是一致的:一般而言,职业正在丧失这些传统特权,即"控制自己的协会,控制工作场所,控制其为之服务的市场,以及控制其与国家的关系"(Freidson 2013;Krause 1996,280;Rostain 2010)。在这种情况下,这些行业受市场力量或者科层结构的支配,而不是受职业价值的支配。艾略特·克劳斯(Elliott Krause 1996,280)提出了这一问题:"资本主义最终会捕获硕果仅存的行会吗?"他认为这一过程正在进行中:

---

* 详见参考文献,下同。

> 职业中任何非资本主义价值的丧失,既是缘于外部压力……也是缘于对积极的行会价值观——共治、对团体的关切、超越单纯利润的更高的职业伦理——的放弃,这侵蚀了职业和其他行业之间的区别,而使他们成为资本主义的中层雇员。

无论根据哪一种观点,很明显,自公司律师事务所兴起以来,对律师失去职业身份的焦虑一直是人们持续关注的问题,并为时不时发起的重振职业主义的运动提供了动力(American Bar Association 1986;Atkinson 1995;Brandeis 1905;Gordon 1983;Hobson 1986;Levine 2013)。

很少有人能否认大型律师事务所现在是主要的商业企业。2019年一份关于AmLaw 100强①报告称,2018年,37家律师事务所的营收超过10亿美元,10家律师事务所的营收超过20亿美元,2家律师事务所的营收超过30亿美元。在这些律师事务所中,39家律师事务所报告的合伙人人均利润超过200万美元,20家律师事务所报告的合伙人人均利润超过300万美元,8家律师事务所报告的合伙人人均利润超过400万美元,3家律师事务所报告的合伙人人均利润超过500万美元,有1家律师事务所报告称,股权合伙人人均利润超过600万美元(*American Lawyer*② 2019)。

在过去30年中,大型律师事务所的规模也有了巨大的增长。1989年的AmLaw 100强名单表明,上榜的律师事务所平均规模是312名律师;2019年上榜的律师事务所的平均规模是这个数字的3倍多,平均每家都有1000多名律师(*American Lawyer* 2019)。同样,1989年名单上的律师事务所相对集中在几个办事处。1989年,平均每家律师事务所只有3个办事处,30年后,AmLaw 100强中每个律师事务所的办事处平均有21个(National Association

---

① 按总营收排名的100家美国律师事务所名单。
② 《美国律师》杂志。

of Law Placement 1989）。

这种戏剧性的增长在2019年带来了许多1989年不存在的组织性挑战。对管理合伙人来说，在几十个办事处组织好1000名职业人员是一项挑战。这些管理合伙人大多是在20世纪80年代末和90年代初开始从事法律实务的。除了规模上的挑战，还有结构上的变化。1989年，大型律师事务所1/3的律师是股权合伙人——实际上是律师事务所的"所有者"；2019年，这一比例降至1/5，表明律师事务所内部的权力平衡可能会向更集中的资深律师群体转移。

与此同时，大型律师事务所的律师属于传统上人们所说的职业。威廉·苏里文（William Sullivan 2005，21）提出，"职业既是一种谋生手段，也是一种生活方式"。他接着说道：

> 职业主义在重要的工作中寻求自由，而不是逃避它。在职业工作中，执业者是这样来表达自由的，即将用心习得的知识和技能用于超越自我和执业者个人满足感的目的。
>
> 对委托人或者患者的关心，以及对职业所代表的公共价值的关心，对真正的实务至关重要。关键的一点是，对于一个真正的职业人员来说，工作的意义既来自它是什么，也来自它所指向的目标，其意义与其回报所带来的意义相同甚至更多。

正如我们在本书中所阐述的那样，我们相信，要获得对当前律师事务所实务的充分理解，就需要我们放弃这样的假设，即商业和职业关切具有本质上的对立性。公司律师事务所自诞生之日起，就一直是从事商业活动的职业组织。它们在不同时期的不同市场环境下运作，它们的生存能力取决于在经济上的成功，以及在市场环境发生变化时能够得到在其中工作的律师的忠诚。

因此，认为律师事务所结构和政策的各种变化反映了商业价值的无条件上升，可能是一种误导。更相关的问题是，在一个新的、更苛刻的市场环境下，律师事务所在多大程度上试图平衡商业和职业因素。

从历史上看，律师事务所能否从其律师那里获得能够提高商业绩效的忠诚，部分取决于它们能否在一定程度上可信地将自己对商业需求的回应与这些律师对自己作为职业人员的理解相一致。合伙人必须将准备进行的改变视为与他们的职业价值观一致，才能接受它们，但是对于律师事务所的律师而言，提议的表达方式以及获得接受的改变，本身就能微妙地塑造职业主义的意义。因此，在律师事务所的实质性变化和职业主义概念之间存在一种持续的辩证法。对职业价值的理解可能是抵制某些变化的来源，但是也可能演变为适应那些被视为更迫切需要采用的其他变化。

在本书中，我们借鉴了 2009 年至 2016 年对美国大型律师事务所合伙人进行的 279 次深度访谈，以评估这种说法，即商业关切正在遮蔽律师事务所实务的职业价值。[①] 其中 15 次访谈是在 6 家律师事务所进行的。其中 5 家律师事务所进入了 AmLaw 100 强，而在与另一家律师事务所合并之前，第六家律师事务所进入了 AmLaw 200 强。我们之所以关注大型律师事务所，是因为自 19 世纪晚期其出现以来，它对法律职业产生了巨大影响。虽然在这种背景下工作的律师比例相对较小，但是"公司律师事务所继续在职业内外发挥着远远超过其数量的影响力"（Kronman 1993，273）。就像克罗曼（Kronman）所说的那样，"无论如何衡量影响力和权力——无论是用原始的经济术语还是更为微妙的政治术语——这些律师事务所仍然是律师界的领导者"（273）。这些律师事务所通常被称为大所（MacEwen 2013，1），吸引了法律和大众媒体不成比例的关注。

我们考察了大型律师事务所正在如何应对日益激烈的竞争，这对律师将

---

① 我们在附录中提供了研究的细节。

自己视为职业人员的理解意味着什么，以及律师事务所在多大程度上试图打造独特的组织文化，以反映其自身在商业需求和职业价值观之间的特殊平衡。我们认为这对于研究律师和他们的事务所是至关重要的，因为，就像迈克尔·凯利（Michael Kelly 1994, 18）所说的那样，"如果不了解实务组织的运作，就不可能对职业主义、法律职业伦理或者当代法律职业作出条理清晰的解释"。凯利（Kelly）写道，在组织中，职业主义"不是一个抽象概念，它是在实务的每一个决定中形成的"（13）。接下来的几页内容描述了这一过程是如何在律师及其事务所的日常生活中发生的，捕捉了在关于大型律师事务所的常见刻板印象和宽泛概括背后的经验的复杂性。

这本书的一个重要研究结果是，律师事务所之间没有任何有意义的差异来解释它们对市场压力的敏感性，或者它们如何应对市场压力的大致轮廓。在我们的研究中，所有的合伙人都面临着相同的基本商业压力，而不论其律师事务所的业务领域、血统和历史、地理位置、薪酬政策、组织结构和委托人基础。这些压力的具体形式取决于这些特征中的某些方面，但是每个合伙人都面临着我们在书中描述的同样的竞争要求。来自所有律师事务所的合伙人的回应都强调了共同的关键挑战，这是由加剧的竞争和财务绩效压力造成的。此外，针对这些需求而制定的政策和做法，反映了我们研究中的所有律师事务所的突出趋势。

当被问及他们的律师事务所需要建立和维持一种什么样的独特文化以平衡商业需求和职业价值时，合伙人往往会给出类似的回答。正如我们在本书中的几章所描述的那样，律师事务所可以采取各种措施来实现这一点。然而，我们的研究让我们总结出，这些都代表了应对这种基本且共同挑战的不同方式：同时解决囚徒困境和保证博弈的需要。我们在开展研究时并没有想到这个概念框架；它反映的理论是基于对大约5000页的访谈记录的仔细分析。

我们相信这本书通过提供一个一般的分析框架，为分析大型律师事务所作出了重要的贡献。这个框架提供了一个共同的视角,据此可以审视书中详细的访谈,我们希望它将指导未来对律师事务所的研究。在这方面,这本书是本着先前的学术研究的精神写作的,这些先前的学术研究已经试图识别律师事务所的一些基本的潜在动力。我想到了两本著作:罗伯特·纳尔逊(Robert Nelson)的《有权力的合伙人》(Partners with Power),它关注的是科层制与参与制之间的紧张关系;马克·戈兰特(Marc Galanter)和托马斯·帕莱(Thomas Palay)的《律师锦标赛》(Tournament of Lawyers),该书讨论了锦标赛的概念,作为律师事务所组织结构的基础和律师事务所增长的引擎。

通过对现代律师事务所的研究,我们得出了三个普遍的结论。

第一,虽然律师事务所在过去三四十年间面临着越来越大的竞争压力,但是自2008年经济衰退以来,这些压力明显加剧。许多律师事务所正面临委托人对其服务的需求持平或下降,同时委托人要求将律师费降至最低的巨大压力。与此同时,他们正在与越来越多的非法律组织进行竞争,以获得委托人的业务,而且通常不能指望与委托人保持长期的关系来维持日常业务流。许多合伙人认为,这些可能是律师事务所服务市场的永久性结构性变化。

这些趋势正促使律师事务所认识到它们的律师在寻找委托人和业务方面需要具有企业家素质,需要比过去的律师更好地培养商业技能。律师事务所正通过改变其薪酬制度,以及更愿意放弃他们认为利润不足的合伙人和业务,来强化这一认识。他们还积极从其他律师事务所横向招募合伙人,并寻求保护自己,免遭富有生产力的自身合伙人的背叛。在这些方面,律师事务所正致力于在一个更加竞争的市场——无论是对委托人而言还是对合伙人而言——中合理地组织作为商业企业的自己。

第二,尽管有这些趋势,对许多合伙人来说,职业价值仍然是有意义的,是他们在实务中满意度的一个来源。当被问及在当前的实践中,职业主义是否仅仅意味着有效地经营一家为委托人服务的企业时,一位在一家大型律师事务所担任管理角色的诉讼合伙人说的话值得详细引用:

> 我认为还有更多的东西……至少在诉讼方面,写一份最高法院诉状、在陪审团面前进行辩论或者作结案陈词、进行交叉询问都有着技巧和职业主义。这是服务的传统,律师事务所的人想为个人委托人提供服务和代理,无论是在我早期执业时花了很大力气来代理不受欢迎的被告,还是今天花力气代理巴勒斯坦难民的人……
>
> 人们想做当初驱使他们去上法学院的事情。这是有空间的。培养知道如何为人们服务的更好的律师也是这个职业的一部分,在某种程度上,我认为对工程师、会计师或其他有执业执照的人来说,不一定是这种情况。(#247)

同样,《美国律师》在2018年关于AmLaw 100强的报告中指出:"并非所有合伙律师事务所都是利润最大化实体;相反,许多律师事务所在利润与合伙人从共治中获得的精神收入、工作的内在乐趣、可控的绩效压力、培养下一代带来的满足感之间取得平衡。"(Simons and Bruch 2018)

如果合伙人认为,他所在的律师事务所真诚地认为这些价值观是重要的,并积极地寻找追求这些价值观,就可以引发对律师事务所的忠诚,这比仅仅基于自身财务利益的联系更持久。如果发生了这种动力,它可以培育一种文化,不仅为合伙人提供内在的职业奖励,而且使该律师事务所能够比其他律师事务所更有效地为委托人服务。

如果这种合作文化为律师事务所创造了竞争优势,它可以产生律师事务所特有的资本,使合伙人留在律师事务所比离开律师事务所更有利。这意味着该律师事务所将拥有更可靠的委托人关系和更稳定的合伙关系。通过这种方式,一个重视非财务职业价值给予的律师事务所,可以引出合伙人的忠诚,这也为律师事务所提供了经济利益。

第三,维持这种文化说起来容易做起来难。由于激烈的竞争,律师事务所很可能会越来越多地把重点放在商业考虑上,除非它有意不这样做。这可能会导致合伙人保护自己,即出于自己的切身利益行事,而不是为了同事和律师事务所的利益与他人合作。

为了避免这种默认结果,律师事务所必须同时向其合伙人传递两条信息。第一条信息,它必须让他们相信,合作行为在经济上比自利行为更有利,而且与在其他律师事务所相比,会让合伙人获得更大的回报。我们将其描述为管理层解决囚徒困境的需要。解决这一问题的律师事务所可以通过加强与合伙人的纽带关系来创造律师事务所的特有资本,这反过来又可以创造竞争优势。

与此同时,这些纽带的工具基础可能使忠诚变得脆弱和偶然。为了建立更持久的纽带,管理层必须让合伙人相信,律师事务所不仅仅是一个创造利润的工具。它必须传达出第二条信息,它认为与职业价值相关的非财务奖励具有内在的重要性。这传达出的信息是,合作不仅因工具原因而有价值,而且作为一种互动方式,表达了职业主义理想,并使合伙人能够按照职业主义理想来执业。我们将这个管理任务描述为解决保证博弈。应对这一挑战可以创造更强大的律师事务所特有资本,这是合伙人和律师事务所之间的纽带形式,它基于律师事务所提供的财务和非财务回报。

正如这个讨论所表明的那样,商业和职业价值既可以互补,也可以对立。一些政策不仅可以增强律师事务所的商业前景,也可以增加职业价值得以蓬勃发展的条件。同样,促进律师事务所实现职业价值的措施可以引出对律师事务所的投入,从而促进其商业成功。商业和职业价值观——金钱和意义——因此可以在现代大型律师事务所以各种方式交织在一起,尽管不可否认的是,律师事务所比以往任何时候都更容易受市场力量的影响。每个律师事务所都需要以自己的方式来解决这种动态,并在考虑它所面临的特定条件的情况下达成平衡。例如,大多数大型律师事务所受到类似的经济压力,但是即使在这一群体内,也有迹象表明可能正在出现需要不同反应的不同细分市场（Simmons 2018a）。此外，由于所处行业、所服务的委托人、所提供的服务以及律师对实务的期望不同，律师事务所必须以自己独特的方式将金钱和意义结合起来。我们描述了律师事务所是如何有意或者无意地这样做的，以及这对大型律师事务所的未来意味着什么。

研　究

我们在结论之后的附录中提供了我们研究设计的细节，但是我们在这里描述的一般方法将是有用的。我们访谈的大约95%的人来自6家有约900名或者更多律师的律师事务所，其中有5家是AmLaw 100强。第六家律师事务所属于AmLaw 200强，拥有400多名律师；此后，该律师事务所与另一家律师事务所合并。我们访谈了各种业务领域的人，他们有着不同的人口统计和其他相关特征。尽管如此，我们仍不能声称进行了科学严谨的随机抽样。

正如我们所指出的那样，我们研究的一个主要发现是，我们进行了大量访谈的6家律师事务所面临着相同的商业压力，并以相似的方式回应它们，尽管它们之间存在各种差异。所有律师事务所的合伙人也同样描述了律师事务所必须做些什么，以保持一种文化，通过这种可信的沟通来获得忠诚：它认为商业和职业关注都是重要的。如上所述，我们将此定义为同时解决囚徒困境和保证博弈。

我们确实发现，在律师事务所明确寻求促进职业价值观的程度上，以及在他们如何成功地建立这样做的文化方面，存在一些差异。在这6家律师事务所中，有一些在灌输这种共同文化观方面更有效，尽管在这些律师事务所内部也能听到不同的声音。我们将在书中适当的地方讨论这个问题。

我们注意到的另一个不同之处，是一些合伙人明确指出的，即他们的纽约办公室和其他办公室在律师事务所内部存在的不同之处。一种强烈的感觉出现了，即对市场需求的敏感性，并向那些对市场反应最快、财务劳动率最高的律师提供奖励,对律师事务所纽约办事处的工作文化的影响比对其他办事处的影响更大。尽管纽约的律师们在他们的共同职业人员中体验到了一些同志情谊,但是他们主要是通过参与工作团队,而不是通过工作场合其他非正式的联系体验到的。我们在这里注意到了纽约办公室和其他办公室之间的明显区别,但是在本书中不做进一步讨论。

以下是每家律师事务所的简介,当我们讨论各律师事务所之间的差异时,这些信息可能会有用。我们已经注意确保这些描述不包括任何可能用于识别具体律师事务所的特征。

在我们研究的时候,律师事务所 1 是一家大约有 400 名律师的律师事务所,后来它与另一家律师事务所合并了。诉讼是它最强大的业务,尽管它还包括一些其他的专业化业务。随着其他律师事务所在其市场上以更快的速度增长,该律师事务所面临着越来越大的竞争压力。近年来,竞争对手挖走了一些有利可图的合伙人,作为回应,该律师事务所更积极地试图从其他律师事务所吸引合伙人,并将其业务集中在更有利可图的工作上。在我们访谈时,律师事务所 1 正因为其规模较小,缺乏独特的细分市场,以及因为它所覆盖的领域不够深入而难以调配其业务中的工作,而面临着挑战。

在我们研究的时候,剩下的 5 家律师事务所都有 900 多名律师。律师事务所 2 传统上有很强的诉讼和规制业务。尽管近年来,它在专业化和高利润的公司领域已经变得强大,但是它在扩大和扩展其公司业务方面的努力取得了成败参半的结果。该律师事务所过去曾做过大量的公益工作,并鼓励其律师花时间从事公共服务。该律师事务所认为,这在一定程度上给律师提供了自我选择的空间,并有助于保持一种独特的文化。

律师事务所 3 有很强的公司业务,它的合伙人传统上认为它的文化是非常具有协作性的。近年来,它大力推动全球扩张,努力扩大公司工作和其他业务。它有一个强大的管理合伙人,其在国内办事处留下的遗产,继续在律师事务所中发挥着巨大的影响力。律师事务所强调持续增长,在横向流动市场上非常活跃,并试图建立一个更系统的流程,将横向流动律师融入律师事务所中。

历史上,律师事务所4在不同的地理区域拥有广泛的业务,并有着不同的费率结构、盈利能力和合伙人薪酬。多年来,该律师事务所一直与某些委托人保持着特别牢固的合作关系,但现在这些委托人已经不再那么具有独占性了。这意味着其要与其他律师事务所竞争这些委托人的业务。合伙人公开谈论律师事务所4的文化,说律师事务所4的氛围比其他大型律师事务所更宽松。一些人说,该律师事务所正在适当地从这种方式转向一种更大的问责制,对表现不佳者的容忍度更低,而另一些人则对这种变化对律师事务所4文化的影响表示担忧。

在过去,律师事务所5有一系列的业务,现在律师事务所正在调整,以专注于最有利可图的业务。通过横向招聘建立起来的一个业务领域已经变得特别有利可图,在律师事务所内部发挥着相当大的影响力。合伙人称赞了该律师事务所对商业开发活动的支持,他们认为这对律师事务所5财务业绩的提升很重要。

律师事务所6过去与某些委托人建立了密切的合作关系,而现在这些委托人不再那么具有独占性。它有一个相对广泛的业务领域,这些业务领域有不同的盈利能力,在某种程度上,它不像其他大型律师事务所那样强调增长。与我们研究的其他律师事务所相比,它公开合伙人薪酬信息的范围略小,尽管合伙人可以与管理层商定查看这些信息。合伙人们公开谈论律师事务所的文化。他们通常认为合作是这种文化的一个重要方面,并以各种方式鼓励合作。就律师事务所6内部特定的合伙人群体之间的差异,我们没有发现任何基于资历、部门、业务团队、办公地点或者在最高管理层以下的管理职位上任职的系统性观点差异。我们确实发现,高管成员如执行合伙人或者律师事务所主席,通常更有可能说律师事务所有独特的文化,并对此持积极态度。然而,即使在执行委员会或者类似机构的成员之间,在这一水平以下也存在更多的差异。一般来说，横向流动合伙人对其律师事务所的看法比其他合伙人更积极，尽管这种差异并不显著。在相关的地方，我们在书中注明受访者是否是横向流动的合伙人。我们还发现，"服务合伙人"——他们通常不会通过吸引委托人来产生收入——对律师事务所的好感程度要低于那些创造新委托人的呼风唤雨者。在相关的地方，我们会注明受访者是服务合伙人还是呼风唤雨者。

我们发现女性比男性更关心律师事务所内部的晋升机会。我们主要在第3章讨论这一发现，但是也在其他章节讨论合伙人的终止和薪酬。最后，我们无法获得关于律师事务所中特定业务领域的收入或者盈利能力的信息，因此无法形成基于这个因素的观点。然而，我们确实在书中的不同地方提出了一些建议，说明在通常被视为高利润或低利润的业务领域如何会影响特定合伙人对特定主题的看法。

我们的研究发现，现代大型律师事务所越来越多地面临共同的压力和应对类似的挑战。这与我们的意见是一致的，即不断增强的市场压力可能会缓慢地耗尽律师事务所的那些并非基于商业逻辑的独特特征。因此，律师事务所必须比过去更加深思熟虑地努力，以保持这些独有的特征。我们承认，用其他具有不同重点、依赖多种方法论工具的研究可能会发现律师事务所之间有趣的差异。然而，我们认为，通过我们现在的研究已经发现了大型律师事务所普遍存在的重要动态。

本书的组织

在整本书中，对合伙人语录的引用标明了访谈序号。第1章简要说明一个多世纪以来，商业和职业二分法的观点如何影响了对大型律师事务所的评价，奠定了本研究的基础。然后，它描述了社会学家艾略特·弗雷德逊（Eliot Freidson）的另一种分析模型，该模型承认，律师事务所总是结合了所谓的商业逻辑和职业逻辑。在这一章中,我们详细阐述了律师事务所同时解决囚徒困境和保证博弈,以维持一种对这两种逻辑类型都加以重视的文化的需要,我们还描述了这项任务在过去几十年里如何变得更具挑战性。

其余章节利用对合伙人的访谈来描述律师事务所服务市场的变化,这些变化正在如何重塑合伙人与他们的委托人和律师事务所之间的关系,以及律师事务所对这些变化的反应如何正在塑造律师和律师事务所关于职业主义的概念。

第2章描述了服务市场如何从卖方市场转变为买方市场。第3章至第9章讨论了律师事务所应对这一转变的具体方式,这些回应如何影响合伙人对法律实务的理解,以及这些回应在律师事务所试图平衡商业和职业关切时所带来的挑战。我们主要通过合伙人自己的话来讲述这个故事。

第3章讨论了律师事务所日益强调律师像企业家一样培养商业技能以应对这种变化。由于这一趋势对律师事务所中的晋升和薪酬有重大影响,我们将在本章中关注这种价值观的转变如何影响女性的职业前景。

第4章分析了强调创业可能产生的潜在风险,即产生这样的文化:合伙人更多地关注他们的个人利益而不是律师事务所利益。我们描述了如何通过合作而不是单打独斗来培养企业家精神,从而降低这种风险,并为商业成功和职业满意度创造条件。

第5章讨论了律师事务所如何比过去更愿意解雇被认为生产率不足的合伙人。我们指出,他们这样做会影响合伙人对律师事务所的忠诚感,以及他们对律师事务所认为很重要的价值观的理解。在这一章中,我们还注意到,女性可能面临的创业挑战反过来会使她们特别容易被解雇。

第6章和第7章探讨了薪酬决策在律师事务所鼓励促进财务成功的行为方面发挥关键作用的方式。第6章将薪酬作为一种分配经济报酬的物质经济。它描述了典型的律师事务所薪酬制度的要素,以及这些要素是如何成为正式标准和合伙人之间非正式谈判的产物的。第7章强调,薪酬也代表了一种象征经济,涉及尊重的分配,因为它被合伙人视为他们如何被律师事务所评价的标志。因此,在协调商业和职业逻辑的任何举措中,薪酬都是至关重要的。

第2章至第7章就律师事务所的合伙人讨论了商业压力以及如何应对这些压力,而第8章则聚焦于横向流动市场。即使律师事务所能够创造出一种独特的文化,既重视商业逻辑,又重视职业逻辑,但是在一个活跃的横向流动市场中,这种文化也会不断地承受来自合伙人离职率和入职率上升的压力。因此,律师事务所如何处理这一现象会对其保持逻辑平衡的能力产生重大影响。

第9章关注的是日益增加的商业压力在多大程度上重塑了职业主义的一个重要维度:律师对他们在社会中的角色及其扮演这一角色的能力的理解。具体来说就是,市场条件的变化是否让合伙人觉得没有义务去考虑委托人眼前利益之外的问题？最后,结论性的一章对访谈中获得的见解,以及面对日益增长的商业需求,律师们就保持职业认同感所持续采取的措施进行了反思。

结语:商业、职业和伦理

这个项目的开始是为了确定大型律师事务所的哪些特征可能促进合乎职业伦理的行为。这种关注导致我们向律师提出了诸如此类的问题:委托人是否曾经要求你做一些让你感到不舒服的事情？如果有,你有没有向律师事务所里的人提出过你的担忧？人们的反应是什么？谁来决定接办某件会与另一个委托人产生利益冲突的事务？与商业考量相比,伦理考量对决策的影响有多大？你是否见过同事的行为方式让你觉得存在职业伦理问题？律师事务所有人对此表示过担忧吗？

我们与律师对这些问题的讨论并不完全令人满意。我们逐渐认识到,律师认为具有伦理意义的问题,远超出了传统上定义的涉及法律职业伦理的问题。在职业伦理规则或者职业责任普通法背景产生的问题,并没有穷尽律师事务所的律师在评估其执业的伦理环境时认为相关的一系列关切。其他需要考虑的问题包括：是否愿意与同事分享收费账单分数，是否愿意放弃会给律师事务所带来业务冲突的委托人，是否愿意花时间指导年轻律师，是否愿意为了初级合伙人放弃薪酬，如何处理工作和家庭冲突，决定有多少工作时间账单应该开给委托人，以及是否考虑离开律师事务所并把委托人一起带走。

对于典型的律师来说，他们更需要在这些和其他在伦理上具有重要意义的问题上——而不是决定是否披露一份有罪的文件，或者倒填一份法律意见书的日期以便委托人能够获得税收优惠问题上——作出选择。换言之，律师事务所的律师们并不是在两个不同的领域工作：一个是日常工作，基本上没有伦理含义或者意义，另一个则涉及更鲜活生动的场合，在这些场合中，他们必须以符合伦理责任的方式平衡对委托人的责任和对法律制度的责任。律师们寻求过一种比这更完整的职业生活，通过创造一个规范的世界，使他们能够对广泛的行为作出道德判断，从而为他们的生活注入意义。其中一些行为可能不是传统法律职业伦理的主题，但是这并不意味着律师认为它没有伦理意义。

在这方面，我们的经历与迈克尔·凯利（Michael Kelly 2007，4）描述的经历类似：

> 跟我交谈的从事法律实务的人很快乐地——有时甚至渴望——谈论他们的业务、他们的组织和困扰他们的问题，但是在就他们最关心或者最吸引他们的业务的清单上，法律职业伦理排名不高，如果它名列该清单。人们对其实务有着强烈的感受，从骄傲到深切的担忧甚至困惑。我偶然发现了一些与一开始所要寻找的不同的东西。我决定放弃我最初的关注点，而是直接描述法律实务，来传达在实践中人们对他们职业生活的定性、关注点和思考。

因此,虽然第9章关注的是受到日益增长的商业压力的合伙人如何看待他们的社会角色及其伦理义务,但需要强调的是,律师认为我们在第2章至第8章中讨论的问题也充满了伦理意义。在这方面,整本书描绘了大型律师事务所合伙人所栖息的物质世界和道德世界。

1

商业与职业:弥合鸿沟

关于律师事务所实务已经从一种职业转变为一种商业的担忧并不新鲜。就像马克·格兰特和托马斯·帕拉伊(Marc Galanter and Thomas Palay 1994，908)所说的那样，"当代对法律实务商业化的担忧，是一个长期传统的一部分，该传统悲叹于早期美德职业主义的衰落。该早期的美德职业主义似乎总是存在于个人经验的视野之外"。这种"衰退论"——就像罗伯特·戈登(Robert Gordon 1984)所描述的——将这种转型描述为失宠。我们所称的"第一衰退论"认为，当为大公司服务的大型律师事务所在19世纪的后1/3时期出现时，衰退就发生了。另一些人赞同"第二衰退论"，该理论认为，从职业到商业的转型发生在过去30年左右的时间里。因此，两个版本都接受了这一观点，只是在衰落发生的时间上有所差异。

然而，这种关于职业衰退的说法，把商业和职业视为天生的对立。因此，对律师事务所商业表现的关注的每一次增加，都被认为代表了对职业主义的关注的相应下降。正如我们在接下来的章节中所描述的那样，商业和职业的概念确实说明了对一般法律事务，特别是对大型律师事务所实务的性质的持续严肃关注。然而，当被视为二分法时，它们会抑制而不是增强我们对现代实务的理解。

本章首先简要描述了对大型律师事务所法律实务从职业转变为商业的恐惧的历史，并探究了加剧这种恐惧的最近发展。本章接着描述了艾略特·

弗雷德逊（Eliot Freidson）的职业概念，该概念就这种倾向——将法律实务视为对立的职业因素和商业因素的二分法——提供了有价值的纠正。我们利用所谓的制度逻辑理论来补充弗雷德逊（Freidson）的模型，从法律职业的层面转移到律师事务所的层面。

这一分析框架凸显的是，直到20世纪的最后二三十年，许多大型律师事务所都享受着基于其与委托人的长期关系的所谓"律师事务所特有资本"。这意味着它们几乎不需要采取明确的措施来确保盈利。其结果是，律师事务所有空间，可以根据合伙人对什么能提供令人满意的职业生涯的看法，将商业和职业考虑结合起来。

然而，在过去的几十年里，律师事务所面临着一个竞争激烈得多的市场。他们不能将长期委托人关系作为律师事务所特有资本的一种形式，而必须投入更多的精力来获得委托人和获得足够的利润。如果律师事务所要避免仅受商业需求的影响，那么它现在必须寻找其他形式的律师事务所特有资本。这样的资本可以使它在当前的市场条件下创造出一种独特的文化，在商业价值和职业价值之间取得平衡。正如我们在本章所阐述的那样，我们将其描述为同时解决囚徒困境和保证博弈的需要。简言之，律师事务所必须说服它的合伙人，它非常重视保持财务上的竞争力，同时向他们保证律师事务所不仅仅意味着财务上的成功。正如下面的章节所说明的那样这容易陈述，但是很难做到。

历史背景

在一些论者看来，大型律师事务所自出现起，就象征着职业价值被商业使命所取代（Green and Nader 1978；Strong 1914）。在这些批评者看来，这个职业在19世纪晚期误入歧途了。

直到南北战争①结束后的时期,美国的律师实务通常是由单独执业者或者两名共同承担办公费用并为各自的委托人服务的律师办理的(Pinansky 1987)。然而,随着战后商业企业规模和范围的扩大,为了满足它们日益增长和复杂的法律需求,就需要更大的律师事务所来提供更广泛和协调的服务。这些律师事务所将大量时间集中在商业委托人身上,帮助其设计法律结构,使规模和复杂性都前所未有的经济活动得以出现。虽然以今天的标准来看,律师是综合执业者,但是他们在公司和金融工作方面变得更加专业。

律师事务所规模越大,自身的商业企业性质更加明显,更注重为大公司服务,这些加在一起,被认为是与"共和理念"相悖,即律师是独立的工匠,他们是当地社区的领导者,为当地社区的需要服务。后一种观念就是安东尼·克罗曼(Anthony Kronman 1993)所称的"律师—政治家"。人们开始担心,随着法律实务被同化到普通商业活动中,这一角色正在消失。就像罗伯特·戈登(Robert Gordon 1984,61)所说的那样,这种焦虑在"各种各样的华丽辞藻中得到了表达,这些辞藻来自所有关于理想的公共讲坛——律师协会和法学院的毕业典礼演讲、对同事的纪念演讲、文章和书籍"。

例如,1895年发表在《美国律师》杂志(该刊物与当前同名的刊物无关)上的一篇文章就哀叹,律师界"在很大程度上让自己丧失了崇高的独立性、真正的学识、良好的职业尊严和荣誉感。在过去的三十年里,它已经越来越受到商业精神的污染,这种精神主要着眼于每一项任务的经济价值和报酬"(*American Lawyer* 1895)。某作者在1901年的《耶鲁法律期刊》上指出:"最近有一种观点,可以用这样的话来表达,'法律不再是一种博学的职业,它已经变成了一门生意'"(Shelton 1901,275;see also Berle 1933;Llewellyn 1931)。谢尔顿(Shelton)接着说道:

---

① 1861~1865年。

> 所要进行的区别并没有用语言加以清楚地界定,但是,从总的估计来看,足以表明使上一代律师卓尔不群的行为标准已经明显下降了。对职业的概括来说,法律不再是一种崇高而光荣的职业,为之需要奉献一生的追求,为维护其最崇高的标准,牺牲再大也不为过。相反,律师将他的职业视为谋生的手段,他不为崇高的理想所激励,也不为特殊的热情所激励,只追求金钱上的回报,以便在年老体迈使他获得满足的能力丧失之前,能给他带来奢华的生活。(275)

同一出版物的另一位作者布里斯托尔(Bristol)在1913年说,"法律实务已经变得商业化。它已经从一种职业转变为一种商业,而且是一种忙碌的商业。金融利益集团以渴望的眼光看待法律行业,并逐渐将其圈养起来,使其处于他们的控制之下,以获取能从法律行业中获得的利润"(Bristol 1913, 590)。

法律界对这些批评作出了回应,试图在法律实务与商业活动之间划清界限。它通过了禁止广告、劝诱委托人和风险代理的规则,并建立了法律服务的最低收费标准,以便律师不会基于价格就委托人展开竞争。美国律师协会法律教育委员会向法学院和执业者强调"灌输正确的情感和抵消引入现代商业方法带来的负面影响"的重要性。该委员会说,这样一项任务应该团结"所有那些认为自己的职业无价的人"(American Bar Association 1897, 382)。1908年《职业伦理准则》的通过,旨在表达职业的独特价值,并消除外部规制的需要。

因此,19世纪晚期和20世纪早期精英法律界的职业主义工程的主要任务是"维持……商业和职业之间的区别"(Pearce 1995, 1238; see also Pearce and Wald 2012)。通过接受对他们行为的约束,律师们被认为与社会达成了一项神秘的交易。它的条款是,"律师职业同意为委托人和公众的利益使用自己的技能。作为对这一承诺的交换,社会将权力让与律师职业,包括从事法律实务的专有权和'享受'不受政府干预的自主权,以及在某种程度上免受市场规制"(Pearce 1995; see also Rostain 2010)。律师将受到被准入执业的州的法院通过的职业伦理规则的规制。他们忠于委托人,但是不欠委托人什么。

将法律实务区分为商业和职业的二分法,主张律师理想地在市场上执业,但是具有独立于市场的活力,他们代理商业,但是能够脱离其影响。基本前提是"委托人和公众的利益优先于律师自身的经济利益"(Solomon 1992, 147)。

"第二衰退论"的支持者认为,直到20世纪最后二三十年,大型律师事务所还能够根据职业价值而不仅仅是为委托人提供服务来运作,因为对其服务的有限竞争在一定程度上使它们免受商业压力的影响(Glendon 1994; Linowitz 1994)。在20世纪的大部分时间里,律师事务所和委托人建立了持续几代人的长期关系。这意味着委托人属于律师事务所,而不是律师个人。例如,1959年,世界大型企业联合会(Conference Board)对近300家制造业公司进行了调查,结果显示,这些公司普遍对自己的外部律师事务所感到满意,而且"从未想过雇佣另一家"(Galanter and Palay 1991, 34)。一位公司内部法律顾问在1965年指出,法律服务"可能是我们购买的唯一一项没有对替代成本进行过调查的服务"(34)。此外,律师事务所通常能够在提交其账单时只简单地注明"就提供的服务",而不详细说明任何收费依据。此外,"诸如账单费率,律师事务所利润,合伙协议,合伙人薪酬,非合伙律师工资,甚至律师事务所委托人身份等事项的信息也都是没有的"(Regan 2004, 27)。

这些条件实际上允许大型律师事务所以寡头垄断的形式运作。寡头垄断律师事务所有相当大的定价能力,而且在提高效率方面只面临轻微的压力。它们可以避免不得体的公开竞争,明确地关注那些使律师事务所更直接受市场力量支配的财务目标。有了可预测的收入流和免受激烈竞争的影响,他们在组织运营时可以考虑一些非财务方面的因素，并建立一种反映律师事务所对职业价值的独特理解的文化。正如一名论者在谈到这一时期时所说的那样：

> 案件的人员配备和收费方式，合伙人的选择和支付方式，以及新合伙人的加入方式，都是基于内部考虑而不是市场因素。既得业务领域可以自由地按照自己的意愿行事，几乎可以忽略效率、生产率、市场营销和竞争等粗鄙的问题。（Stevens 1987，8-9）

对他们的服务需求的保障，创造了一个创造独特的律师事务所文化的机会，该文化将以独特的方式调和商业和职业的关注度。与市场压力隔绝的重要措施意味着经济考虑不必支配律师事务所的政策和决策。

例如，麦考尔·特罗特（Michael Trotter）描述了20世纪60年代中期发生在现在位于亚特兰大的Alston & Bird律师事务所中的一场争议。非合伙律师们了解到，该律师事务所的开票员不仅利用工时单来决定向委托人收取多少费用，而且还按照律师来组织这些工时单，并就此报告给了律师事务所管理层。他们要求与该律师事务所的高级合伙人菲利普·阿尔斯通（Philip Alston）会面，以抗议这种做法。他们投诉的主旨是，"跟踪这些信息并为晋升和薪酬目的使用它来评估非合伙律师和合伙人，这将导致律师之间为竞争而投入大量时间，并且诸如工作质量和花在社区服务上的时间等因素将被牺牲"（Trotter 1997，31）。合伙人商议了这个问题，并决定停止审查个人律师的计费时间，这种做法长达10年。正如特罗特（Trotter）所描述的那样，"因为律师事务所有很多工作要做，而且还在不断发展，而且合伙人们享受着他们没有预料到的不断提高的收入，他们一致认为，这种计时做法会破坏律师事务所紧密团结的文化，他们认为没有必要鼓励律师之间的竞争"（31）。

玛丽·安·格兰登（Mary Ann Glendon 1994，37）指出，"从20世纪20年

代到 60 年代中期,律师界领导人推崇的职业主义概念非常稳定和一致"。这些在公司实务中创造了"某些可靠的真理"的感觉:

> 工作表现好的非合伙律师通常会晋升为合伙人;其他人则会废然无功;有着其角色分工的合伙是一种相当有保障的地位;在必要的情况下,可以也应该独立于委托人;如果有必要,经济方面的考虑将服从于律师事务所的团结或者正确行为的理想。

正如我们将在第 2 章中更详细地描述的那样,在过去三四十年里,律师事务所服务的市场条件发生了显著的变化(Galanter and Henderson 2008;Galanter and Palay 1991;Regan 2004)。公司的法务部变得越来越庞大和复杂,总法律顾问更关注外部法律服务的成本和效率。委托人不再培养与律师事务所的长期关系,而是积极鼓励它们之间通过竞争来提供特定事务的服务。委托人对法律服务的成本也很敏感。他们积极地与律师事务所谈判以获得折扣和其他有利的条款,他们要求大多数事务要有预算。

市场环境的这些变化,"鼓励更加关注商业发展和职业服务的营销"(Brock 2006,160;see also Brock,Hinings,and Powell 1999)。如今,律师事务所内部的分化程度越来越高,"核心员工是职业经理人,传统的合伙治理体系正让位于更企业化的模式"(163 – 164)。此外,"商业语言——委托人、市场份额、合并、效率和利润——在当代职业组织中日益成为常态"(164)。合伙人从一家律师事务所跳槽到另一家律师事务所,律师事务所终止与那些被认为效率不高的人的合伙关系,这种情况现在很常见。强大的法律媒体对律师事务所的财务状况及其合伙人的收入给予了相当大的关注,两者的信息都可以广泛获得。

不出所料,这些发展使得一些观察人士认为,在过去几十年里,法律实务从一种职业堕落成了一种商业。例如,丽贝卡·洛芙(Rebecca Roiphe 2016,

650)说:"职业主义是 20 世纪 70 年代的牺牲品。"她认为,从那个时期开始,"社会职业主义"的概念已经让位于"为有需要的委托人提供服务"的职业主义概念(652)。

1987 年,首席大法官威廉·伦奎斯特(William Rehnquist)提出,"法律实务一直是一种'天职'(如神职,它几乎不考虑薪酬)和产品销售(最重要的是薪酬)的微妙的混合体。过去的 25 年里的动向,一直是更加重视薪酬,使法律实务更像一种商业"(157)。1994 年,法学教授玛丽·安·格兰登(Mary Ann Glendon)哀叹道,"一些曾经只是次要支流或者逆流的激进主张,在主流法律文化中即使没有占据主导地位,也获得了尊重和重视",其中包括"法律和其他行业一样是一门商业;而商业就是对自身利益的无限制追求"(6)。

职业主义与制度逻辑

正如上述简短的历史所表明的那样,在对大型律师事务所的分析中,普遍认为职业和商业是法律实务中既截然不同又相互对立的特征。在本节中,我们认为这些假设削弱了我们理解大型律师事务所复杂性的能力。律师在律师事务所中讨生活,而这些律师事务所必须像成功的企业一样运作才能生存。与此同时,就像以下章节详细讨论的那样,律师不仅仅是出售服务的职业人员这一理念,继续在执业者中产生深刻的共鸣。因此,我们需要一个职业主义的概念,将其置身于市场,以理解律师和律师事务所如何试图驾驭这种动态关系。

提供这种视角的一个职业方法,是弗雷德逊(Freidson 2013)提出的一种具有影响力的职业主义概念,即"第三种逻辑",它以不同于市场和科层制的方式组织工作。弗雷德逊(Freidson)明确指出,职业、市场和科层制的概念是理想的类型,而不是实际具体现象的代表。理想的市场类型是这样一个世界:在这个世界里,个人可以不受规制地自由买卖任何东西。消费者充分了解商品和服务的质量,理性地选择那些能让他们最满意的商品和服务。"这个世界是围绕消费组织起来的,消费者的偏好和选择决定了谁的服务会成功"(1)。范式制度是"现货市场",完全由定期交换组织起来,在这个市场中,行当的出现和消失取决于消费者的需求(46)。劳动分工的基础是工作者之间的竞争,他们寻求通过满足消费者的需求来谋生(55)。

在科层化组织的工作中,商品和服务的生产和分配是由大型组织中的行政人员计划和执行的。每个组织都由一组规则管理,这些规则详细规定了每个任务,谁执行它,谁可以就它作出指令,以及活动之间的关系(55)。执行官和经理们对那些生产产品和提供服务的人进行控制,目标是尽可能高效地运作。那些生产商品和提供服务的人的义务是执行分配给他们的任务(67)。

与市场和科层化模式相比,职业主义是这样一种安排,在这种安排中,"拥有使他们能够提供特别重要服务的职业知识的工作者,有权力组织和控制他们的工作"(1-2)。职业主义下的职业分工是"由专业工作者自己直接控制其特定工作的条款、条件、目标和内容"(60)。这种控制的基础是"自由裁量性的专业化",即职业人员利用抽象知识和专业知识来诊断新情况,这些情况需要自由裁量和判断,以应对其特点(23)。这种自由裁量权的行使意味着"被信任、忠诚地、甚至在道德上参与到某人的工作中"(34)。

对我们的目的至关重要的是,弗雷德逊(Freidson)指出,"现实是而且应该是这三种逻辑的不同混合,政策问题是这种混合的精确配比"(181)。正如他所言,这种混合应该建立在这样一个评估之上,即"是否因为强调这个的优点而抑制了那个的优点,是否过度刺激了它们的缺点"(181)。此外,他的模型"假设在历史上职业都是行当,因为,像所有行当一样,如果没有某种方式获得收入,那么它们就不能生存,它们在市场中的地位是树立榜样的最合适的基础"(5)。换言之,所有的职业也都是商业,因此不可避免地具有商业的特征。

弗雷德逊(Freidson)因此提出,我们可以把行当放在一个频谱上,而不是把它们定性为职业或者非职业。它们如何结合这三种逻辑是不同的。行当与职业理想类型的距离可能更近,也可能更远,这取决于它们拥有弗雷德逊(Freidson)所指出的理想特征的程度,以及它们的其他特征在多大程度上强化或者削弱理想职业类型的价值。

与关于法律职业的历史辩论相关,我们可以把市场和商业科层制的理想类型想象成为更一般的商业逻辑的特定表达。它们使工作者分别受到消费者和管理者的控制,以促进提供商品和服务的目标。因此,它们与对工作的行当控制形成了对比,而对工作的行当控制是职业主义的特征。然而,正如弗雷德逊(Freidson)所指出的那样,所有的行业都必须谋生。因此,所有行业不可避免地必须作为有效的商业来运作,以应对特定的市场条件,也就是说,他们必须适应供求的一般动态。

这清楚地表明,职业主义不需要也不可能完全独立于市场力量。相反,它反映了一个行业在特定的市场条件下在多大程度上能够根据市场条件关注财务生存能力的需求,与此同时,能够提供实现职业主义非财务价值的机会。对行业以及各个组织的评估,应当根据其商业和职业特点的特定组合来进行,而不是根据其属于这一类或者那一类来评估。

虽然弗雷德逊(Freidson)关注的是一般的职业,但是我们可以将他的框架应用于大型律师事务所。就像凯利(Kelly 1994,17)指出的那样,"职业主义的整体概念,即使不被取代,也会被业务组织内围绕委托人、治理和激励的日常斗争所扭曲"。他继续说,"我们不能再独立于特定的组织环境和文化来定义职业价值了……因为经济价值观和其他职业价值观之间的特定配置或者关系是在每个组织内部制定出来的,并以独特的职业文化的形式出现"。

在各个组织层面上分析这一现象的一个框架是"制度逻辑"。这些是"物质实践模式、假设、价值观、信仰和规则",通过这些,个人"为他们的社会现实提供意义"(Thornton and Ocasio 1999,804;see also Besharov and Smith 2014;Thornton and Ocasio 2008)。因此,制度逻辑为社会行动者提供了各种动机和身份理解（Lok 2010，1308）。苏达比和格林伍德（Suddaby and Greenwood 2005，60）提出：

> 在职业组织中，任何主流的制度逻辑都代表着矛盾的基本逻辑之间的休战或者解决，无论是暂时的还是持久的。这种"休战"意味着一种复杂的理解——包括角色身份、适当组织形式的边界以及工作范围——这些都体现在更大的职业主义神话中。

学者们在分析职业组织时倾向于关注他们所谓的商业和职业逻辑。正如我们所提出的那样，弗雷德逊（Freidson）的理想类型的市场和科层制都可以被看作商业逻辑的例子，分别由消费者和管理者，而不是职业人员组织和控制工作。与弗雷德逊（Freidson）一样，这些逻辑并不是截然不同和对立的，而是可能以不同的组合形式存在于组织内部的。这将使我们关注不同逻辑的元素如何在组织中共存，以及它们相互补充或者冲突的程度（Smets et al. 2014）。

弗雷德逊（Freidson）的观点和制度逻辑方法表明，从19世纪末到20世纪末，大型律师事务所有许多特点，这些特点使其在频谱上更接近于职业而不是商业理想类型。许多律师事务所在一个"卖方市场"中运作，这给了它们相当大的市场权力，它们的律师直接与法律专业知识不如它们的公司经理打交道。因此，大型律师事务所在组织工作和提供服务方面有很大的自由，而不受委托人的重大影响。这种市场支配力也使得律师事务所没有必要培养专门的管理干部来制定商业战略并协调律师的活动以促进该战略。在这些竞争条件下，大型律师事务所相对不同于市场和科层制的生产方式。这为追求非经济职业产品提供了相当大的空间。

正如我们所描述并将在第2章中更详细地讨论的那样，在这个新的"买方市场"中，权力的天平已经从律师事务所转移到委托人。现在的律师事务所与更精明的总法律顾问和法务部打交道,他们对如何选择律师事务所和如何开展工作施加了更大的影响。越来越激烈的工作竞争要求律师们比上一代人对委托人的偏好更加敏感。

为了应对这种发展,律师事务所正在采取更加专业化和集中化的管理职能来制定经营战略。其结果是,律师面临更多的科层化控制,委托人和经理对律师如何履行其工作施加了更多的影响。

因此,问题在于,现代律师事务所能在多大程度上按照一种重视非经济职业价值的职业生产模式运作。组织典型地反映了多种模式的混合,这样的概念表明,最近律师事务所服务市场的变化并不一定意味着律师事务所已经成为纯粹的商业组织,而不是职业组织。更确切地说,问题在于,根据当前的市场状况,律师事务所可以建立何种商业和职业特征的组合,以及每种特征的相对突出程度。在下一节中,我们将讨论一种思考这些特性之间的关系的方法,这种方法将超越商业—职业二分法。

商业、职业和律师事务所特有资本

商业和职业上的关切可能是互补的,罗纳德·吉尔森和罗伯特·姆努金(Ronald Gilson and Robert Mnookin 1985)的著作说明了这一点。他们分析了在许多律师事务所和委托人有长期关系期间,律师事务所的运作。他们将这些委托人关系描述为"律师事务所特有资本",这有助于将律师与律师事务所绑定在一起(354)。就像他们所解释的那样,个人资本代表着一名律师在市场上能赚到的收入流,这些收入基于他的才能、教育、经验等。律师事务所特有资本是"律师事务所作为一个持续机构的收益与其各个合伙人的人力资本的总价值之间的差异的资本化价值,如果这些人力资本被部署到律师事务所之外以用于其下一个最具生产率的用途的话"(345)。就像他们所说的那样:

因为律师事务所特有资本既不容易从律师事务所转移出去,也不容易在律师事务所外部复制,所以这些资本的回报对律师事务所内部的律师来说是可用的,但是对离开律师事务所的律师来说就失去了。这种现象的例子很容易想到。拥有 IBM 作为委托人对 Cravath、Swaine & Moore 来说是有价值的,但是如果在离开律师事务所时没有合伙人可以把 IBM 带走,那么与 IBM 的委托人关系是律师事务所的一项资产。只有留在律师事务所时,律师个人才能得到这一资产的回报。(345 – 355)

律师事务所特有资本是一项重要的商业资产,它"允许律师事务所更有效地配置员工,而委托人在建立关系方面的投资,使律师事务所从一个竞争委托人的环境走向接近双边垄断"。然而,吉尔森(Gilson)和姆努金(Mnookin)指出,"开发和维护提供这些好处的委托人关系,要求团队合作"(369)。合伙人必须愿意合作,为了律师事务所利润的最大化而放弃对眼前利益的追求。他们提出,基于资历而非个人生产率的同步薪酬提供了这种激励。由此产生的分享文化不仅提供了经济利益,还强化了不逃避对他人责任的职业价值观。

正如我们在后续章节中更详细描述的那样,在我们的访谈中,合伙人通常会根据关涉他人的行为来描述职业主义。这包括不顾个人回报而帮助同事,把委托人介绍给同事,慷慨地分享获客分数,愿意放弃工作以避免与其他同事产生利益冲突,指导资浅律师,为律师事务所承担委员会或项目责任,为委托人提供负责任的建议,不使律师事务所或者第三方处于不当风险中,对利益冲突规则进行合理解释,即使从该委托人处获得的利润低于其他委托人,也要按照职业标准尽可能做好工作。这种类型的合作行为反映了为了同事和律师事务所的利益而消除了一些直接的自身利益。① 律师们把具有这种行为特征的律师事务所视为职业组织。

我们的访谈一致表明,吉尔森(Gilson)和姆努金(Mnookin)的框架阐明了律师事务所在高度竞争的市场中培育这种合作文化所面临的关键挑战。接下来的章节根据几家律师事务所的诸多合伙人的评论,更详细地描述了这一挑战。

尽管律师事务所的管理正朝着更加集中化的方向发展,但是管理层要求律师进行合作行为的能力是有限的。首先,为委托人提供的服务是在分散的基础上由许多律师提供的,他们必须行使自由裁量权来做好自己的工作。其次,委托人现在倾向于向律师而不是律师事务所寻求服务。正如我们将在第8章中所描述的那样,这使得拥有重要委托人关系的合伙人从一家律师事务所跳槽到另一家律师事务所相对容易。因此,律师事务所的管理层通常必须说服律师从事某些行为,而不是就此作出规定。

合伙人愿意从事关涉他人的行为,需要相信他们的同事或者律师事务所不会利用他们。合伙人必须相信,合作是有回报的,经常性的合伙人离开和到来不会妨碍稳定的合作文化的形成。

律师事务所如何才能获得这样的信任呢?至少,管理层需要说服合伙人,作为职业主义特征的合作行为,将使律师事务所成为一个盈利的和有竞争力的企业,并为其合伙人提供重大利益。如果管理层能够证明这一点,合伙人就会相信,合作的优势对律师事务所的大多数人来说是显而易见的,这给了他们信心,如果他们合作,其他人也会合作。

因此,合作行为提供了一种律师事务所特有的资本形式,使合伙人在此律师事务所执业比在其他缺乏合作文化的律师事务所执业更有利可图。拥

---

① 我们的访谈表明,合伙人也把作为委托人信任的顾问作为一种独特的职业回报。这包括提供有关法律的建议,有时还包括法律以外的考虑。这种回报与合伙人之间以及合伙人与律师事务所之间的互动关系不大,因此我们将在第9章中讨论它。

有这样资本的律师事务所不仅是分散的合伙人实务的集合,而且是提供服务的协调手段。这种资本创造的纽带可以让合伙人放心,从长远来看,会有足够多的同事留下,他们会就合作行为作出回报。这样,律师事务所通过强调职业主义的经济利益来对合伙人的长期自身利益有吸引力。

实现这一点可以被看作解决了囚徒困境中的集体行动问题。在这个场景中,个人的首选项的排序如下:"(Ⅰ)我不做贡献,但是有足够多的他人做贡献;(Ⅱ)我们都作出贡献;(Ⅲ)没有人作出贡献;(Ⅳ)我做贡献,但是没有足够多的他人作出贡献"(Lewinsohn-Zamir 1998,387)。因此,不管别人怎么做,不合作是一个人的主导策略。如果没有任何与他人沟通的方式,或者没有任何强制性的合作协议,那么个人不合作是理性的。如果律师事务所能向合伙人可靠地传达合作有助于他们的自身利益,从而产生大量的合作者,就能使合作成为主导战略。

然而,这种方法的风险在于,它可能只产生合作的工具性动机:对律师事务所的忠诚取决于经济回报。对所谓外在动机和内在动机的研究揭示了单纯依赖外在动机或者工具性动机的局限性(Lee and Martin 1991;Ryan and Deci 2000)。如果个人遇到对于自己来说自利行为比合作更有价值的情况,个人就可能变节。如果合伙人认为律师事务所只重视作为提高盈利能力的手段的合作,这种风险就会增加。这种观念会让合伙人担心,如果律师事务所真正关心的是生产率,合作可能会让他们处于不利地位。此外,即使他们认为合作有利可图,他们也可能会跳槽到另一家提供更大经济回报的律师事务所。基于自身经济利益的律师事务所特有资本可以诱导合作并增强稳定性,但是这种行为容易导致基于自身利益计算的变节行为。

正如我们在第 5 章中更详细地描述的那样,我们的访谈表明,许多合伙人也认为合作是一种内在的有价值的好东西,它表达了许多职业主义价值。他们更愿意合作,因为他们发现合作本身就有回报。然而,如果他们相信同事和管理层只把合作看作价值工具,他们就会对此保持警惕。这可能会抑制信任,而这种信任对于放弃眼前的自身利益是必要的,因为其他人这样做的意愿被视为可变的和偶然的。我们更愿意信任那些将合作本身的价值内化的人,而不是因为能带来物质利益而进行合作的人。

因此,管理层必须同时保证,律师事务所不仅仅意味着盈利——它将职业主义带来的无形的非经济回报视为内在价值,而不仅仅是工具价值。可靠地传达这一信息表明,合作是安全的——那些合作的人将会得到奖励,因为他们体现了重要的职业价值,而不仅仅是因为这样的行为提高了盈利能力。

这个需求可以被概念化为解决保证博弈的需要。在这种情况下,个人排名最高的偏好是每个人都做贡献,以便所有人都能享受到共同的利益。个人偏好排序是这样的:"(Ⅰ)每个人都作出贡献;(Ⅱ)没有人作出贡献;(Ⅲ)我不做贡献,但是其他人作出了贡献;(Ⅳ)我作出了贡献,但是其他人没有做贡献"(392)。这与囚徒困境不同,在囚徒困境中,个人排名最高的偏好是"我不做贡献,但是有足够多的他人做贡献"(387)。

然而,一个人仍然可能不合作,因为他担心其他人不合作。这可能会造成一种"绝望"感,人们会认为"无论他们选择做什么,集体目标都无法实现"(392)。如果他们以某种方式确信其他人会合作,他们也会合作。因此,在保证博弈中,合作的可能性"在很大程度上取决于有关他人可能采取的行动的信息的存在和质量(或者每个人可能期望的其他人采取的行动)"(393)。正如我们将在接下来的几页中几个地方所描述的那样,我们经常听到一个术语,用来描述律师事务所及其合伙人如何可信地表达他们认为职业价值具有内在重要性,那就是他们愿意采取"有钱不赚"的行动。(#52)

解决"保证博弈"可以提供比解决"囚徒困境"更持久的律师事务所特有资本形式。它提供的留在律师事务所的理由是基于内在的,而不仅仅是外在的动机:律师事务所有一种独特的文化,既重视财务方面的东西,也重视职业方面的东西。与单纯地诉诸能产生的经济利益相比,如果律师事务所的文化重视合作,无论是出于经济原因还是和非经济的职业原因,都可以在合伙人和律师事务所之间建立牢固的关系,从而产生更强的合作意愿和更持久的忠诚形式。通过这种方式,律师事务所对职业价值的真正忠信,可以为它在市场上提供竞争优势。

因此,一个寻求商业和职业价值平衡的律师事务所,必须通过说服其合伙人,使其相信自己是一个有利可图的合作性企业,并为其合伙人提供比其他地方更多的经济回报,从而解决囚徒困境。与此同时,它也必须令人信服地相信律师事务所所代表的不仅仅是这些——它也是一个职业价值被认为具有内在重要性的地方——来解决"保证博弈"。能够实现这种平衡的律师事务所,有机会创造一种独特的律师事务所文化,这种文化可以作为律师事务所特有资本的一种形式。这样,促进商业目标的措施可以证明职业价值,反之亦然。

在一个长期委托人关系时代,律师事务所更容易满足这些同时存在的需求。这种关系提供了律师事务所的特有资本,而现代企业现在必须以其他方式建立这种资本。这种形式的资本将合伙人与律师事务所联系在一起,这使得他们在组织利润最大化的过程中进行合作是理性的。同步薪酬服务于加强这种激励的经济目的。因此,市场现实使得解决囚徒困境相对容易。

可靠的委托人关系,也意味着律师事务所没有必要把重点明确放在获得业务和提高盈利上。这种压力的缺失,增强了律师事务所真正重视获得非经济职业回报的保证的可信性。除了经济功能外,同步薪酬可以被视为表达了这一讯息。它避免了对生产率的依赖,同时反映了对职业共治而不是竞争,对高质量工作而不是盈利能力的重要性以及奖励职业经验和判断追求。所有这些都使得律师事务所能够相对容易地解决保证博弈。

在上一代,特有资本形式使律师事务所能够同时解决囚徒困境和保证博弈,而现代律师事务所却没有这种形式。因此,它们必须努力在激烈竞争的市场条件下创造这种资本。第 3 章至第 9 章广泛借鉴了访谈内容,描述合伙人认为律师事务所必须做些什么来应对这一挑战。

结　论

本章认为,商业—职业二分法更多被看作是对竞争性价值观的非写实性描述,而不是对实务实际情况的经验描述。这种描述认为,根据职业价值观组织起来的律师事务所与市场是隔绝的。它的政策和决定基于非市场价值观,这些价值观反映了其合伙人对其工作条件的期望。这使得律师事务所能够创造一种特殊的文化,使其律师能够认同并希望维持这种文化。因此,明确界定律师事务所与市场之间的界限是职业主义的先决条件。

律师事务所实务已经从一种职业转变为一种商业的说法,认为律师事务所和市场之间的边界现在完全松动了。因此,律师事务所的行为反映了不受任何非市场价值影响的市场力量的运作。根据这一概念,律师事务所向其律师发出的关于什么是可取的或者不可取的行为的信息,只是反映了市场动机。律师事务所无法创造和维持任何能产生独特的共同价值和意义来源的文化,使其律师在追求经济回报之外与律师事务所联系在一起。按照这种观点,现代律师事务所已经失去了作为一个组织来平衡相互竞争的商业需求和职业价值,为其律师打造独特的职业主义概念的能力。

的确,大多数律师事务所已经失去了基于长期委托人关系的律师事务所特有资本,而这种长期委托人关系在历史上是一种重要的黏合剂。这使得打造独特律师事务所文化的任务比上一代人更艰巨。正如我们上面所描述的那样,它要求律师事务所管理层同时解决囚徒困境和保证博弈。律师事务所必须让合伙人相信,合作性行为符合他们的经济利益,并向他们保证,律师事务所将这种行为视为具有内在价值的职业回报。虽然这可能很困难,但是我们的访谈表明,这不是不可能的,毕竟在不同程度上,律师事务所及其合伙人都认为这很重要。

2/
委托人在主宰

正如导言和第 1 章所指出的那样,如果他们希望既在财务上获得成功,也拥抱职业价值观,现代律师事务所必须平衡商业和职业逻辑。实现这两个目标的一个关键条件是律师事务所特有的某种形式资本,在面对关于委托人和律师日益增长的竞争时,能够保持稳定性。本章详细地描述了律师事务所必须这样做的市场条件,以及这些条件如何反映了律师事务所与其委托人之间关系的变化。因此,它为后续章节的讨论提供了基础,后续章节讨论了律师事务所正在采取什么措施来应对市场压力,以及这些努力在多大程度上反映了商业和职业逻辑。

委托人现在对律师事务所如何为他们提供法律服务行使了更大的控制权。一个重要的原因是,自 2008 年经济衰退以来,对许多律师事务所服务的需求大多持平或者下降。这创造了"买方市场",即在这种情况下,委托人可以对律师事务所如何就其工作配置员工和定价施加相当大的影响(Thomson Reuters and Georgetown Law 2019)。一篇文章是这样描述这一转变的:

> 现在人们普遍接受的是,在上一次经济衰退中,律师事务所失去了其定价权。直到 2009 年前后,律师事务所可以设定他们认为合适的律师费,很少有委托人敢讨价还价。年增长率高于 CPI 是常态。虽然可

能会为确定的事务提供估计,但是它们通常是大致说明,而不是我们愿意承担责任的律师费上限。啊,过去的好日子。(Jasper and Lambreth 2016)

此外,自金融危机以来,法律服务市场的波动性更大,许多律师事务所的收入可能逐年上升或者下降。观察人士认为,这是现在市场的一个常态特征(Cipriani 2018)。

对于律师事务所服务的需求

对律师事务所服务的需求在 21 世纪初期大幅增加。2004 年至 2008 年,企业购买法律服务的金额增加了 9.8%,即 157 亿美元。正如一位观察者所指出的那样,"即使使用通货膨胀调整后的结果,甚至考虑到世纪之交时的互联网泡沫破裂,在从 1999 年开始的 9 年里,AmLaw 200 强的表现也优于整体经济"(Press 2014)。

精明的律师事务所专家布鲁斯·麦克尤恩(Bruce MacEwen 2013, 10)将过去 30 年中的律师事务所描述为"分秒不差地以很高的个位数速度增长,而且在 2008 年 9 月之前,在服务需求方面,从未经历过持续、系统性、延绵不断的宏观经济下行"。

随着 2008 年开始的经济危机,这种情况发生了显著变化。许多报告表明,在危机之后的 10 年里,对公司法律服务的需求并没有恢复到许多律师事务所在过去几十年里已经习惯的速度(Thomson Reuters and Georgetown Law 2018)。图 1 显示了自 2007 年以来按工时计算的法律服务需求的变化。它表明,随着 20 世纪末的经济危机,这种需求先是逐渐大幅下滑,然后在 2010 年出现了首次回调,此后增长相对和缓。2019 年出现了积极的趋势,需求、费率和费用都高于 2018 年(Thomson Reuters and Georgetown Law 2020, 3)。这一年,平均每月计费工时为 123 个小时,与 2007 年的每月 134 个小时相比,相当于每年相差 132 个计费工时(7)。对于一家拥有 600 名律师的律师事务所来说,这意味着约 3500 万美元的收入差异。① 因此,尽管企业委托人的法律支出一直在增加,但是其中很大一部分流向了企业内部部门和替代性法律服务提供商(Thomson Reuters et al. 2019)。2019 年,AmLaw 100 强律师事务所的费率实现率——委托人实际支付的金额与律师事务所的费率报价所产生的金额之比——继续下降,约为 81%。与此相比,在 2007 年是 92%(Strom 2019)。这种差异反映出委托人不愿意支付标准费率,以及一旦事务办结就付款进行谈判。

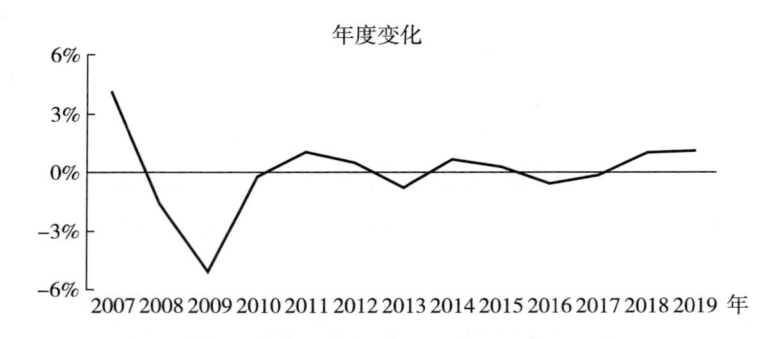

图 1　对律师事务所服务的需求增长,2007～2019 年

资料来源:©Thomson Reuters,Peer Monitor®,以及 Georgetown Law 2019。内容转载已经获得许可。

我们的访谈表明,许多合伙人将经济低迷视为一个分水岭,它极大地、不可逆转地提高了委托人议价能力。许多人还认为,这预示着在可预见的未来,对律师事务所服务的需求将持平或者仅有小幅增长。事实上,一些人认为这种市场状况可能是永久性的。一位合伙人评论道:"毫无疑问,大型律师事务所的蛋糕正在缩小,无论你称它为顶级工作,还是你只说能支付我们律师费的工作,这个蛋糕可能正在缩小。它可能会扩张一点,但是我们再也回

---

① 假设收取的律师费平均为 450 美元/小时,这是 Thomson Reuters and Georgetown Law (2020)报告中的平均水平。

不到 20 世纪 90 年代的增长了"。(#247)

正如我们将讨论的那样,这种下降所导致的委托人议价能力的增加,由于公司法务部的增长以及在他们内部的律师的地位和责任的扩大而得到了加强。一代人以前,律师事务所与委托人的连接点是商业经理,而商业经理通常不是律师。现在,律师事务所要联系的人是一名可能曾在律师事务所工作过的内部律师,他经常对律师事务所的工作作出精细复杂的评估。

这些变化让大型公司律师事务所的律师们感到不安。某合伙人说:

> 我想这种情况还会持续一段时间。除了美国经济,还有很多事情在发生。你知道,感觉需要进行很多调整,所以要在这个世界上为律师事务所找到一个非常安全的地方……是需要实现的目标。(#200)

当律师事务所及其合伙人试图适应这些条件时,他们既面临着满足委托人需求的战略挑战,也面临着作为职业组织意味着什么这一问题。在下面的章节中,我们首先描述导致这种需求变化的力量。然后,我们描述了这种转变如何影响律师事务所和公司委托人之间的关系。

影响需求的力量

对公司法律费用进行的更严格的审查

自 2008 年经济危机以来的商业环境反映出,全球竞争、技术变革加速、股东要求和规制审查等因素,给许多公司带来了越来越大的财务压力。当美国经济艰难地从衰退中恢复活力时,公司无情地专注于控制成本(Campello, Graham and Harvey 2010)。这些作为重中之重的削减成本,影响了包括法务部在内的所有业务运作。

对公司法务部来说，减少法律成本的压力是一个相对较新的期望。传统上人们认为，与其他类型的活动相比，法律事务更不容易满足对效率的要求，因为很难预测成功完成某事务需要什么服务。律师事务所通常不会提供其代理成本的精确估计，而是仅仅告知委托人其小时计费费率，以及可能使用的合伙人和非合伙律师的情况。委托人往往倾向于遵从律师事务所关于如何最好地提供服务的判断。小时计费费率既反映了律师事务所提供一小时服务的预期成本，也反映了利润率。其结果是，这种做法使律师事务所几乎没有动力关注效率。

随着法律费用的急剧上升和经济条件变得更具挑战性，公司开始更加关注它们为法律服务支付的费用。就在经济危机爆发前不久，思科总法律顾问马克·钱德勒（Mark Chandler）在 2007 年一次被广泛报道的演讲中，生动地描述了这一正在浮现的新现实。他说："底线是，我和公司其他员工一样，都有提高生产率的需求。这很简单。随着思科的规模不断扩大，用于法律费用的收入份额需要减少。"他接着说道："坦率地说，最根本的利益失调是在委托人和律师事务所之间，委托人是为了管理费用，而律师事务所是按小时获得薪酬的。"钱德勒（Chandler）描述了他与多家律师事务所达成的固定费用安排，并预计，随着律师事务所提高服务效率，这些律师费将随着时间的推移而下降。就法律服务的某个领域，他说："我们的目标是，与我们目前的全球成本相比，降低 20% 的成本。"对于受严格预算约束的公司法务部来说，计时收费带来的不确定性是一种诅咒。根据 2018 年的一项调查，在雇有 250 名以上律师的律师事务所中，超过 75% 的律师事务所报告说，有与委托人就替代性收费做法进行的合作（Clay and Seeger 2018）。此外，最重要的发展不是这种替代性做法，而是委托人坚持让律师事务所对某一特定事务有预算。正如一份报告所指出的那样，"给律师事务所事务设定预算纪律，迫使律师事务所采用一种与传统方式截然不同的定价模式，传统方式是简单地记录时间，并以小时计费的方式将相关'成本'转嫁给委托人"（Thomson Reuters and

Georgetown Law 2018，10）。律师事务所的律师必须决定如何在这些新的、更严格的条件下更好地组织他们的工作。同一份报告强调了纯粹的计时收费模式的消亡，指出受到预算或者替代性收费做法的事务可能占所有律师事务所营收的80%~90%（Thomson Reuters and Georgetown Law 2018，17）。

更多的法律服务流向内部

公司降低法律成本的一个方法是将更多的工作放在公司内部（Sako 2010）。调查公司ALM Intelligence进行的研究表明，多达75%的法务部的工作是在内部完成的，89%的受访者说，成本和效率是内部工作的主要驱动因素。"我认为总体形势是……公司在处理预算方面要聪明得多，"一位将经济衰退视为关键转折点的论者说（Williams-Alvarez 2017）。例如，一位高级法务部官员向我们描述了他如何通过关注谁在做这些工作来减少法律开支。通过增加内部律师的数量，远离外包法律工作，他能够更有效地管理自己的支出。他指出，随着公司法律需求的增加，这种思维方式尤其重要。

因此，法务部不仅能够节省资金，而且在拥有大量法律工作的大型企业中，他们能够更好地管理自己的内部工作流程，而不是外包给多个律师事务所。对许多大公司来说，将工作转移到公司内部是一个持续的过程。委托人告诉我们，他们将合同管理和人力资源等大宗法律工作视为增加内部资源的好机会领域——随着律师事务所的财富缩水，更容易说服优秀的律师来内部工作。这些聪明的内部领导者的目标是寻求内部和外部法律顾问之间的最佳平衡。

内部工作的转移减少了可以外包给律师事务所的工作总量。正如某合伙人所说的那样：

> 其中一个动力不仅仅是审查外部法律顾问的账单，我认为，在很多情况下，委托人过去给外部法律顾问的工作现在都是在内部完成的，这

是全面的事实。我非常清楚这一点，因为我把很多离开我们律师事务所的非合伙律师安置在［委托人的公司］……所以我知道他们的情况。通常他们会把工作送给律师事务所，这很好，但是通常他们会被要求自己做这些工作并使用内部资源来做这些工作。(#256)

一些合伙人推测(并且或许能从这种想法中感到些许安慰)，将工作转移到公司内部可能会对委托人产生事与愿违的效果。据一位从事环境法业务的合伙人说：

> 我们的很多非合伙律师去了公司内部，那里有很多工作因为成本问题而没有被派到外面去。环保问题从来不是企业的利润中心，从而总是被非常小心地管理，他们过度工作，结果什么都做不成。他们知道这一点，你也知道在某一时刻会发生非常糟糕的事情，这个时候他们就会打电话给我们。(#192)

然而，另一位合伙人则更为悲观：

> 这周我和一家大公司的总法律顾问聊天，他告诉我，10年前，他所有的法律支出中75%是用于外部，25%是用于内部。现在它完全翻转了。所以现在所有的工作都由内部顾问来做，剩下的唯一的工作就是最高价值、影响最大的工作，这些工作都交给了数量最少的律师事务所，而这些律师事务所雇佣的最优秀的人员的数量也最少。所以当我的儿子申请法学院时，我说，"如果你不进入前十名法学院，你也不在前百分之十内，你的目标就是谋生——如果你的目标是改变世界，非常好——但是如果你的目标是谋生，你从事这个职业就很荒唐了"。(#79)

内部律师地位和责任的提高

另一个影响法务部和律师事务所之间关系的趋势是,内部律师日益明达谙练,地位日益提高。例如,对于律师事务所中高级非合伙律师来说,公司内部的职业路径变得更有吸引力。美国律师基金会的一项"JD① 三年之后"研究发现,2000年进入律师行业的约20%的律师在毕业12年后,扮演的是商业角色(其中2/3是从事法律工作)(Nelson et al. 2014, 27)。律师从律师事务所跳槽到法务部有很多原因,包括摆脱计时收费的要求,有更可预测的日程安排,有更有前途的职业道路,成为合伙人的机会变得更遥远,以及能够有更紧密地与管理人员合作解决商业问题的机会。当律师转到法务部时,他们通常会带来公司某个关键服务提供商的知情人的观点。

这些律师了解律师事务所的运作方式,这使他们在代表公司与律师事务所的律师谈判时具有优势。特别是,法务部的高级律师很明白律师事务所人员配置模式中潜在的低效,以及哪种类型的工作提供什么样的价值。他们可以利用这些知识来质疑律师事务所的人员安排,并向律师事务所提出预算要求。在这方面,他们可能会侵犯律师事务所传统上在决定如何提供法律服务方面享有的一些自主权。

律师事务所敏锐地感受到了这种转变。一位合伙人说:

> 在我执业的11年里,总法律顾问变得越来越精明了。你看到,他们了解这个"游戏",他们都是律师事务所的前合伙人,所以他们了解"游戏"本身。但是,他们也知道如何为自己的工作获得最好的服务,尤其是现在这个行业没有足够的工作,他们可以选择最好的,因为他们知道真正优秀的人愿意承担他们的事务。(#160)

---

① 在美国指法学博士学位(Juris Doctor)。

法律服务合理化

另一个影响律师事务所服务需求的因素,是不同类型法律工作的相对价值的变化。就像职业服务顾问大卫·梅斯特(David Maister 1997)所说的那样,职业工作处于需要复杂技能的客制化或者"定制性"法律工作与更类似于"商品"的更为常规的工作之间的连续统一体。

然而,各种法律服务在频谱上所占据的位置并不稳定。竞争压力不断地将工作从高端推向低端。随着某一特定业务领域竞争的加剧,律师事务所在提供该业务领域的服务时变得更具有费效比。他们将工作分解成许多独立的日常任务,将它们分配给最有效率的供应商,然后由律师重新组装组件,这些律师通过使用更复杂的技能为组件增加价值(Regan and Heenan 2010)。即使是高端项目,通常也有一些方面是低成本工人可以按照特定的常规动作完成的(Susskind 2008)。随着委托人对律师事务所施加压力,要求律师事务所采用固定收费的计费方式,进行分解的动机也随之增加。

20年前由非合伙律师从事的工作,现在由其他更便宜的劳动力资源来完成,如合同律师、律师助理、低成本司法辖区的律师,甚至是精细复杂的软件。例如,向美国和国外的供应商进行的外包已经增加(Daly and Silver 2007)。除了传统上外包的非法律活动,如文件审查外,这些外包的职能越来越多地包括法律活动,如法律研究和摘要撰写。

其结果是,开始于精英律师事务所所做的高价值、尖端的法律工作,最终会发展成许多律师事务所可以更低成本提供的标准服务。这种"法律服务周期"(Regan 2010)包括:(1)开发一项创新服务,为其创造者创造高于市场的利润;(2)先发者在一段时间内享受高额利润;(3)更多的律师事务所进入市场,它们寻求通过提供更具费效比的相同服务来取得竞争优势;(4)将服务的许多甚至所有方面标准化,以促进这一目标;(5)将服务转变为公司委托人主要以价格为基础购买的商品,而供应商的利润率很低(Regan 2010,115)。这种循环不仅存在于法律工作的不同方面,也存在于其他职业服务公司。就像梅斯特(Maister 1997,28)曾说过的那样,"在每一个职业中,我们都可以指出,在短短几年时间里,业务领域迅速从少数创新公司处理的前沿活动转变为越来越多有能力的公司提供的大量业务"。

互联网上信息和分析的广泛可用性,全球通信技术的创新,以及工作流程软件和供应链管理的发展,都有助于缩短周期的长度。这意味着律师事务所的费率会受到持续的压力(Regan 2010)。正如一位受访者所说的那样:

> 曾经有一段时间,委托人愿意为我们这样的人支付高价,因为我们是律师,我们很优秀,但是现在对我来说,它已经演变成一种商品类型的服务。(#147)

推动商品化的一个例子是单一原告雇佣诉讼,这是劳动法律师事务所经常处理的一种法律事务,在这种案件中,现任或前雇员起诉一家公司。一家拥有庞大劳动法团队的律师事务所的一位高级主管表示:

> 当[单一原告诉讼]案件开始时,它们是"生死一搏型"事务。但是后来它们变成了一种商品,我们的委托人告诉我们,"我们不想就此按小时付费,我们应该有更大的可预测性"(Rohrer and DeHoratius 2015,6)。

意识到单一原告诉讼现在已经成了"商品",这极大地影响了该律师事务所为委托人定价和提供这些服务的方式。此外,这种新发现的将法律工作例行化的潜力,导致了替代性法律服务提供商的激增,它们试图利用律师事务所似乎不愿意或无法有效应对这些动态的机会。

替代性法律服务提供商的增长

替代性法律服务提供商的出现,受到了越来越多的公司将众多职能外包到劳动力成本更低的国家的启发(Regan and Heenan 2010)。替代性法律服务提供商开始分析和区分提供法律服务所涉及的步骤,并提供由律师处理的部分工作,这些工作现在可以由非律师人员、成本更低的外国律师或者美国低成本地区的律师完成而且成本更低(Thomson Reuters and Georgetown Law 2017)。例如,简易判决动议可以分解为一系列步骤,只需要由律师定期审查。在某种程度上,律师事务所已经参与了这一过程,例如,将原先由非合伙律师履行的职能委派给了律师助理。然而,他们很少对这一过程进行深入系统的关注,因为计时收费模式并没有产生这样做的强烈动机。

由于替代性法律服务提供商接手了一些原本应该由律师事务所非合伙律师来完成的工作,如案情先悉期间的文件审查、大规模合同审查或者某些类型的法律研究,他们已经减少了律师事务所长期以来的利润来源。就像一份报告指出的那样,"传统上,委托人指望他们的律师事务所提供全方位的法律和与法律相关的服务,即处理事务的各个方面,甚至包括那些不涉及直接提供法律服务的活动"(Thomson Reuters and Georgetown Law 2017,1)。然而,现在的律师事务所更倾向于将服务分解成独立的组件,并将工作分配给能够以最低成本胜任工作的提供商。一项研究发现,60%的公司法务部正在使用替代性法律服务提供商提供的至少一种服务(2)。此外,替代性法律服务提供商作为一个行业正在快速增长,2017年至2019年的复合年均增长率为12.9%。增长最快的替代性法律服务提供商,包括四大会计师事务所。Thomson Reuters牵头的一项调查发现,约23%的大型律师事务所报告称,在过去1年中,它们曾与四大会计师事务所竞争业务,也曾被四大会计师事务所抢走业务(Thomson Reuters et al. 2019)。

面对那些坚持按预算工作的委托人,律师事务所也在转向此类提供商以降低成本。一份报告发现，超过半数的大型律师事务所使用了替代性法律服务提供商（Thomson Reuters et al. 2019，6），2019年，约有1/3的律师事务所计划在5年内成立附属于自己的替代性法律服务提供商(2)。正如一位律师事务所的受访者所说的那样，"任何法律项目都可以被分解，你可以确定与流程相关的要素，[其中一些需要]……不同的资源模型"(3)。因此，律师事务所不再能够将非合伙律师作为可预测的利润来源来加以依靠。相反，它们必须像它们的公司委托人那样，进行相同类型的例行化，并将服务委托给低成本提供商。

给律师事务所—委托人关系带来的后果

法务部试图用我们下面描述的一些方法来控制成本。他们的目标是提供更有效和可预测的法律服务。某合伙人是这样描述这一趋势的：

> 我们做生意的方式，已经发生了根本性的范式转变，不是法律本身在变化……而是我们职业的经济基础正在发生改变。我们不仅要宣示自己是最好的执业者，我们还要成为最好的执业者，用一个新的标准来衡量，那就是我们带来的专业知识……还有我们提供这些服务的效率。所以对效率的需求……让我们的生活不再像以前那么有趣了。(#182)

委托人更依赖律师事务所的专业律师

由于法务部全是优秀的通才律师，他们通常不需要向外部律师寻求一般法律建议。但是，委托人更倾向于向外部律师寻求专业服务。一位受访者描述了他的购买行为发生改变的经历：

> 在20世纪80年代,合伙人在一笔交易中同时做税务工作和公司工作并不罕见……我在20世纪80年代执业时,既做银行工作也做公司工作。大概是在80年代末,我说我不能同时做两件事,只能做其中一件,太复杂了……我认为委托人——尤其是当他们规模越来越大的时候——确实在寻找特定领域的专业知识,这意味着不仅要有聪明的人,而且他要有丰富的经验和先前的经验。(#44)

内部律师认为,他们需要聘请外部律师,以补充其内部法律能力。律师事务所的委托人告诉我们,他们试图建立具有称职性的内部团队,然后在他们需要特定专业知识时寻求律师事务所。有了这些专业知识,法务部的领导们正在寻找能够迅速识别并解决相关问题的真正的专家。

对专业律师需求的一个结果是,在法律服务市场和律师事务所内部劳动力市场中,特定专业知识的价值不断增加。拥有深厚专业知识的律师处于有利地位,能够与委托人建立密切的关系——这是一种会随着合伙人一起跳槽到其他律师事务所的关系。委托人通常强调他们与某律师的关系,而不是某律师事务所的关系,并明确表示他们的忠诚,以及必要情况下他们将追随这些合伙人去其他律师事务所的意愿。

这些委托人关系在律师事务所内部带来了回报和认可。与此同时,对明星的关注也会引起紧张。正如某合伙人所说的那样:

> 无论何时,你必须建立一个声誉,以便为委托人提供足够的宽慰,特别是在最高水平的案件中……拥有声誉、提供慰藉和"明星"的观念变得更加重要。我认为这不可避免地创造了比以前更多的竞争意识,因为只能有这么多明星。我的意思是,你不能让每个人都成为明星,虽然以前通常是不鼓励明星的概念的,但是我自己的观点是,它对一家律

师事务所的业绩至关重要，但是这格格不入。所以，你知道，问题是如何处理这一系列问题。(#190)

同一律师事务所的另一位合伙人表达了类似的看法，分享了明星文化对律师事务所人力资本的影响：

> 你看，市场开始变得有点像运动队了。我们交换一些球星，球星不断地离开和进来——如果你是教练，整个比赛就是临时组建一支球队，然后继续进行。因此，我认为这就是律师事务所面临的巨大外部压力，[问题是]他们能在多大程度上屈服于这种压力。(#213)

正如我们在后面的章节中讨论的那样，由此引起的竞争的感觉，会侵蚀大型、历史悠久的律师事务所通常在它们的律师中推广的共治文化。

购买方针上的变化

法律服务市场最显著的变化之一，是委托人对价格施加的压力越来越大。传统上，律师事务所会在每年年初致信委托人，宣布提高时薪，但是遇到的阻力很小。思科公司总法律顾问马可·钱德勒（Mark Chandler 2007）说明了委托人态度的变化：

> 律师事务所告诉我明年收费费率将上涨多少的来信……完全与我无关，或者用我们在硅谷的话说，与我的关注点背道而驰。想想看：你们公司的首席信息官没有一个人希望收到思科的一封信，解释买我们的产品明年要多花多少钱。而且没有一个供应商来告诉我们他们明年的价格会涨多少。所以从我的角度来看，我不关心收费费率是多少。我关心的是生产率和产出量。

律师事务所的合伙人经常对委托人在成本问题上施加的压力表示失望。正如一位受访者所说的那样：

> 我曾经参与过几次面向潜在委托人的非常有说服力的展示，但是进展并不顺利，因为价格不是他们所能支付的，而且与我以前的经历相比，价格已经很低了。所以……这是一个很大的变化。(#147)

此外，律师事务所收取的费用占其标准费率的百分比（收款实现率）已降至经济衰退以来的最低水平（见图2）。这一趋势表明，律师事务所正面临来自委托人的律师费压力，因为这表明委托人不太愿意支付律师事务所的常规费率，并且通过谈判压低了费率。

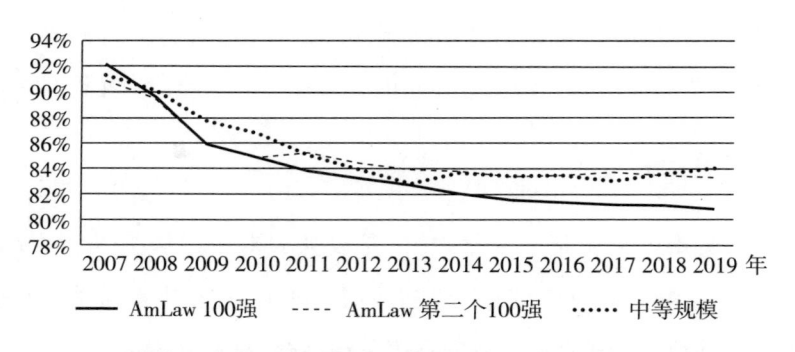

图2 收款实现率（按律师事务所细分部分划分，2007~2019年）

资料来源：©Thomson Reuters, Peer Monitor® 和 Georgetown Law 2019。内容转载已经获得许可。

一位合伙人评论："我为大公司工作，他们盯着每一分钱，认为到了1月1日就有权提高费率，那已经是历史。我的意思是，大多数委托人每年都会和你协商价格，而且会有两三年的时间都无法提高任何费率。"(#150)

在另一个合伙人看来：

> 他们中的大多数人并不关心小时费率。他们只关心底线是什么。

所以如果你每小时收取 5000 美元,而这是他们预期支付的数额,那又如何呢?他们中的一些人希望从一开始就有更多的确定性,因此(要求)进行估算,等等。(#231)

一位合伙人描述了在与委托人的交谈中,定价压力的表现方式:

我们可以从花大量时间讨论这些问题看到这一点:"这需要多少成本?"和"你不能再便宜一点给我吗?"或者,你知道,"你必须给我一个特别折扣,否则我就把这个给别人"。或者,"你们的太贵了,我不能再用你们了"。这种对话在现在是司空见惯的,但几年前并不常见。现在情况变得更加严重了,因为现在的供需脱节比几年前还要严重得多。(#28)

不过,一些合伙人承认,委托人比过去更密切地监控成本是合理的。就像某人说的那样,"尽管这么说不符合我的个人利益,但是我不认为在每件事上都要付出巨大的法律努力是正当的"(#168)。另一个人指出,"我认为委托人已经厌倦了只是付高价,我认为他们更清楚什么对公司是最好的,什么不是"(#39)。还有一位评论道:"我仍然对律师费的数额感到惊讶,当我们接办或者处理哪怕是一个小问题,很快就解决了,律师费仍然是惊人的,'哇,这些公司怎么还愿意付我这么多钱?'。"(#118)

委托人通过运用他们在关系中新获得的权力来施加压力。有些公司通过减少律师事务所的数量,并确保自己作为剩下的律师事务所的重要委托人的地位,来增强自己的权力。这个过程被称为集中,通常会形成一个由律师事务所组成的"库",在一段特定的时间内为委托人做除最复杂的工作外的所有工作(DuPont Case Study 2011)。在这个期间结束时,委托人通常会要求律师事务所就下一个期间的入库资格进行竞标。例如,法务部领导可能会通过招标流程来寻求一个平衡的律师事务所组合,以鼓励竞争。一旦律师库成立,委托人可以将其大部分工作分配给那些选定的律师事务所。

委托人的决策也是基于对其工作对律师事务所的重要性的评估。因此,一些法务部可能会相当有战略眼光,确保他们的入库律师事务所有足够的工作,以保持其重要委托人的地位。

律师事务所可能会因为以下几个原因而觉得律师库很有吸引力。首先,律师库工作提供了一段时间内合理可预测的收入流。其次,入库意味着律师事务所有机会通过"踏入委托人的大门"来扩大与委托人的关系。这可能有助于律师事务所确保多个律师为委托人提供服务,而不是一个可能离开律师事务所并带走委托人的律师为委托人提供服务。它还可以使律师事务所从事更复杂和高价值的工作(Gardner 2016)。米契·祖克(Mitch Zuklie)——Orrick、Herrington & Sutcliffe 律师事务所全球董事长兼首席执行官——向记者描述了律师库带来的好处:

> 成为入库的律师事务所,你可以通过一种独特的方式与行业内的思想领袖进行对话。这些非常复杂的法务部是一个行业发展方向的前导指标。这种关系让我们有机会更好地了解我们的委托人。(Packel 2018)

这个机会的代价是,律师库让委托人对律师事务所有更大的影响力。入库律师事务所通常以低于标准小时费率的价格开展工作,或者以其他更不寻常的收费做法开展工作。他们通常也会在入库的其他成员之间分享他们的工作成果,并且可能会在特定事务上与他们合作。因此,律师库既诉诸以更低的律师费和更高效的服务为形式的商业逻辑,也诉诸以与委托人建立更紧密和更协作的关系(这是职业身份的一个重要因素)为形式的职业逻辑。

委托人还可以通过使用专业采购人员与律师事务所谈判聘请协议,来限制律师事务所的服务成本。一位受访者描述了这种趋势：

> 现在，我们的许多机构委托人已经将[采购]职能部分移交给了采购人员，我们不得不投标。因此，即使我们是绝对的唯一选择，我们非常确定和自信，我们是有利的选项，我们也被迫改变[我们的方法]。[委托人告诉我们]，"我们很乐意把这笔交易交给你[律师事务所]，但是你需要向我们展示更高的效率。我们需要构建我们的收费安排，因为有一些律师事务所是低成本提供商，它们没有你们那么好，但是它们足够好，在这里我们不需要你们了"。[因此，你可以说这样的话的情形越来越少了]："这是我们将在这个孤注一掷型的诉讼中收取的费用。如果你想让我们来处理它，这就是它的成本"，一切都改变了。（#182）

尽管他们使用律师库和专业采购人员，委托人仍然坚持他们"雇佣的是律师，而不是律师事务所"。这可以为律师事务所的合伙人提供一定程度的安慰，即尽管他们周围环境正在发生变化，但是如果他们能够留住最好的委托人，或许这些变化对他们的影响会小于对其他律师事务所的合伙人的影响。正如一位合伙人所说的那样：

> 我全面了解了关于一切是如何改变的，总法律顾问在思考什么，但是坦率地说，如果你是一个好律师，到头来你的工作做得很好，那么这是人际关系，这是关系问题，我不认为这已经发生了改变。（#177）

与此同时，这可能会限制律师事务所创造律师事务所特有资本的能力，因为合伙人可能会带着委托人离开。到 2018 年，Dentons 已成为全球最大的律师事务所。全球主席乔·安德鲁（Joe Andrew）向记者讲述了该律师事务所自 2009 年成立以来的迅速崛起：

> 在过去,一个拥有新名字的新律师事务所可能在 50 年内都没有竞争力,因为你必须建立一个品牌。但是在一个有衡量标准、据称是客观评价的时代,当非律师职业人员参与到这一过程中时,就意味着新的律师事务所会迅速涌现。(Packel 2018)

安德鲁(Andrew)的言论凸显了律师事务所服务市场的更大活力,以及律师事务所在寻找工作时依赖历史声誉的局限性。正如我们要在第 6 章中更详细地讨论的那样,律师事务所和律师之间的纽带比以前更加不稳定,这意味着律师事务所必须不断努力留住塑造其声誉的律师和委托人。

对律师事务所工作的更密切监督

委托人也通过更积极地规定律师事务所如何处理他们的事务,来减少外部法律成本。这可以包括与预算、人员配置和费用收回有关的指示,也包括参与实质性法律决策。例如,一些委托人规定,律师事务所只能收回执行各种任务的供应商的成本,而不是将成本计入利润。许多委托人现在坚持要求律师事务所提供一个"控制面板",说明哪些任务产生了哪些律师费和支出,预算的哪一部分用于了哪些服务。技术使法务部能够对律师事务所的计费惯例和人员配备模式等方面进行监控和比较,这大大提高了透明度。

律师事务所合伙人敏锐地感受到这一趋势的影响。据一位合伙人说:

> 就"所提供的服务"直接收费,已经是很久以前的事了。可见性不只是关于查看详细的账单,还包括团队成员有谁。[委托人告诉我们,]"我想看看你们团队中每个人的简历。我希望这是一个团队,如果你在这个团队中增加或减少任何成员,即使是一个二年级的,我也想知道",[委托人也会说,]"我想要一个预先的预算,我想要一个产出率,我想看

看我们是否一直在达到预算,以及在什么程度上存在我想要谈论的偏差",等等。而且[他们还规定]我们可以用哪些外部供应商来做这个,用哪些外部供应商来做那个。有着巨大的可见度……这使得做事更难了。(#229)

另一个合伙人评论道:

> 银行正变得越来越强硬。事实上,我的一家最大的投资银行要求,负责其交易的律师必须在今年年初获得批准……你必须把所有东西都电子化,如果你的账单上有一位律师,但是他不在他们的电脑里,那就会有麻烦了。(#231)

由于律师事务所的定价大多是基于小时计费费率,因此人员安排对委托人有着重大的利益。委托人向我们描述了他们如何密切关注谁来做他们的工作;如果他们发现这项工作需要的合伙人太多,他们就会向律师事务所提出这个问题。虽然有些委托人想要更少的合伙人,但是也有些委托人想要更少的非合伙律师,尤其是那些看重专业律师的委托人。在这些情况下,经验成为最重要的品质。例如,当找出问题是关键任务时,下派是无效的。

对于非常年轻的非合伙律师来说,指派他们去处理委托人事务特别具有挑战性,尤其是当律师事务所想要就他们的时间收费时。在美国最大的350家律师事务所中,入门级非合伙律师的数量从2008年的7703名下降到2012年的4770名,下降了38%(National Law Journal Law Firm Rankings 2007 – 2012)。尽管到2018年,强劲的经济为非合伙律师创造了更多的就业机会,美国全国法律就业协会估计,与2008年相比,拥有500名以上律师的律师事务所2018年雇佣的入门级非合伙律师数量有所减少(National Association of Law Placement 2019)。正如某律师所说的那样:

公司内部法律顾问的律师很乐意为我的建议付费,因为他们得到的是有足够专业知识的人,这些人以前见过有关问题,处理过有关问题,可以确切地告诉他们……需要做什么才能到达他们需要去的地方。但是,要为从法学院毕业的初出茅庐的非合伙律师找到能让他们忙碌起来的工作——这是处于食物链最底端的工作。委托人会说,"我不想要这么做,我可以在内部完成,我可以不用他们来做",等等。所以我认为这是个问题。(#181)

简言之,对律师事务所的工作管理越严格,就越要求律师掌握新的技能:

预算,洞察力……[例如,你可能需要对一个委托人说],"嘿,我们现在正在进行案情先悉程序,对于作为委托人的你而言,这通常是一个令人难以置信的痛苦的过程,但是通过实施这些措施,我将使它对你的侵扰少得多。我只会和你的 IT 人员一起工作,而不是就此扰乱你的时间,我将以比其他律师事务所的通常成本低 10% 的成本来做这件事"。你知道,弄清楚如何去做……律师可不是这么想的。(#229)

随着委托人越来越重视人事安排,律师事务所合伙人对如何完成工作的自主权也越来越受到限制。一位合伙人评论说,委托人的透明度水平"令人恐惧":

这里有一些委托人可以使用的软件供应商……委托人会坚持你连接到[他们的]计费系统上,因为他们想看到的——例如——与其说是小时数,不如说是想看时间是什么时候录入的,并认为如果一个律师在处理了工作 30 天后才录入小时数,他们就不是好律师。因此,他们想要

那种实时的信息。(#255)

"24小时×7"随叫随到

在访谈中,一个始终如一的主题是需要几乎24小时为委托人随叫随到。某合伙人说:

> 联邦快递出现后,实务发生了很大的变化,因为在过去,你要把东西寄出去,只是把它装进邮件,寄给委托人。当时的情况要慢得多。而联邦快递的截止时间是晚上7点,所有事情都要在那之前完成,而现在则是每周7天、每天24小时的工作。我是说,我会在晚上和周末接到电话。没人会想到会给你的手机打电话。在我们有手机之前,人们是联系不上你的,[但是现在它是]每天24小时、每周7天的投入。(#177)

另一位合伙人指出,委托人希望外部律师将其案件视为"世界上最重要的案件"。这位合伙人补充说:"这就像'我想要,我现在就想要',而且这要求你每时每刻随叫随到,除非你很聪明,甚至在度假的时候也能想办法做到,否则真的没有假期"(#157)。某合伙人描述了他所在的律师事务所回应委托人的政策:"如果你发过来什么东西,我们会在几小时之内作出回应,除非你向与你一起工作的人或者你的委托人说清,说明你要外出一段时间,委托人对回应的期望很高"(#141)。另一个人指出,"周末越来越被当成工作日,你可能根本就不在办公室。在一个典型的周五下午,总是会有很多事情要处理,并且[委托人问,]'哎呀,你能在周一早上或者周日晚上让我们知道吗?'"(#104)。

这种要求会给承担重大家庭责任的合伙人带来挑战。这些合伙人通常是女性。一位母亲描述了她如何处理这些相互竞争的义务:

> 我很难在下午 6 点前停下来回家让保姆走……我早上在任何人醒来之前出发，但依然必须晚上才能到家，这非常困难，尽管在那之后我还要收拾东西继续工作。甚至连[从工作地点到家的]45 分钟的时间都没有闲着，我在出租车上接电话，但是你试图让这种感觉持续下去，即你"24 小时×7"都有空，然后你就试着让你的生活围绕着它。(#254)

结　论

对律师事务所服务的需求持平或者下降，大大提高了公司委托人与律师事务所讨价还价的能力。正如本章所描述的那样，委托人现在对律师事务所的服务如何定价和提供行使更大的控制权。一位合伙人追忆了这一转变之前的时期：

> 我认为这段关系中的权力已经完全颠覆了自己。当开始执业的时候，我们可能在最后发送一个账单，上面写着"1 月份提供的服务费 50 万美元"，无须任何解释。委托人让他们的大律师——比如我们的律师事务所——高高在上，无论他们说什么你都知道是福音。我肯定我在回顾过去的美好时光时夸大了这一点，但是确实存在一种权力关系，在这种关系中委托人接受了他们得到的东西。[委托人]对他们的律师非常遵从恭敬，而且在很大程度上，没有太多的成本竞争力。(#28)

我们所描述的趋势无疑增加了律师事务所的财务压力，迫使它们比以往任何时候都更注重高效地提供服务。从这一点来看，这些最新的趋势更加凸显了律师事务所在从事商业活动。与此同时，通过减少律师事务所与其委托人之间法律知识的不对称,这些发展减少了律师事务所因其具有更强的议价能力和知识而可能利用委托人的风险(Wilkins 1992, 819 – 820)。

我们访谈的一些合伙人坦率地质疑传统做法是否符合委托人的最大利益。正如一位合伙人所说的那样,"我认为我们不能根据律师事务所内部动态或者竞争对手的做法继续提高费率。我的意思是,这是一种奇怪的情况,你没有从你的客户那里得到关于费率应该是多少的指导。不太关心委托人反应的行为是不能继续的"。(#78)

一些合伙人还提出,由于内部律师的参与,律师事务所和委托人之间的关系更加平等,这强化了职业主义的价值:"如果他们现在就需要一个答案,那么他们会很绝望。对我们的期望是,立即回复我们的委托人,这很好,因为这是我们的业务,我们必须这样做。"(#39)

与此同时,不可否认的是,律师事务所现在面临着更加密集的委托人需求,财务也更加不稳定。这意味着律师事务所管理层在寻求规范律师行为以保持律师事务所竞争力方面,发挥着更大的作用。接下来的章节描述了管理层如何回应这些市场现实,以及这些措施如何反映和塑造了大型律师事务所的商业和职业逻辑的平衡。

3/

鼓励创业者

传统上，大型律师事务所的律师专注于"比纯粹的商业工作更具智识性的工作"。合伙人"很少需要为生意奔波。他可以把精力集中在激发他的思想分析的法律追求上"（Scheiber 2013）。用珍妮斯·麦卡沃伊（Janice McAvoy）——1995 年，她被晋升为 Fried & Frank 律所的合伙人——的话说，就是当她被晋升时，她的商业模式是"'等待电话响起'，然后做好委托人的工作"（Randazzo 2019）。

停滞的需求、不稳定的委托人关系和无规律的业务流改变了这一点。律师事务所现在必须明确地把重点放在确保它们有足够的委托人工作上，以保持竞争力，甚至生存下去。就像某 AmLaw 50 强律师事务所的领导人所说的那样，"没有人像我们在 20 年前甚至 10 年前那样，从重复性机构委托人那里得到了我们大部分的创收。你必须每年、每六个月、每两年替换工作"。另一个合伙人解释说，"你不能给一个写摘要的人 70 万、80 万、90 万、100 万美元"。商业技能变得更加重要。非合伙律师最终了解到，"聪明才智只是他们职业晋升的附带条件——真正的关键是善于交际"（Cipriani 2018）。

因此，今天的律师事务所强调，它们的律师，尤其是合伙人，必须不断寻求商业机会，以产生稳定的收入流。一位合伙人描述了他的律师事务所是如何强调这一需要的："我们每天五点都会收到营销部门发来的电子邮件，邮件对委托人推介进行了说明，包括我们进行了推介的每一个委托人，并把演示

文稿汇编在一起,我们每天会收到2封到10封邮件。"(#250)

律师经常用"企业家"这个词来描述这种倾向。一位合伙人表示,有创业精神的人"不会坐在那里等电话响"(#184)。相反,他们会寻找机会与潜在委托人讨论律师事务所如何满足他们的需求,与现有委托人接洽,以增加工作量,并从律师事务所同事那里找到工作来保持忙碌。因此,企业家有很高的"生产能力",因为他们避免了不能为律师事务所创造收入的"停机时间"。①

这种对创业精神的强调,使得与过去相比,出售自己的服务成为法律实务更重要的特征。某合伙人强调,"毫无疑问,律师事务所需要更具创业精神。这就是世界的发展方式,律师们对此的反应是尝试交叉销售,市场营销,要更加重视市场营销。我的意思是,现在比以往任何时候都多,只是一切的本质[以这种方式]都改变了"(#187)。另一个人说,"法律实务比过去更具创业精神"。(#245)

从表面上看,这种强调似乎是律师事务所商业逻辑的直接扩展。如今,律师事务所的合伙人必须更加积极和直接地参与销售他们的服务,而不是因为确信律师事务所能提供足够的工作而专注于法律实务。对于那些赞同商业—职业二分法的人来说,商业活动的增加导致了法律实务作为一种职业的概念的相应衰落。

然而,正如我们看到的那样,企业家精神的实践既能说明商业逻辑,也能说明职业逻辑,这两者相辅相成。在这种情况下,具有创业精神可以使律师事务所和个人的利益以及经济和职业回报保持一致。

然而,在某些情况下,逻辑可能会发生冲突。这可能会导致律师事务所与律师事务所内部律师之间的不和,并导致一种更具竞争性的内部文化,在这种文化中,商业逻辑往往占上风。因此,现代社会对律师"具有创业精神"的需求,必须根据业务逻辑和专业逻辑可能被视为互补或冲突的条件来理

---

① 虽然"生产力"有时专门用来指计费工时,但是我们在这里在更广泛的意义上使用这个术语。

解。更为复杂的是,这些条件不是静态的,而是不断变化的。律师事务所中任何给定的逻辑配置都必然是临时的,而不是永久的。

本章描述了这些动态,这些动态对律师事务所和律师事务所内的律师在晋升和薪酬等问题上产生了重大影响。正如本章所讨论的那样,女性在创业文化中可能面临特殊的挑战。女性可能更容易受到我们将在第 5 章中描述的"精简"的影响;在第 6 章和第 7 章讨论的制度下获得更低的薪酬;从第 8 章中描述的横向流动市场中获益较少。

成为企业家

合伙人成为企业家意味着什么?成功的企业家要意识到,需要不断寻找机会来销售他的服务:

> 我认为这是你认识到这是一项生意后的一种领悟,有一种商业模式,为了让它工作,人们必须引进委托人,而你的方法是销售你的服务。我们不做广告牌,但是我们必须向委托人推销自己,你必须去一些地方,在那里你可以认识更多的人,建立更多的关系网,等等。(#241)

这需要注意那些不能直接产生营收的活动,因为它们不能向委托人收费。一位业务团队负责人描述了他在这方面的努力:

> 你必须一直寻找新委托人,这意味着你每天要花很多时间,不仅做委托人收费工作,还做委托人开发的事情。昨天就是一个很好的例子。我召集了一个潜在委托人和几个新合伙人共进午餐,我给他们写了一封后续注意事项;这花了差不多 3 个小时,所以这些会占用你的计费时间。一天只有这么多时间。尤其是业务经理——但是实际上是每个

人——必须认识到,这是现在工作中非常重要的一部分。(#256)

与其他业务相比,在某些业务中,推销自己的服务更为迫切。例如,一位初级合伙人是这样描述自己的破产业务的,"这些委托人与公司委托人不同,公司委托人曾经是律师事务所的委托人,也永远是律师事务所的公司委托人。我们必须从零开始建立每一笔交易,无论是推销、发展关系,所以在我的部门,从很早的时候起,你就被教导商业开发是一件非常重要的事情"。(#178)

另一位年轻的合伙人在他职业生涯的早期就意识到与委托人建立关系的必要性:

> 访谈者:所以在你自己的业务中,你得到的工作,是你自己获得的业务和别人推荐的业务的混合吗?
> 合伙人:对我来说,在这个问题上,没有什么不是我自己获得的。
> 访谈者:那么,从你升职的那一刻起,你是如何走到那个位置的呢?
> 合伙人:大量的积极营销。
> 访谈者:那么,你能做些什么呢?
> 合伙人:很多是心态问题,即使作为一个非合伙律师,也要寻找机会发展与介绍给我的人和现有委托人的关系,与这些人保持联系,这些人成长为可以自己作决定并直接给我打电话的角色,或者调动到了不是现有委托人的其他地方。
>
> 我是说,对非合伙律师好点。非合伙律师是伟大的,人们没有意识到这一点,才导致很多非合伙律师离开,而他们在其他地方变得非常成功。他们都是聪明人,所以我努力培养与他们之间的关系。(#203)

对于这个合伙人来说,他的大部分工作来自他自己获得的事务,这一事实使他成为一个呼风唤雨者。也就是说，他创造的大部分收入来自与他有关系的委托人的工作，而不是其他合伙人的委托人。

许多合伙人至少在开始的时候渴望成为呼风唤雨者——在与高利润委托人的关系基础上享受持续的工作流，这些委托人定期向他们寻求服务。对于有这种愿望的合伙人来说，销售他们的服务主要侧重于从现有委托人那里寻找额外的工作，并寻找新的委托人。一位合伙人是这样描述她的策略的：

> 对于我目前为其做工作最多的三个委托人，我的计划是，除了只是为了讨论正在进行的事情而预定的会面以外，每年至少与他们见面两次，只是为了有面对面的时间，与他们见面，并继续建立我与这些人的个人关系。（#201）

然而，即使是许多能呼风唤雨的人，他们的一些工作仍然依赖于同事的推介。普遍的看法是，从现有委托人那里获得新工作比获得新委托人更容易。这使得律师事务所的其他合伙人成为潜在的有价值的额外工作的来源。一位合伙人描述了他向律师事务所其他合伙人推销自己的活动：

我会试着交叉销售给我的合伙人，这就是你在大律师事务所进行业务开发要做的事。你不要去争取一个全新的委托人，因为你把他们带进来后，常常就会产生冲突。因此，你和你的同事见面，描述你的工作。例如，你走进交易业务部门，你说，"嘿，我知道在交易中有很多进行《反海外腐败法》尽职调查的需求，你应该考虑一下，如果达成了协议就给我打电话"。（#254）

实际上，大多数合伙人不可能期望成为主要的呼风唤雨者。有些人可能只与一小部分委托人有私人关系，而另一些人则没有这种关系。对于这些律师来说，他们的创收来自他们的开票收费时间。这使得具有全面的工作负载至关重要。向其他合伙人出售服务是实现这一目标的关键。因此，这些服务合伙人必须具有创业精神，在律师事务所内部进行自我营销，这样才能让呼风唤雨者指望他们为委托人服务。

对于初级合伙人来说,这种内部营销往往尤为重要。"现实情况是,"其中一位合伙人表示,"对于一个初级合伙人来说,引进事务将是非常困难的,尤其是一个愿意支付我们费用的委托人"(#239)。因此,要确保自己有足够的工作,就需要"向办公室或者律师事务所的其他合伙人宣传你的技能和能力,以及你能带来的附加价值,这些人都有案源和需要服务的委托人"(#239)。

即使合伙人在其他合伙人需要帮助的特定领域没有经验,他仍然可以向其他合伙人推销有助于其的工作的一般技能。例如,一位专门从事某一类型诉讼的合伙人描述说,他去了其他的业务团队,说,"'我是诉讼律师,即使我还没有在你们的专业领域工作过,我也能做你们的仲裁事务,因为我有这方面的诉讼技能,因此请让我帮你们处理事务'"(#239)。

在一家拥有多个办事处的大型律师事务所中,让其他合伙人知道自己可能需要付出相当大的努力。"你可以发送电子邮件,"一位合伙人说,"但是非常忙碌的人不会阅读电子邮件……你永远不会从电子邮件中找到工作。而要走到他们面前,真正试图与他们建立个人关系"(#239)。这很重要,因为"即使你是高级非合伙律师,也要确保你在初级合伙人中有好名声,并建立这些关系"(#239)。因此,在律师事务所内部进行自我营销包括"去认识合伙人,试图获得与他们合作的机会,并让其他办事处的合伙人知道你的名字"(#252)。

合伙人需要承担产生收入的责任,这与他们作为非合伙律师的经验形成了鲜明对比。律师事务所努力确保非合伙律师有足够的工作,理想情况下,为他们提供培养各种职业技能的机会。此外,通常并不期望非合伙律师发展委托人关系,甚至不期望他从现有委托人那里引进新业务。"作为一名非合伙律师,"一位初级合伙人评论道,"你身处一个受规制的世界"(#101)。

相反,"作为一个合伙人,你处于一个完全不受管制的世界……这是一个

完全自由的市场体系"(#101)。另一位合伙人说:

> 当你是一个高级非合伙律师时,每个人都想要你的时间,因为你知道你在做什么,他们可以把很多工作交给你。当你是一个初级合伙人时,你仍然是2年前人事变动前的那个律师,但是让另一个[像你一样的]合伙人参与案件,并向委托人证明这么做的正当性[可能是个问题]。其他合伙人正努力确保自己保持忙碌,让自己完全忙碌起来,并在年底需要证明自己的时候,向管理委员会作出一个好的展示。更重要的是你得靠自己。(#239)

同样,另一位初级合伙人说:

> 也许我应该意识到这一点,只是作为非合伙律师时没有意识到,但是一旦你成为一个合伙人,这就很难了,因为高级非合伙律师可以做很多你做的事情,而且他们更便宜,你必须找到一个有工作给你的人。很少有初级合伙人有自己的委托人,好给自己带来工作,所以你得依赖别人给你工作。每个人都有自己的人,如果你不是别人的人,那就更难了。(#241)

服务合伙人可以根据他们的计费工时为律师事务所创造可观的收入。然而,他们中的一些人担心,这可能不足以提供工作保障。其中一位这样的合伙人承认:"我认为,对于很多人,尤其是年轻的合伙人来说,我们经常讨论这个问题。如果我不发展业务,仅考虑最近的变化,我还能在5年内找到工作吗?"她继续说道,"这里曾经有各种各样的服务合伙人,我现在仍然认为还是这样,但是我不认为这是管理层希望我们达到的最佳状态。对此我明白,我想年轻的合伙人也明白。高级非合伙律师明白这一点,我认为这就是人们焦虑的原因"（#188）。

无论你的合伙人是呼风唤雨者还是服务合伙人，成为一名企业家的目标都是"保持忙碌"。保持忙碌对于工作的稳定性越来越重要，而合伙人也非常清楚自己是否在忙碌。"我们每天都意识到这一点，"一位合伙人说，"因为我们记录我们的时间，所以你可以看到哪天我没有忙碌一整天，或者我哪天忙碌了一整天，你可以就此得到实时反馈"（#239）。另一位合伙人说，"我认为律师事务所的律师们意识到，他们需要在生产力上每天表现出'A＋'状态，如果他们的业务领域转衰了，或者他们吸引业务的能力转衰了，我认为人们意识到，这样机会就需要留给年轻人，或者他们那个时代的仍然有生产力的律师"（#196）。另一个合伙人接受访谈时这样表示：

> 合伙人：因此，困难在于确保有足够多的工作，并确保总有一些工作在进行中。
> 访谈者：这是你永远不能认为理所当然的事情。
> 合伙人：你永远不能想当然。（#251）

一位合伙人从公司法律部跳槽到一家律师事务所，他对自己的跳槽总体上感到满意，但是他指出了两种环境的不同：

> 合伙人：当你在律师事务所工作时，你总是会考虑你的工作来自哪里。你总是在想，"我够忙吗？"如果你太忙，你会很痛苦，如果你不忙，你也会很痛苦，因为你宁愿忙，所以从来没有完美的工作水平——永远不会——因为，坦白地说，考虑到我们赚钱的方式，我们总是希望自己够忙。
> 访谈者：我理解。
> 合伙人：这是一个不舒服的地方，即使你已经吃饱了，也总是想着

要吃更多。我认为有些日子是生意最繁忙的时候,你可能每天工作15个小时,然后你不会去想它。但是你知道,如果你只工作10个小时,那么你就会想,我可以工作更多。我可以做一些事情,而其他人可能会干得更多,所以你总是在考虑这件事。我认为这是最糟糕的。(#245)

自2008年年底经济开始下滑以来,这种担忧变得尤为突出。自那以后,合伙人的计费工时有所减少,预计未来几年对律师事务所服务的需求不太可能大幅增加(Georgetown Law Center for the Study of the Legal Profession/Peer Monitor 2018)。这使得保持忙碌对许多律师来说是一个持续的挑战。

女性与生产力

因为在现代律师事务所,具有创业精神和生产力对于成功是非常重要的,所以我们在本章中提供了对女性的许多观察。我们在关于裁员(第5章)、横向雇佣(第8章)和薪酬(第6章和第7章)的章节中也提到了这些研究结果。此外,在有关薪酬的章节中,我们还讨论了女性在律师事务所内部市场中争取获客和其他分数方面所面临的挑战。

在我们的访谈中,约31%的受访对象是女性,这一比例高于全美女律师协会的最新调查中AmLaw 200强的女性股权合伙人比例(20%)和女性收入合伙人比例(30%)(Peery 2018,7)。我们的研究并没有专门针对大型律师事务所中的女性,也没有涉及能够严格识别男女合伙人在经验和态度上的差异的随机抽样。因此,我们无法就大型律师事务所中女性的情况提出明确的结论。然而,我们的采访确实为其他研究的结果提供了一些支持,这些研究表明,女性在律师事务所环境中取得成功面临着独特的挑战。这些都涉及律师事务所生活的各个方面。

十多年来,女性在法学院学生中所占比例约为一半,律师事务所每年招聘的女性学生大致也是这个比例（Peery 2018，2）。然而，就像全美女律师协会的数据表明的那样，大型律师事务所中女性合伙人的百分比要低得多。此外，《全国法律杂志》2018 年对最大的 350 家律师事务所进行的一项调查发现，只有 19% 的股权合伙人是女性（Rozen 2018）。其他研究证实，与资历相当的男性相比，女性成为合伙人的可能性更小（Beiner 2008；Gorman and Kmec 2009；Noonan, Corcoran, and Courant 2008；Rhode 2014）。

就薪酬，AmLaw 200 强、*National Law Journal* 350 强以及法律猎头公司 Major, Lindsey & Africa（MLA）的全球 100 强律师事务所在 2018 年进行的一项调查表明，女性觉察到收入差距的可能性是男性的 6 倍（Lowe 2018）。NAWL 2018 年的调查显示，女性股权合伙人的收入中位数是男性合伙人的 91%，女性股权合伙人的平均收入是男性合伙人的 88%。正如该研究指出的那样，权益合伙人的平均收入百分比较低"支持了这一假设，即与女性相比，薪酬分配更向男性倾斜"，以及"男性往往几乎独占律师事务所中薪酬最高的职位"。薪酬数据反映了这一事实：在 93% 的律师事务所中，薪酬最高的合伙人是男性，而且在律师事务所薪酬最高的 10 位合伙人中，平均有一位是女性（Peery 2018，13）。其他研究也证实了这些薪酬差异（Rhode 2014；Sloan 2013；Williams and Richardson 2010）。

尽管女性和男性股权合伙人的平均收费工时数或者收费工时中位数并没有明显的差距，但是这些差异依然存在。尽管男性和女性有着大约相同数量的计费工时数，女性合伙人收费的中位数价值是男性合伙人收费中位数的 92%，这可能反映了这样一个事实，即男性合伙人的开票费率比女性合伙人的开票费率高出 5%（Peery 2018，14）。这一数据与其他研究结果一致，即在律师人数在 1000 人以上的律师事务所中，女性合伙人的费率比男性合伙人的费率低 10%，在律师人数在 500 人至 999 人的律师事务所中，女性合伙人的费率比男性合伙人的费率低 12%。在拥有 1000 名以上律师的律师事务所中，约有 51% 的男性的费率超过 500 美元/小时，而女性的这一比例为 31%

（Silverstein 2014）。因此，"即使女性报告的获客工作量与男性相当，但她们大部分时间的收入仍然较低"（Lowe 2014）。

然而，男性和女性薪酬差异的最重要原因是，男性因新的获客而获得的分数更高。MLA 的调查指出，"男性合伙人在获客方面明显超过了女性合伙人。男性合伙人的平均获客是 278.8 万美元，比 2016 年增长了 8%。然而，2014 年至 2016 年，女性合伙人的获客收入增长了 40%，现在却下降了 8%，平均获客收入为 158.9 万美元"（Lowe 2018，24）。换言之，女性获客的价值是男性获客价值的 43%。

这与 NAWL 的调查数据一致，该调查表明，女性在律师事务所中成为关系合伙人的可能性较小。平均而言，分配给一家律师事务所前 20 名委托人的此类合伙人总数为 39 人，其中 8 人（21%）是女性（Peery 2018，9）。

MLA 的调查发现，33% 的女性合伙人对自己的薪酬有不同程度的不满，而男性合伙人的这一比例为 23%（Lowe 2018，33）。这一关于男女差异的研究结果，与其他研究（Reichman and Sterling 2004）一致，表明对薪酬"不满意"或者"极度不满意"的女性合伙人占女性股权合伙人的 31%，占女性收入合伙人的 38%（Williams and Richardson 2010，613）。2019 年，美国律师协会、ALM 对《全国法律期刊》500 强律师事务所中至少有 15 年工龄的 1262 名合伙人进行的一项调查发现，28% 的女性和 12% 的男性对自己的薪酬"极度"或者"有些"不满（Liebenberg and Scharf 2019，6）。

妇女在平衡工作和家庭义务方面所面临的困难，是造成这些差距的原因之一。这种两头兼顾行为已经成为广泛研究和讨论的主题（Gough and Noonan 2013；Hodges and Budig 2010；Pinnington and Sandberg 2013；Reichman and Sterling 2013）。霍赫希尔德和马洪（Hochschild and Machung 2012）提到了她们所说的"第二班"，这反映了职业女性在照顾孩子和做家务等履行家庭责任上所花费的额外时间。与此同时，工作要求通常是基于琼·威廉姆斯（Joan Williams）所说的"理想工作者"模式，这种人总是随叫随到，因为没有重大的家庭责任（Bond，Families and Work Institute 2003；Hagan and Kay 2010；Percheski 2008；Williams 2001）。美国律师协会、ALM 的调查发现，女性离开律师事务所的首要原因是照看责任，58% 的女性列出了这一点（Liebenberg and Scharf 2019，12）。在我们的研究中，对她们的业务表示担忧的女性倾向于关注其他类型的挑战，但是一些人确实描述了家庭的需求如何使她们难以创业和富有生产力。例如，一名女性将她作为无子女非合伙律师的经历与她成为有子女合伙人后所要进行的兼顾进行了对比：

> 除了缺乏睡眠之外，最引人注意的是你的工作缺乏弹性，因为作为一名非合伙律师，你可以选择在办公室待到午夜，你可以在接到通知后立即作出反应，但是如果你有两个孩子，你就不能。这是一个根本性的改变，在某种程度上，我可能无法平衡它。有些日子我做不到。这是因为我是女人吗？我认为这对我的打击更大，因为我认为女性往往在基本的照看和工作环境中试图做更多的事情。（#254）

另一名受访者沮丧地附和了这一说法："女性看着男性说，'他们能工作 3000 小时，是因为他们有一个全职太太，'我没有全职太太，所以我出乎意料地无法与他们竞争……在我看来，你甚至不能关注这个问题，因为它会把你逼疯。"（#178）

对于灵活性较低的年轻合伙人来说，这一挑战可能尤其严重。这位受访者将她自己的经历与她对年轻女性的观察进行了对比：

> 我丈夫宁死不会说："我不去做庭前证言存录了，因为我要去看足球比赛……"我通常都能完成它，我不是在凌晨 2 点做这个事，就是在凌晨 4 点做这个事。我们进入了"24 小时 ×7"文化后，我仍然能够做到这一点。我认为，能看着年轻女性尝试做到这一点，在某种程度上这是

很不错的,因为她们可以在家照顾生病的孩子,同时还可以工作,但是最可怕的是响应时间……我看到这里的律师,如果一个人在……小时内没有回复,他们绝对会想把他打发走。这是种耻辱,这肯定会毁掉女人。(#146)

女性面临的时间限制,特别是有子女的女性,使其在吸引和留住委托人方面面临的挑战更加复杂:

我的孩子现在都大一些了,但是我有三个孩子,我的丈夫是这家律师事务所的律师,所以总得有人在身边。这所花费的时间,要么能够成功,要么能够用于你成为一个称职的律师所需要的小时数,除此之外,还能够将这所花费的时间用于构建能带来业务的关系,如参加所有午餐,做所有这些是很困难的。(#24)

一位合伙人描述了在休完产假回来后需要与其他合伙人重新联系,以确保她有足够的工作:

合伙人:我做了两周的合伙人,然后休了产假,然后又回来了。无论你何时休假,都需要一段时间才能恢复,所以我认为这是我的挑战。
访谈者:在进行准备工作时,是否需要重新充电?
合伙人:是的,就是要再次充电,提醒人们你在这里,你有时间,我是说,你要适当地忙碌起来……所以,我想说,这是一个挑战。(#241)

休完产假回来的挑战,得到了另一位一直致力于其所在律师事务所的女性问题的女性合伙人的呼应:

> 事实上,我和人们谈论过[这些问题],普遍的共识是,你如何强迫其他合伙人给那些休完产假回来的女性合伙人工作。我的意思是你不能。你可以让他们对这些问题保持敏感性,你可以引起他们的注意,你可以希望在他们作出人员配备决定时,它是他们头脑中的首要问题,但是归根结底,这是一个取决于每个人的自由裁量性决定事项。(#188)

虽然性别家庭责任无疑会带来挑战,但是一些研究表明,这些责任可能不会大幅限制女性像男性一样投入更多时间工作的能力(Noonan, Corcoran and Courant 2008, 173–176; Williams and Richardson 2010, 643)。例如,2018年NAWL的调查指出,"尽管存在相反的假设,但是NAWL多年来的数据表明,不同级别和不同角色的男性和女性律师记录的工作时间没有显著差异"(Peery 2018, 4)。

此外,有证据表明,即使在没有重大家庭责任的律师中也存在性别差异。研究表明,即使是那些不花时间照顾家庭成员和工作时间长的女性,也存在这种差距(Dau-Schmidt et al. 2009; Noonan, Corcoran, and Courant 2008; Sommerlad 2015)。此外,一项针对有2年工作经验的律师(当时大多数人没有子女)的全国性研究显示,男性和女性非合伙律师在薪酬方面存在5.2%的差距(Dinovitzer, Reichman, and Sterling 2009)。他们认为,职业生涯早期的这种差异可能会随着时间的推移而放大(843)。在控制了学历、工作时间、律师事务所特征和其他可能解释这种差异的因素的影响后,作者发现75%的差距"是由于对女性禀赋的评价存在莫名其妙的差异"(838)。作者指出,在工程等职业领域,性别差异已经缩小,他们的研究表明,"在律师早期的职业工作中,可能存在着某种独特的东西,这种东西允许主观评估和互动,从而导致了薪酬差异"(848)。

近年来的研究试图通过关注"性别与奖励律师工作的制度机制是如何相

互作用的",来确定这些动态变化的根源(Reichman and Sterling 2004,60)。解决这个问题的一个有用的方法是检查某一领域所重视的职业"资本"(Garth and Sterling 2018)。正如加恩(Garth)和斯特灵(Sterling)对这一概念所描述的那样,"一个领域内的人采取的'策略'是为了在该领域取得成功。[他们]内化了游戏的规则,这样看起来很自然,他们试图建立该领域所重视的资本,或者设法让他们拥有的资本在该领域受到重视"(127)。这可以使人们注意到,律师事务所为女性提供的获得这样的资本的机会,评估女性是否拥有它的过程,以及关于男性和女性的假设在多大程度上影响了这些资本本身,也就是,"在构建律师职业生涯时,重视或者轻视什么"(128)。

本着这一精神进行的研究,将注意力引向隐性性别假设如何影响获得有价值的任务(Reichman and Sterling 2013,9;Reichman and Sterling 2004,62 - 63;Williams et al. 2018,18 - 21);参与从潜在委托人那里获得业务的"推销"(Williams and Richardson 2010,644);获得非合伙律师的帮助(Reichman and Sterling 2004,64);获得导师的机会;委托人关系（Donnell,Sterling and Reichman 1998,51 - 56);因参加推销得到分数(Rikleen 2013,12)。就像斯特灵(Sterling)和瑞克曼(Reichman 2004,65)所描述的那样,这一研究的大部分表明,"总的来说,女性很难接触到能够提供更多'更具有生产力的'机会的大型委托人"。例如,美国律师协会、ALM[①]的调查发现,67%的女性——但是只有10%的男性——表示,他们经历过缺乏参与业务开发活动的机会的情况(Liebenberg and Scharf 2019,7)。

一位女性合伙人强调,对许多妇女来说,这些问题至少与家庭责任方面的灵活性同等重要:

> 我在律师事务所认识的女性……我们对家庭和工作生活平衡的普

[①] 国际知名法律媒体 Law. com International 的简称。

遍看法是,不要跟我们谈这个,那是我们的个人问题。我们是来这里工作的,我们是来这里履行职责的,我们是来这里取得成功的,不要区别对待我们。如果我需要抚养我的孩子,我会找个保姆,我们会搞定它,但那是我的个人问题。作为一家律师事务所,我们希望你能创造一个我们能够成功的平台。

但是我认为,在女性中普遍存在一种担忧……即我们不是在一个我们可以成功的地方,部分原因是……当我们是合伙人时,我们的生产力就会下降。部分原因是我们没有被准许参加重要的委托人关系或者……也许我们的照片被用来做推广材料,但是当工作真正到来的时候,并没有给我们,或者没有给我们分数,或者没有让我们接触重要委托人。或者对于我们为之工作的委托人,当涉及重要的会议和其他事情时,我们有点被排挤了。所以这是一个真正令人担忧的问题,这并不是因为我们有孩子,也不是因为我们有家庭,而是因为我们因为某种原因无法穿透"玻璃天花板"。(#101)

一些女性合伙人觉得这种机会差距很早就开始了,影响了女性作为非合伙律师获得的经验类型:

我参加决定谁成为合伙人的委员会长达6年。我们会看看候选人,人们会特别为在公司合伙人职位说话,而为在诉讼职位的人说话的则较少。这些人更有资格,你看看,在过去的10年里,你已经把所有的好交易都给他们了,这是有原因的。

你几乎不得不接受,在8年或者9年中的女性非合伙律师中,真的很难找到一个一流的候选人,这是因为她们没有与他们一起工作的合伙人出差,没有给她们分配大交易,她们没有被赋予男人那样能步步高升的责任。好吧,这可不是开玩笑,当她们[在那里]工作了9年之后,

> 她们就更有资格了——你把他们训练得更有资格了。(#150)

另一位女性合伙人描述了女性从高级合伙人那里继承委托人所面临的挑战:

> 我想你在面试一开始就已经摸到了脉门,因为你问到机构性委托人是如何传承下来的。这些关系主要是由男性主导和驱动的,我认为这是女性合伙人普遍关心的问题。你知道,这是怎么发生的,我怎么能成为那些获得案源的人之一?我怎么能一开始就为那家公司工作?当然,我认为这是一个问题。(#188)

一位男合伙人还描述了一位女同事如何在一次成功的推广中扮演了关键角色,却没有得到任何分数奖励:

> 和我一起工作的一位女性同事发现了一位潜在委托人的问题,而她非常适合处理这个问题,于是她给大家发了一封电子邮件,说这个委托人当时不是律师事务所的委托人,但是否有人有联系方式?纽约的某个人有联系方式,他们联合打了电话,女性合伙人做了所有的推广工作……而她没有得到分数。(#5)

这一经历反映在美国律师协会、ALM 的调查中。在该调查中,50% 的女性对其工作获得的认可感到满意,而男性的这一比例为 71%(Liebenberg and Scharf 2019,5)。

学术研究还分析了隐性性别刻板印象如何可能导致律师事务所得出结论认为女性缺乏足够的职业资本,这就是对工作的投入(Sommerlad and Sanderson 1998; Reichman and Sterling 2004,70-71),非常果敢的气质,或者非常具有合作精神的气质（Williams and Richardson 2010, 652 – 653）。这种品质的无形和模糊特性使它们特别容易受到基于性别的假设的影响。就像瑞克曼和斯特灵（Reichman and Sterling 2004, 71）所指出的那样，"投入是薪酬的软性的、主观的维度，常常将男女分开。很难定义，投入往往是这样衡量的……即展现可以随叫随到，与英雄般的工作者保持一致，这些人的名片上说明了如何全天候联系他"。在美国律师协会、ALM 的调查中，63% 的女性——但是只有 2% 的男性——表示，他们被认为对事业不够投入（Liebenberg and Scharf 2019, 8）。

我们采访过的一位合伙人说，她曾与另一家律师事务所的一位资深合伙人交谈过，对方形容她申请兼职的要求"傲慢"。她分享了他的反应：

> 他说，你不应该让别人要求做那些事，你应该每时每刻都在工作，给我留下好印象，让我知道你对这份工作很投入。你提出这个要求显然意味着你不可能做这份工作，除非你的生活中没有其他东西，因为这就是我的生活方式。（#41）

一些人认为，男性从称职性假设中受益（Williams and Richardson, 650），因为人们往往根据表面上的潜力来评估他们，而女性则必须根据既定的标准来证明自己的称职性。在某种程度上，关于工作分配、晋升和薪酬的决定取决于这种主观评价，女性可能会处于不利地位。最后，许多表面上构成职业资本的品质是无形的，这意味着自我推销和自我推举可以在影响一个人如何被评价和被视为有创业精神方面发挥重要作用。研究表明，男性比女性更容易有这种行为。一位合伙人在提出女性有时在说出她们的努力和成就时犹豫不决时，指出了这一点：

> 我认为，律师事务所为支持女律师做了很多工作，包括儿童保育和支持团队，并普遍意识到需要让女性参与商业开发和工作。但事实是，

> 女性不太愿意推销自己。她们希望把工作做到最好,然后让人们认识到这一点。(#124)

研究表明,那些自我推销的女性可能会因为违反性别刻板印象而适得其反,因此造成了一个悖论:如果她们不推销自己,就得不到应有的分数,但是如果她们推销自己,就可能适得其反(Rudman 1998)。

研究还表明,女性倾向于做的一些工作或者她们表现出来的品质可能会被贬低,因此不被认为是有意义的职业资本。例如,女性报告说,她们经常参与有助于律师事务所发展的活动,如培训非合伙律师或者在招聘或者在多样性委员会任职,但是这些工作在律师事务所的晋升和薪酬决策中不受重视(Flom 2012;Reichman and Sterling 2002;Smith 2014;Sterling and Reichman 2016;Williams et al. 2018;Williams and Richardson 2010)。一位女性合伙人将她所在的律师事务所与其他律师事务所进行了比较:

> 你会听到很多律师事务所吹嘘他们有多少女性或者女性合伙人。如果你再深入挖掘,她们大多是薪酬链条底部的女性,她们在公益委员会或者多样性委员会,但是她们从未参加薪酬委员会或者执行委员会,如果她们参加了那些委员会,将总是在同样的委员会任职。很少有女性进入薪酬委员会,因为这是迄今为止最有权力的委员会。(#12)

一位女士这样描述她之前的律师事务所:

> 我学会欣赏这家律师事务所的两点。第一,如果你达到了数字目标,律师事务所就不会再要求你什么了。我什么都不用做。我不需要指导任何人,我没必要加入那些女人的行列,我已经厌倦了在多样性委员会工作,我没有必要做任何这类事情。第二,他们只要求我必须做一

件事,那就是,除非我在参加审判或者进行辩论,否则我必须参加年度合伙人会议,仅此而已。(#22)

一些女性还认为,她们在维护委托人关系和让委托人满意方面所做的工作,并没有被视为具备呼风唤雨的能力;相反,它被视为女性化的培育工作,更像是一个服务合伙人(Reichman and Sterling 2002,11;Smith 2014)。一位女性合伙人指出,为委托人提供良好的服务是留住他们的关键,但是薪酬往往不承认这一点:

> 我没有看到数字,所以我不知道,但是女性合伙人之间有很多对话。我的感觉是,带来事务的人得到了丰厚的回报。但是,如果你不能留住它,不能提供高质量的服务,那么带来这些事务又有什么用呢?我想这就是女人说的情况,"看,如果我们提供的是让委托人满意的法律产品,那就必须重视我们……不可能所有的服务合伙人都是可替代的——是不是丽莎(Lisa)并不重要,但即便不是丽莎(Lisa)也会是其他人——他们都是一样的"。我们必须意识到我们的贡献也很重要。(#236)

一些女性还描述了在这样一种环境中取得成功所面临的普遍挑战:拥有权力的人主要是男性,无论这些男性有怎样的意图。这种看法得到了关于同质性对工作关系影响的研究的支持:一个人可能会更努力地与那些与自己相似的人发展关系。正如一位女性合伙人所说的那样:

> 我认为看不到像你这样的人……会更困难。我的意思是,我认为人们倾向于寻找那些能让他们想起自己的人,所以我认为……高级合伙人可能更难……认同……一个黑人女性说:"嘿,你让我想起了我自

己,所以让我帮你吧。"(#241)

另一位女性合伙人说:

> 我不会有那种小老弟友好关系,所以……这是我一直意识到的,也是我一直在和合伙人谈论的事情。我认为其他男性合伙人可以拿起电话说:"嘿,我们去喝一杯,看比赛吧。"我不能打电话给委托人说:"嘿,你今晚想一起喝一杯吗?"这是一种不同的情况,很令人尴尬。(#234)

这些经历反映在美国律师协会、ALM 的调查中,其中 46% 的女性——但是只有 3% 的男性——表示,她们缺乏接触委托人的机会(Liebenberg and Scharf 2019, 8)。

在我们的研究中,一些女性表示,她们试图忽视职场中围绕性别的挑战和政治,只是专注于做好工作:

> 我已经建立了一些很好的关系,因为我在他们的案子上做得很好,而不一定是因为我带他们去看体育赛事。我想,我之所以能取得现在的成就,不是因为人们说,"哦,她会带来下一个[律师事务所的主要委托人]"。而是因为我工作做得很好,希望人们能看到这一点,他们能看穿这一事实,即她是一个女孩,她很年轻,她真正能带来什么,他们说,"好吧,她可以完成交易,她可以管理它"。这就是一步一个脚印,这就是我所能做的最好的工作,就像我妈妈说的,"尽你所能做到最好"。(#234)

这在几十年前可能就足够了。然而,在今天的大型律师事务所里,这可能是一种危险的策略,因为保持足够的忙碌可以被认为有生产力,你需要向委托人和同事推销自己。

我们的研究无法对现代律师事务所女性合伙人的经历给出明确的结论。然而,它至少为律师事务所内部更系统的性别动力学研究的结果提供了一些支持。从这个意义上说,它表明,自2008年金融危机以来,律师事务所实务给女性带来的挑战,可能比给男性带来的挑战更严峻。

身份工作

在过去几十年,律师事务所合伙人必须是企业家的概念,并不是大多数合伙人的职业自我概念的一部分。因此,现代律师事务所的合伙人不得不塑造——或在某些情况下重新塑造——他们的身份感,以适应这一相对较新的因素。到目前为止,人们普遍认为,成为一名合伙人在一定程度上意味着要成为一名企业家。正如一位合伙人所提出的那样,"从你走进律师事务所的第一天起,你的创业才能和意愿就受到高度重视。你需要成为一名优秀的技术律师,但是这是一种避免被解雇的筹码"(#252)。

对于那些在律师事务所工作了很长时间的律师来说,他们还记得市场竞争不那么激烈的时候,需要不断地关注商业事务,但这似乎是一种不受欢迎的方法,因为会使他们从法律实务中分心。单独执业者或者小型律师事务所的所有者可能总是需要专注于律师事务所的商业事务。然而,多年来,大律师事务所的律师通常不这么做,因为他们认为律师事务所有稳定的委托人基础,可以提供稳定的工作。

相比之下,那些几十年前进入律师事务所的人已经明白,成为一名企业家是成为现代律师事务所律师的一部分。一位合伙人认为,他的律师事务所在竞争日益激烈的市场中处于有利地位,因为"我认为律师事务所的律师已经跨越了理解这一点的心理障碍。不像我们这些上了年纪的人刚开始的时候那样,你是一生的合伙人,到最后你会放松一点"。他指出,"这里的每个人似乎都有这种创业方式",并补充说,"我认为人们很早就知道,如果你想在这里成功,你就必须有这种方式"。这意味着"你的[实务]更像是一门生意,而不是一个温文尔雅的服务提供商"(#228)。

为了将这个相对较新的维度融入他们的自我理解中,合伙人通常需要参与"身份认同工作"。这是"形成、修复、维护、强化或者修订自我建构"的过程(Lok 2010)。就像贝沃特(Bévort)和苏德比(Suddaby 2016)在他们关于合伙转向公司的会计师事务所中的会计师的自我概念的变化的研究中所描述的那样,这涉及创建"身份脚本",为适当的行为形式和与他人的互动提供指导。个人在迭代的过程中使用这些脚本,在这个过程中"个人创造性地参与临时的解释复制,在这个过程中他们用可能的或者潜在的身份脚本进行实验,以调和相互竞争的制度压力"(18)。

在现代律师事务所中,合伙人的身份认同工作,包括将自己理解为企业家,这与他们对作为律师事务所合伙人的其他特征的理解相一致。这种自我概念提供了一种暂时性的感觉,即他们是谁,就其身份的这一维度对他们的期望是什么。贝沃特(Bévort)和苏德比(Suddaby)提出,职业身份的创造尤其"需要个人驾驭竞争性的制度压力,并定期试验和适应临时身份"(21)。

例如,请注意,律师事务所不会正式命名服务合伙人或者呼风唤雨者。事实上,他们不赞成这样的定性。然而,现代律师事务所的所有合伙人都熟悉这些作为身份要素的术语。律师事务所也不会告诉服务合伙人,他们需要与呼风唤雨者培养关系,以被认为在经济上具有生产力。相反,这些合伙人利用自己的身份概念来设计一份剧本,认为这是在律师事务所取得成功的必要条件。

我们的访谈表明,现代律师事务所的合伙人试图塑造一种身份,使创业精神的商业维度与传统的职业价值观相协调。格林伍德(Greenwood)和他的同事(1996)所称的先前对合伙的传统理解的"沉淀",在一些合伙人描述其角色的商业需求时的矛盾心理中可见一斑。

例如，一位合伙人评论道，"当我刚加入律师事务所时，律师执业活动的另一个方面是，似乎从来没有任何进行售卖的需要。人们要来找我们，成为一名职业人员是逃离丑陋的商业世界的避难所，在商业世界你实际上不得不……进行售卖"。因此，售卖是"我更年轻时没有学会的东西"（#27）。

一位合伙人指出了为了调和企业家角色与更传统的合伙概念而进行的努力，"作为一名律师，你的目标是被视为你的委托人的顾问，一个值得信赖的顾问，要花时间和他们在一起，所以我一直在想我如何让我的委托人满意，如何认识新委托人"（#103）。

另一位合伙人表达了对现代律师事务所合伙人提出的一些要求的愤怒：

> 我不认为商业压力影响了我作为职业人员的意识。我仍然认为自己是一个职业人员，我所提供的服务非常专业。除了作为一个职业人员，你还有很多其他的事情要做。
>
> 仅仅是专注于商业也是非常耗费时间的，有时候我会想，如果我必须再做一个 PPT，我就死定了。（#37）

解决这种矛盾心理的一种方法是把获得委托人的责任解释为一个机会，就自己的业务开辟一个相对自主的领域。这种自主性是传统的职业概念的特征之一。正如一位合伙人所言，他之所以早早开始与委托人建立关系，是因为"我不是一个有耐心的人，我也不想对别人心存感激"（#203）。另一位律师提出，"很多合伙人的想法是，如果你没有自己的生意，那么你总会被拖进别人的生意"（#188）。

另一种解读企业家型合伙人角色的方式是，把自己看作在履行对律师事务所内其他人的责任。例如，一位合伙人说道：

> 我想说，最大的变化之一是，从业务发展的角度来看，作为一名合

伙人而不是非合伙律师，你所感受到的压力。你确实在律师事务所拥有更多的既定所有权利益，所以你总是意识到要引入业务。因此，这可能是最大的改变——只是戴上业务开发的帽子，感觉有责任让人们有饭吃。(#178)

"让人们有饭吃"的责任包括，确保有足够的业务来让业务团队的每个人都忙起来。这位合伙人解释说，"我环顾四周，然后我想，'哇，你知道，如果我们平均每年收费2000小时，假设我们部门有12个合伙人，那就需要产生24,000个合伙人工时，这是对必须做什么的一种非常不同的领悟"(#178)。因此，合伙人不仅要产生足够多的业务来让自己忙碌，而且还要让业务团队中的非合伙律师也忙碌起来。另一位合伙人说，"这是你要承受的压力的一部分，你知道，你本质上是一个企业家，你需要养活这家律师事务所、养活非合伙律师和养活自己"(#241)。

在这种身份认同的概念中，作为一名企业家，有责任帮助他人"养活自己"。因此，一个人从事某项活动不仅是出于经济上的私利，而是出于一个更大的社区的利益，在这个社区中，他承担着为他人福祉负责的角色。在这种情况下，合伙人可能会将企业家的要求不仅仅理解为商业逻辑的操作，还会将其理解为对同事负责的职业人员的概念。

结　论

现代律师事务所的合伙人意识到，律师事务所不再能够保证他们在与委托人长期关系的基础上获得稳定的工作流。因此，合伙人必须扮演企业家的角色，为创造收入承担持续的个人责任。他们必须向潜在委托人或者律师事务所的其他合伙人推销自己的服务，或者两者兼而有之。这意味着，合伙人必须培养上一代人不需要培养的商业技能。正如本章所描述的那样，这并不意味着合伙人现在以牺牲职业价值为代价完全接受商业逻辑。相反,他们需要参与"身份认同工作",在这种工作中,合伙人寻求调和创业的需要和他们对自己职业人员的理解。

对女性来说,创业的需要可能构成特别的挑战。一些挑战来自女性的家庭责任,但是其他挑战反映了与委托人接触的机会更少,与男性相比她们在分配任务时能否随叫随到的假设,女性的贡献被低估,与男性相比从合伙人那里继承的委托人更少,以及由于文化期望而被视为过于果敢的风险。其结果是,自金融危机以来,律师事务所对合伙人的创业要求越来越高,这可能使女性在律师事务所中晋升到重要职位变得尤其困难。

对具有创业精神的强调,可能意味着在这方面成功的合伙人会认为自己在律师事务所里经营着自己的小生意。这就产生了这样一种风险,即这些合伙人将委托人视为自己的,而不是律师事务所的。如果出现这种情况,这些合伙人带着委托人离开的可能性就会很大,会让律师事务所难以建立起一种稳定的文化,来既注重职业回报,也注重经济回报。下一章将讨论这一挑战,以及律师事务所如何应对它。

4 / 创业者与合作

当律师被鼓励成为企业家时,他们可能会把自己看作作为律师事务所内部的个人利润中心的单独执业者。从这个角度来看,合伙人建立和维护他们的业务,并对经济目标负责。他们与律师事务所里的其他律师共同分担管理费用,但是不觉得自己参与了一个共同的企业。虽然这种安排可能对个人有利,但是对律师事务所未必有利。本章讨论了这种风险,以及律师事务所可以如何尽量减少这种风险。

作为单独执业者的企业家

一位合伙人表示,他感觉自己在更大的律师事务所里经营自己的业务:

> 我当时没有意识到律师实务是一门多么重要的生意。我花了很大一部分时间来管理我的业务,管理我与律师事务所的关系,管理我与委托人的关系。我花了很大一部分时间担心业务发展。
>
> 我是自己的销售团队,我是我自己的营销力量。同时我还必须为所有的委托人服务,我实际上是我自己的开票收费部门。如果有收费纠纷,我不能把它交给我的会计部门。我得自己去面对委托人。所以你会发现你是在一家律师事务所经营自己的小生意,而我完全没有想

到我会（做这种事）。(#250)

这种经营自己生意的感觉可能会导致律师事务所合伙人之间争夺委托人的竞争,他们可能会把同事的得视为自己的失。一位初级合伙人说：

> 我花更多的时间在内部收集工作上,而不是在外部,因为显然内部机会更大。问题是,我是在和其他合伙人竞争,而且——不仅仅是初级合伙人这么说,我想高级合伙人也是这样说的——你担心的不是大楼外的竞争而是大楼内的竞争。(#101)

当一位合伙人将自己视为某业务的所有者时,他可能会把委托人视为"他的"委托人,并限制同事接触他们,以免失去这种关系。一位合伙人指出,"一些合伙人过于保护委托人"。他们的态度可能是,"如果我觉得你能做点什么,我会把你介绍给他们,但分数应该归我"(#222)。另一位合伙人说：

> 我觉得当你成为合伙人时,你会大开眼界。你会想"这不一样,这完全是生意上的事"。我认为,即使是在合伙关系中,也会有一些人想要留住他们的委托人,而不愿交叉销售或者营销。我不确定这是否就是我所期望的。(#241)

意识到他们需要像企业家一样行事,并保持合理的计费工时数,这可以让合伙人尽可能多地为自己保留工作,避免把同事介绍给委托人,以免失去委托人关系,或者不与同事合作,除非他们这样做能得到薪酬分数。这些合伙人希望委托人培养对他们的忠诚度,而不一定是对律师事务所的忠诚度。他们知道,他们与委托人的关系——他们的"案源"——是他们在横向流动市场中的流通物,如果他们想要或者需要把目光投向别处。（参见第 8 章关于

横向流动市场的完整讨论）

这种类型的行为可能服务于合伙人个人的利益，但是它不服务于律师事务所的利益。任何一个管理合伙人都会对一个合伙人讲述他曾经工作过的律师事务所的故事感到厌恶：

> 除非他们知道你会给他们多少薪酬分数，否则没有人会陪你去推销[试图从委托人那里获得业务]。我的意思是，一个公司业务部门的人带来了一个诉讼律师，他中途停止了推销，说："我需要和你在房间外面谈谈。"当他们出来后，他说："我不会再进去了，除非你给我这么多分数。"（#211）

然而，这样的行为似乎是对这样一种看法的合理反应，即律师事务所将严格要求合伙人为实现经济目标负责，否则将导致薪酬削减，甚至离职。正如一位合伙人所言，"如果你让人们对自己的未来感到多疑，他们会不惜一切代价保护自己，这与律师事务所应该派最好的人去工作的整体理念背道而驰"。这个合伙人继续说道：

> 我们很多人有自己的小九九，在我看来，这表明人们没有建立真正牢固的律师事务所关系，并试图拓宽对他们有用的业务基础。我担心的是，如果你让人们对他们的薪酬或者工作感到足够恐惧，人们就不会冒这个险，我认为这就是为什么我们有他们的地方会有自己的小九九。（#150）

这位合伙人自己让同事拓展与委托人的关系的努力，遇到了挫折：

> 我们有一些大的诉讼委托人，我们没有为他们做过任何交易方面

的工作,诉讼律师会告诉你,"我不认识公司里那些负责交易的人"。我说,"去见见他们,这有多难?"大多数人不会这样做。他们甚至没有想到要这么做;当你告诉他们可以这样做的时候,他们会拒绝去做。我不知道他们害怕什么,但是他们不会这么做。(#150)

部分担心是其他合伙人可能为委托人做不好工作,从而可能危及委托人关系。海蒂·加德纳(Heidi Gardner)对合作进行了广泛的研究,将其描述为缺乏"基于称职性的信任"(Gardner 2013, 4)。某合伙人说:

> 把一个非常重要的委托人交给别人,这是一种巨大的恐惧。我认为,其中一些原因是,如果他们让你进来,而你没有把工作做好,你就伤害了他们,他们不认为你能意识到,他们的声誉掌握在你手中。(#150)

某合伙人是这样描述症结的:

> 在我看来,律师不喜欢分享委托人机会的真正原因是质量问题。你是一名律师,你花了不知道多少时间来建立关系,你在一个你自己一无所知的领域内得到了一个事务。这意味着你必须去律师事务所,问谁是这方面的专家,然后有人告诉你是谁,你通过社交认识了这个人,但是除此之外你什么都不知道。那个人可以在一瞬间毁掉你和委托人的关系。
>
> 很多人认为,不值得冒这个险。我会让委托人去另一家律师事务所。我得到了委托人的认可,没有任何负面影响。(#227)

另一位合伙人说,"有些人,当你问他们一个问题时,他们想做的第一件事就是开立一个新事务来获得计费分数"(#223)。

这种态度反映并强化了这样一种感觉,即律师事务所主要是每个合伙人追求个人经济目标的载体。它也反映了管理层认为律师事务所的主要目标是最大化经济业绩的看法。在这个世界里,合伙人总是容易受到同事行为的影响,这些行为会威胁到对委托人的所有权。他们还容易受到管理层的决定影响,即认为他们的生产力不再是可接受的。

如果律师事务所对企业家的重视纯粹被视为一种商业逻辑的表达,所有这些行为从个人角度看都是理性的。从这个角度来看,"工作都是个人的,工作是移动的;我不在乎别人怎么说。每个人都是企业家,每个有价值的人都尽其所能地争取委托人"(#36)。

然而这种行为不仅不能促进律师事务所的整体利益,而且也可能不能促进委托人的最佳利益。正如一位合伙人所言,"任何在事务所内部设置更多障碍的事情,最终都是委托人的损失"(#222)。研究通常证实了在一个问题上让多个职业人员参与的好处(Gardner 2015)。竞争和囤积委托人可能会妨碍律师事务所向委托人提供尽可能最好的服务,妨碍律师事务所扩大向现有委托人提供服务的范围,也妨碍律师事务所通过证明律师事务所能提供有别于其他律师事务所的资源来获得新委托人。

自私自利的合伙人行为也会损害律师事务所建立律师事务所特有资本的能力,而这种特有资本使律师事务所能够创造和维持一种稳定的文化,这种文化重视非财务职业价值。委托人将倾向于把他们的关系看作与合伙人的关系,而不是与律师事务所的关系。这意味着,对于律师事务所来说,很难向合伙人证明,律师事务所拥有的委托人群使得在此律师事务所执业比跳槽到另一家律师事务所获得的经济回报要高得多。由于合伙人至少一直是潜在的自由主体,律师事务所可能会担心试图维护非经济职业价值会使他们失去能带来利润的合伙人。其结果是,律师事务所可能无法建立文化黏合剂,从而在市场力量的兴衰中提供一些保护。

委托人的机构化

因此,律师事务所面临的挑战是,在鼓励创业者的同时,抑制这种风气可能产生的利己主义。这就要求它解决囚徒困境。试图这样做的律师事务所的一个重要方法是将委托人"机构化"——确保多个律师参与为他们提供服务。主要为机构化委托人工作的合伙人发现,他们很难流动到其他律师事务所:

> 你有与机构有着很深关系的委托人关系时……如果我去别的地方,一些委托人会打电话给我,但是他们也与律师事务所的其他人有着重要的关系。所以我觉得我没有能力说,我要穿过街道去找我们的竞争对手,数百万美元的生意会跟着我。(#33)

当被问及是什么促使他留在律师事务所时,另一位合伙人的回答是:

> 坦率地说,让我难以离开这里的另一件事情是,我是否认为我真的能把我的案源带走。我不知道。[我们的律师事务所]和像我们这样的律师事务所,在委托人机构化方面做得很好,我不是一个人为我的委托人服务,我和很多人一起在为委托人服务。这让我的生活轻松多了,但是这也意味着这些人现在都是律师事务所的委托人了,所以我从来不用怎么思考就能意识到,我不确定把案源带走会有多容易。(#203)

这反映了创业是一种合作而不是单独的活动的理念。为委托人服务的业务团队越多,律师事务所从委托人那里获得的新工作往往就越多。这可以为那些在律师事务所和委托人之间的长期关系较少的市场中强调创造新业务的重要性的律师事务所提供重大的经济利益。

虽然律师事务所试图将委托人机构化,但是合伙人有抵制这些努力的动机。在律师事务所中,案源是权力的同义词(Nelson 1988)。此外,一些律师事务所的薪酬制度与其战略并不一致,因为它们对合伙人的奖励更多地基于它们自己的案源,而较少地基于合伙人是否将律师事务所的资源用于委托人的工作(Lowe 2013)。如果委托人没有机构化,在律师事务所的财富开始下降的情况下,合伙人可能会流动到另一家律师事务所。一位合伙人描述了合伙人离开并带走委托人的可能性所带来的焦虑:

> 威胁[律师事务所]的是人们担心一些强有力的业务会卷铺盖离去,而这两种威胁被认为是[合伙人 A 的]业务和[合伙人 B 的]业务。这两种业务都是移动性很强的业务,有声望的最优业务,我认为律师事务所花了很多时间来担心如何防止这种情况发生。(#54)

除了合伙人在保持对委托人的控制上的明显经济利益外,他可能会使用职业主义的逻辑来抗拒委托人机构化。单独执业者的形象让人产生共鸣,他经营自己的业务,对委托人的最佳利益进行职业判断,并只对在没有任何干扰的情况下如何经营业务对自己负责。因此,合伙人可能会声称,他的抗拒反映了对职业价值的忠信。

因此,为了使委托人机构化,律师事务所必须说服合伙人,合作将比在自设壁垒中工作有更多经济回报,并使他们消除疑虑,即合作将得到回报,而不是被剥削。实现这一点可以创造律师事务所的特有资本,这是基于与跳槽到另一家律师事务所相比,合伙人留在律师事务所有更多的经济利益。

许多合伙人强烈表示,除了经济利益外,合作也是重要的职业回报来源。这意味着,通过解决保证博弈,律师事务所可以建立更强大的律师事务所特有资本,向合伙人可靠地传达律师事务所是一个他们可以与其他发现合作具有内在价值的人一起工作的地方。下一节将详细说明合作是如何提供这些财务和非财务方面的好处的。

合作文化

研究表明,真正的合作文化可以为一个组织带来实质性的经济利益,这是试图解决"囚徒困境"的律师事务所的重要一点。就像海蒂·加德纳（Heidi Gardner 2013, 7）描述的那样,"当一群知识工作者整合他们各自的专业知识,以便在复杂问题上提供高质量的结果时,合作就发生了"。她接着说道,"除了提供专业知识,这些职业人员还必须相互帮助、提供建议、激励和彼此制衡"。这种活动超出了可能导致服务"交叉销售"的转介网络所涉及的互惠交换。加德纳（Gardner）提出,"交叉销售是这样发生的,即合伙人 A 把合伙人 B 介绍给她自己的委托人,这样合伙人 B 就可以提供额外的服务。虽然 A 可能会提供一定程度的监督,以确保她的委托人对 B 的工作感到满意,但是她不太可能深入参与到情境中"。

加德纳（Gardner 2015, 76）描述了现代职业服务事务对合作的迫切需求:

> 随着委托人的全球化和面临更复杂的技术、规制、经济和环境要求,他们已经在日益复杂的问题上寻求帮助。为了跟上潮流,大多数顶级律师事务所都创建或者收购了狭隘界定的业务领域,并鼓励合伙人专业化。因此,他们的集体专业知识被分配给越来越多的人、地方和业务团队中。因此,解决委托人最复杂问题的唯一方法就是让专业律师跨越他们的专业界限一起工作。

加德纳（Gardner 2015, 76）的研究表明,当律师事务所能够做到这一点时,他们"能够赚取更高的利润,激发更大的委托人忠诚度,并获得竞争优势"。她对三家大型律师事务所的研究表明,当两个而不是一个业务团队参与时,平均年创收会增加2倍(Gardner 2016, 22–23)。此外,随着更多的团队服务于一个委托人,每个团队的平均收入也会增加。

加德纳(Gardner 2016)认为,在委托人事务上的多个业务之间的合作是有利可图的原因是,更多的合伙人参与委托人事务提供了更多关于委托人需求和目标的信息。这可以让他们"发现……参与较少的竞争对手可能会忽视的机会"(23)。她的数据表明,委托人工作中涉及的业务越多,每年委托人项目的数量就越多。

工作的盈利能力也可以由于多种业务的参与而增加。它为职业人员创造了与委托人一起"向食物链上游移动"的机会,也就是说,他们可以接触到责任更广、预算更大、需求更精细复杂的更高级的高管。这种复杂的工作要求更高的利润,并且"使交叉业务工作受到较少的基于价格的竞争"(Gardner 2016, 23, 24)。

加德纳(Gardner 2016)也发现:

> 合作提升了职业事务所的委托人忠诚度和保留率。为委托人提供服务的合伙人越多,委托人留在事务所的时间就越长,即使一个重要的合伙人离开了。当外部的多专家团队跨越律师事务所的不同部门或者办事处时,当他们服务于委托人组织内的多个联系人时,这种关系甚至会更加牢固。(21)

通过这些方式,在一个难以维持长期委托人关系的时代,培养律师事务所的业务团队之间真正的合作,可能产生一种律师事务所特有的资本形式。正如一家《财富》100强公司的总法律顾问所言,"不管他们怎么想,实际上大多数律师个人都是可以被替代的。我是说,我在大多数律师事务所都能找到一个像样的税务律师。但是当这位律师与知识产权、规制部门①以及最终的诉讼部门的同事组成团队时,我在另一家律师事务所找不到一个整个团队的替代人选"(Gardner 2016, 24)。

除了商业上的优势,合作还可以成为合伙人内在职业回报的来源。它提供了一个机会,通过解决保证博弈,培养对作为一个组织致力于提供非经济回报的律师事务所的忠诚,来创造更强大的律师事务所特有资本。加德纳(Gardner 2016, 62)指出,"许多参与过合作性委托人事务的合伙人报告说,对他们来说,最重要的好处是有机会认识新同事或加深现有的关系。例如,一位受访者写道'作为一个团队工作所带来的同志情谊'。合作受欢迎的另一个原因是,否则,'作为合伙人有时会感到相当孤独'"。还有人报告称,合作提供了一种"我和同事们朝着共同目标努力的感觉,即律师事务所整体的成功和繁荣"(64)。

我们自己的访谈也证实了这一现象。一位合伙人明确表示,他与律师事务所内其他人的关系为他提供了一个观察律师事务所的视角:

> 我与律师事务所的关系是,我有很多和我一起工作的人,我尊重他们,喜欢和他们一起工作,我不想让他们失望。我觉得我从[律师事务所]得到了很多好处,我觉得这是一个好地方,一个非常人性化的地方,一个我认为对这个职业有很多尊重的地方,这是一个合乎职业伦理的地方,支持大量的公益工作,我认为,就机构性忠诚而言,这就是它的来源。(#63)

律师事务所3的一位合伙人说,在他的律师事务所发生的合作非常吸引人:"我的意思是,这听起来有点做作,但是它真的很有意义。"他详细阐述道:

---

① 律师事务所中专门与政府监管部门打交道的部门。

> 这里的风气是,你吃完午饭回来,然后以同样的优先顺序给你的委托人和合伙人回电话。如果你有问题,你打电话给别人,他们会马上回复你,晚上任何时候他们都可以放下手头的工作,这特别棒。也没有"这对我有什么好处"这样的话。没有人会说,"好吧,只有我们平分获客分数的情况下我才会这么做"。我的意思是,你甚至从来没有听到过这样的对话,因此这是一个非常好的环境。这就是我认为有些人在这里会比在其他律师事务所会更开心的原因。(#76)

该律师事务所的其他合伙人描述了这样的感觉,合伙人之间的合作是律师事务所 3 的文化中一个特别重要的元素。其中一位评论道:"很明显,我们强调的是,我们不希望员工自设壁垒;这是一个合伙关系,我们是一个国际性律师事务所,你希望其他办事处的人给你打电话,帮助你,我们鼓励你去帮助别人"(#82)。正如一位合伙人所说的那样,"定期会有备忘录传出,'这就是我们应该做的',但是这更多的是一种含蓄的理解,这就是我们的运营方式,这是我们律师事务所的特殊之处"(#93)。其他合伙人则强调合作提供了与同事进行智力上令人满意的思想交流的机会,提供了与他人合作解决问题的机会,并加强了同事之间的个人回报关系。

一位合伙人评论道:"据我所知,我们的文化一直是,我们是合伙人;'它'不只是一个头衔。我们试着成为合伙人,帮助别人走出困境,这是一种'看,最后一切都会好起来的'让爱传递的理论,我认为有很多这样的东西。"这位合伙人描述了这种文化是如何通过创造分享收费分数的期望来促进这种风气的:

> 这里有一种分享获客分数的文化,如果你可能是那个把委托人带进门的人,但是……你是一名公司律师,他们从事贷款业务,所以你会

请我们的一名贷款律师来做大量的工作,那么你就会分享一些获客分数……

这是律师事务所"明确地"谈论这里的文化的一种方式,我们认为事情应该这样运作。我们分享,我们比我们的各部分的总和更强大,是的,公司律师可能有关系,但是如果律师事务所没有能力在一系列领域解决问题,我们很有可能得不到该工作。(#70)

一位合伙人描述了他在担任非合伙律师时这种强调分享的体验,对他来说,账单分数不会影响他的工资薪酬。当他得知他在一件事务获得了一些获客分数时,他向一个合伙人询问此事。这位合伙人回答说:"这就是我们工作的方式:我们分享。在某种程度上你是对的,这不会[影响你的薪酬],但是拥有它是件好事;这不会影响律师事务所对你的印象,所以说声谢谢就行了。"(#70)

对于具有这种文化的律师事务所的合伙人来说,其结果是与律师事务所里的其他人有一种强烈的真正的伙伴关系的感觉。一位合伙人描述了帮助其他合伙人对他的重要性:

这意味着不会 5 天不去看电子邮件,也不回电话……这并不意味着我必然会马上为他们找到一个实质性的答案,但仅仅是"我接到你的电话,我先看看,我会在几天内回电"或者"我接到你的电话,我希望这不是紧急事务,我下周要与我的家人出城,我可以回来给你打电话吗?"不管是什么,只要对方有回应就行。(#69)

另一位合伙人说:

对我来说,这家律师事务所的好处是,多年来我做了大量的拓展工作……我也一直对律师事务所其他部门的人感到满意，因为我认识了他们并和他们一起工作。所以你会对这个机构产生一种信任感，觉得他们招的人不错，"伙计，我真高兴我在这样一家律师事务所工作，在这里我和某某谈过话，某某的回应非常积极，当然我们也鼓励你积极回应"。……所以我当然会在当天回复电话或电子邮件，尤其是电子邮件，至少要告知收到："我收到了你的邮件，让我想一想。"我认为，就律师事务所文化而言，这是非常重要的。(#93)

另一位合伙人描述了最近的一次经历：

> 我在某个业务团队有个合伙人，那是在圣诞节前，有天晚上他打电话给我，那天晚上我在家。他说，"我有个危机"。他已经到了这个地步，真的需要一些公司业务方面的帮助，所以我当然要帮助他，我以前也遇到过这种情况。就像你……发生危机时，即使是在不方便的时候，人们肯定非常愿意[帮忙]。有时是，"我在旅行，我有一整天的会议，我今晚可以给你打电话"，但总是"我今晚会给你打电话"，不会是"我们下周再谈"。从来没有。(#68)

律师事务所 6 的几位合伙人也表示，该律师事务所对共治的强调，导致了合伙人对彼此的特别回应。一位合伙人说：

> 当我联系业务团队之外的人的时候……有意思的是，就好像他们坐在办公桌前等着我的电话一样。因为我的意思是，他们的回应是，"当然，我有时间，我们两年前就在这方面做了一个备忘录，我把它发给你，我可以让人更新它"。这很无缝衔接。(#212)

同一律师事务所的另一位合伙人说：

> 合伙人竭尽全力互相帮助，这是真的，我们的共治名声在外。我可以打电话给公司业务团队的人说，"我需要你一小时的时间"，他们会马上给我，或者那天晚些时候，或者加班，等等。（#198）。

另一位合伙人也有过类似的经历：

> 我从来没有给别人打电话，让他们心不甘情不愿地说，"如果我能做些什么来帮忙，我很乐意帮忙"，因为肯定会有一些事情超出你的专业领域或者与本案密切相关的人的专业领域。人们都乐于伸出援手和作出贡献。同样，人们打电话问我问题，我也会尽我所能帮助他们，不管他们的处境如何，我都会帮助他们。（#206）

因此，许多合伙人认为合作具有内在的回报。向合伙人保证律师事务所知道这一点，并致力于提供这样的回报，表明律师事务所既是按照商业逻辑也是按照职业逻辑运行的。这有助于缓和因鼓励合伙人成为企业家可能会导致的个人主义和狭隘的利己行为风险。它可以创造出与律师事务所更紧密的纽带，一种更持久的律师事务所特有资本形式，而不仅仅是对合作所提供的经济利益的感激。

在这样一种文化中，合伙人寻求这种内在的职业回报，这反过来可以为律师事务所带来经济效益，形成一种良性循环。正如加德纳（Gardner 2016，64）所指出的那样，"心理学研究已经令人信服地证明，当员工感到他们的工作对他们的组织，乃至对委托人有意义和重要时，他们就会付出更多的努力，对团队和组织更忠诚"。这表明，平衡经济和非经济回报的律师事务所可能会创造一种商业和职业价值观相辅相成的文化。

尽管合作有潜在的好处,但是律师事务所会发现,说服人们参与其中是一项挑战:

> 对于参与其中的职业人员来说,合作带来的经济利益积累缓慢,而其他优势则难以量化。这使得人们很难断定在学习合作方面的投资是否会有回报。即使许多合伙人重视合作工作中的同志情谊,但当他们可以建立自己的业务时,他们很难把时间和精力花在跨专业的工作上。(Gardner 2015,76-77)

此外,合伙人进出律师事务所的流动,以及律师事务所合并,可能会抑制合作。就像加德纳(Gardner 2013,9)报告的那样,一家国际律师事务所的某合伙人指出,"过去,我对合伙人的工作非常了解,只需打一两个电话,就能找到我需要的最深奥的专业知识"。然而,在一系列的合并之后,"律师事务所有了更多的专家,但是找到他们要困难很多。此外,人们不再感到对彼此的同样的个人责任,让他们中断自己的日程,帮助另一个合伙人的委托人。我觉得我需要谈判或者激励,而在此之前,人们直接为彼此做适当的事情"。

最后,与我们之前的观点一致,加德纳(Gardner 2013,6)强调合作需要信任:"既要对同事的称职性('我相信你不会犯愚蠢的错误')深表尊重,又要相信他的适正性('我相信你不会破坏我与委托人的关系')。"她指出,"律师事务所的快速增长和国际化,以及个人流动性的增强,使律师比以往任何时候都更难以发展相互信任"。尤其是关系信任,只有通过"共同的经历,相互坦诚,以及个人不会利用彼此的示范来培养"(8)。

加德纳(Gardner)的研究表明,在现代市场条件下,培育一种合作文化可能会为创造律师事务所特有资本带来特别的希望。然而,这样做可能特别具有挑战性。在下一节中,我们将讨论律师事务所应对这一挑战可能采取的一些措施。

培育合作

除了将委托人机构化之外,律师事务所还可以尝试通过向律师保证他们将通过帮助同事而在经济上受益来解决"囚徒困境"。这表明了合作的重要性,因为它是对律师事务所有价值的贡献而取得的回报,即使帮助其他人可能会使合伙人无法创造更多的营收。我们将在第 7 章更详细地描述律师事务所是如何尝试做到这一点的,但是这里将简要地提到那些合伙人描述其文化,特别是具有合作性的律师事务所采取的措施。

例如,律师事务所 6 要求合伙人在年度薪酬表格上列出哪些合伙人对他们有帮助,以及他们帮助过哪些人。某合伙人形容这是"评估中非常有意义的一部分",他说,"人们想知道谁对其他人有帮助,他们想知道谁是这个地方真正的黏合剂,所以人们想要进入这个名单"。这位合伙人说,值得注意的是,这家律师事务所"在委托人机构化方面做得很好"(#203)。

该律师事务所的一位合伙人指出,当他在经营一笔特定的交易时,他"并不担心",即使他没有因为管理这件事务而获得任何分数。他报告说,他相信薪酬委员会会领会他的角色(#204)。

摩根·李维斯(Morgan Lewis)——一家不在我们研究范围内的律师事务所——采用了类似的方法。正如《美国律师》2018 年的一篇文章所描述的那样,管理合伙人史蒂文·华尔(Steven Wall)说,"我们使用的措辞与个人对律师事务所的责任有关。其中包括'责任合伙人',而不是开票收费或者获客合伙人,以及'主管律师',指的是为委托人处理某一特定事务的人"。华尔(Wall)表示,"底薪在一定程度上是由推动创收的人决定的,而奖金的决定则更侧重于合作方面"(McLellan 2018)。

律师事务所 3 的一位合伙人也描述了律师事务所强大的合作文化,他描述了律师事务所如何利用薪酬决策来强化这种风气:

> [我们会对某人说,]"好吧,我不知道你认为你在跟谁开玩笑,但是产生这个业务不是全靠你自己。我们知道你有一个团队,我们知道你有一个大的环境问题,你拿了80%的分数,而你应该只拿50%。你占了这个可怜的家伙的便宜,他从×来这里,他很好,没有抱怨过你,但是你知道吗?你既没有帮助我们,也没有帮助你自己。"(#105)

诸如此类的措施试图通过传达合作将得到回报而不是受到剥削利用来解决囚徒困境。管理表明,创业是一个集体而不是一个单独的事业,这种取向将使律师事务所和它的合伙人都受益,而不是通过狭隘的自私自利的努力来建立一个自给自足的业务。

虽然强调合作的经济益处很重要,但是通过解决"保证博弈"——向合伙人可靠地传达它认为合作具有内在价值——律师事务所可以激发更强的忠诚度。其中一种方法——我们将在第7章中详细讨论——是奖励那些不能立即获得经济回报的合作行为。例如,这包括重视律师事务所的"公民"活动,比如指导初级律师,帮助设计职业发展培训项目,就业务冲突提供咨询和裁决,努力帮助加强律师事务所的数据安全系统,领导一个部门或者业务团队,积极参与律师事务所的公益项目,或者在各种行政管理委员会任职。这些都不能直接产生创收,但都是合作行为的重要形式。通过这种方式,律师事务所"有钱不赚",因为薪酬并不严格地与合伙人直接产生的收入挂钩。

我们的访谈表明,在鼓励创业导向的同时,律师事务所可以帮助解决保证博弈的另一种方式是支持合伙人开发新业务,即使这意味着合伙人在一段时间内的盈利能力会下降。例如,根据财务指标,律师事务所可能会向开发业务的合伙人提供比他通常获得的更高的薪酬。这种方法带有商业逻辑,因为它可以被视为对合伙人产生更大利润的长期能力的投资。它也表达了职业逻辑,即律师事务所支持个人作为一个人,而不仅仅是一个直接的利润中心；律师事务所支持那个人想要发展事业的愿望。在这方面，律师事务所至少在短期内是有钱不赚的。

例如，律师事务所 6 的一位合伙人描述了该律师事务所如何耐心地允许他开发一个新的业务领域：

> 他们给了我很大的鼓励，给了我很大的灵活性。有好几年，我没有开出任何工时数，因为我正在开发，我不确定他们是否想让每个人都这样做，不过我想他们非常信任我，给了我足够的空间让我自由发挥，我受到了鼓励。
>
> 我的独特之处在于，从历史来看，我们[在某一特定领域]一直没有很强的业务能力，甚至作为一名非合伙律师，我也说："这太疯狂了，我们失去了一大批真正忠诚的委托人，因为这是一个实际上仍然对法律供应商非常忠诚的委托人群。"……我说我喜欢这份工作，我们也已经做了一些；我们只是从来没有给它打上品牌，包装，并适当地销售它。我说："我也想去这么做。"他们说："好的。"所以我就在那里发现了一个洞，并愿意冒险尝试探索它。(#203)

这位合伙人认为，律师事务所不会因为他暂时产生的利润减少而惩罚他，因此他可以追求这个机会。

另一位合伙人说，她现在的律师事务所"比[她以前的律师事务所]更能认识到一个优秀营销人员的绝对价值，前提是你不仅愿意推销自己，而且愿意推销你的合伙人"。她详尽地阐述道：

> 在[这家律师事务所]，他们大力支持营销工作。我从面试过程中就有了一种感觉，我仍然认为这是真的，如果他们有真正擅长这方面的人，他们会非常乐意让你开票收费 1000 个小时，营销用 1000 个小时。

这可能有点夸张，但是如果你成功了，[他们会支持你]。

他们不仅愿意掏腰包，而且认识到这是一项有价值的贡献。这是不同的；并不是每家律师事务所都这么做。所以这里不是说："你是不是开了2500个小时的费用，而现在你的500或600个小时的营销工作去哪儿了？"而是说，"你总共投入了2500个小时"(#150)。

合伙人也可以帮助解决保证博弈，即使他们不会从中获得任何经济利益。这发出了一个强有力的信息，即同事们认为合作具有内在价值，从而提供了特别有意义的保证，即律师事务所的运作既符合职业逻辑，也符合商业逻辑。律师事务所6的一位合伙人将他的同事们的反应形容为"普遍非常好"，并描述了最近的一次经历：

这周我和一个经常合作的合伙人进行了一次宣传；我们出去向一个潜在的新委托人推销。尽管[他和我在这件事上得到了收费分数]，但是我们找了好几个合伙人，他们非常热情地帮助我们引进工作。联系他们认识的人，给认识总法律顾问的人发邮件，说："这两个合伙人很棒。我们能做什么？我们能帮上什么忙？"我认为，我们的重点是如何为律师事务所带来业务，这在很大程度上是一个整体的视角，所以我对我的合伙人的慷慨感到非常高兴，他们只是想提供帮助为律师事务所带来工作。(#207)

同一家律师事务所的另一位合伙人说，"我想说的是，在这里工作的一个好处是，大多数人并不过分担心获得分数；他们关心的是，'嘿，让我们把工作搞定吧。'他们很高兴能参与到一个项目中来"(#223)。

律师事务所3的一位合伙人表达了许多合伙人对该律师事务所的看法：

> 我们的文化是,人们会在任何时间帮助委托人满足需求,无论是何种理由。所以你可以给六个人发一封电子邮件说,"我刚收到这个问题,委托人想在本周六晚上6点开个会,谁能来开会?"六个人中有四个人会回应说,"是的,我很乐意帮忙",即使他们不会因此得到报酬,即使他们不认识委托人,即使开会时间是周六晚上6点。(#75)

这样做的合伙人是有钱不赚,不然他们完全可以把时间用在对他们经济有利的活动上。

可以肯定的是,要从合作中区分出工具性回报和内在回报是很困难的。如果人们认为合作不会带来实际回报,他们很可能不会合作。毕竟,合作寻求的不仅仅是合作。与此同时,人们通常会区分哪些人帮助别人是为了获得好处,哪些人帮助别人是因为他们想要帮助别人。律师事务所3的一位合伙人对他与律师事务所关系的描述说明了这一点:

> 当我的妻子——我在法学院的时候结的婚——和我有了我们的第一个孩子时,他们认为他可能会在几天后死去。当时他们认为他是癫痫发作,可能是脑动脉瘤或者肿瘤,所以我和他一起在重症监护室。哦,天哪,我还记得当时同事们都争先恐后地拿走了我参与的一个大型案件。他们不是说:"好吧,现在它是我们的了。"而是说:"别管它了——如果你再来这里,我们就炒了你。你去处理生活,当你回来的时候,这一切都会等着你,你还有一大堆更重要的事情要操心。"这句话在我职业生涯早期给我留下了深刻的印象。(#100)

与此同时,现代大型律师事务所的规模意味着,即使在一个致力于支持业务开发的律师事务所内,这种主动性的有效性在业务团队之间也会有所不同。正如律师事务所 6 的一位合伙人所说的那样：

> 理论上应该有业务团队负责人，我认为每个业务团队的负责人在他们有多强大，以及他们在确保团队成员保持忙碌和进步上投入有多大，都是不一样的。我认为一些团队在这方面做得很好，他们相互非常支持，会有一个长期的继任计划。[在其他业务团队中，]业务团队的领导者是拥有良好委托人关系的人，但是他们被选为这个团队的负责人，可能并不是因为他们是团队成员的优秀导师或者引领人。(#239)

律师事务所 6 中另一位对在内部销售服务感兴趣的合伙人说，在他所在的律师事务所，"没有人在教你怎么做。他们会把你放在一个诸如合伙人会议的环境中，说，'去见见彼此吧'，但是我的意思是，你刚刚成为合伙人，有 500 名同事在那里，所以这可能会让人望而生畏"(#254)。最终，即使是在具有普遍合作文化的律师事务所，现代律师事务所的合伙人也要采取主动措施，开拓自己的道路。正如一位合伙人所说的那样：

> 不一定再有人照顾你了。让自己忙碌起来，这取决于你自己。无论哪种业务团队结构，归根结底，唯一会关心你的人，只有你自己。而且，你知道，其他人会作出对他们来说是正确的决定，所以你必须是自己的拥护者。(#239)

结　论

律师事务所现在是在一个法律市场上运营的，在这个市场上，它们必须持续专注于从委托人那里获得工作。其结果之一是，"创业精神"被强调为现代律师事务所合伙人的重要特征。这种精神反映出人们更明确地把律师事务所实务视为一种商业,不仅为律师事务所,也为其每一位合伙人。这就产生了这样一种风险,即作为一个特别成功的企业家的合伙人,可能会认为自己在经营自己的生意,可能会在不尊重同事或者律师事务所的情况下寻求利润最大化。结果可能是律师事务所被其合伙人认为在被商业逻辑所支配,在这种情况下,对律师事务所的忠诚取决于它所提供的经济回报。

律师事务所管理层如果努力使委托人机构化,并采取可靠措施强调创业是一种合作而不是单打独斗的事业,就可能能够避免这种结果。虽然这有利于律师事务所的商业利益,但是如果合伙人相信同事不会因为狭隘的利己行为而得到回报,而且管理层将合作视为核心的职业价值,那么这也会对律师事务所产生更深的忠诚。结果可能是商业和职业逻辑的平衡,以合伙人认同的独特的组织文化形式,提供了某种律师事务所特有的资本。

对律师事务所管理层来说,实现这种平衡可能是一项挑战。合伙人必须相信其他合伙人也在尽自己的力量,而市场压力意味着律师事务所只能在有限的时间内耐心等待业绩低于平均水平的合伙人。在某些时候,律师事务所必须通过坚持要求合伙人达到生产率标准,或者在其他地方寻找机会,来回应这些担忧。下一章将讨论近年来,尤其是2008年经济衰退以来,律师事务所裁员的传统耻辱是如何消失的。

5/
为了生产力而精简

自2008年经济衰退以来,律师事务所更愿意解雇律师,包括它们认为生产率低下的合伙人。律师事务所传统上避免因商业周期的波动而裁员,因为担心这样做会损害它们在潜在招募对象和公众中的声誉。正如一位观察者指出的那样,"裁员是美国企业界的残酷现实。在休耕期,包括大银行在内的上市公司都会例行公事地进行裁员。相比之下,美国最大的律师事务所历来采取的是一种更友善、更温和的方式,它们很少集体解雇员工"(Lattman 2013)。

然而,经济衰退大大减少了对律师事务所服务的需求,使许多律师事务所的大量律师几乎没有工作可做。作为回应,律师事务所史无前例地裁掉了大量律师。在2009年2月被称为"血腥星期四"的那一天,6家主要的律师事务所宣布总共解雇近1000名律师和员工。当月,律师事务所裁掉了2000名律师和员工(Harper 2013)。2009年全年,律师事务所裁减了12,259名律师和员工(Moliterno 2012,336)。

虽然这些裁员发生在特别严重的经济低迷时期,但是裁员已经失去了传统上作为一种保持盈利能力的方式的耻辱性,即使是面对更温和的波动。正如一位前合伙人、律师事务所行业评论者所描述的那样,"即使是降幅相对较小的年份也会引起担忧。通过裁员来削减成本,并从幸存者那里获得更多的计费工时,已经成为典型的、商业化的反应"(Harper 2013)。一位律师事务所顾问描述了裁员在制定应对经济不确定性的策略时需要发挥的作用。"总而言之,[律师事务所]需要瘦身。他们需要减少长期表现不佳的人,他们需要减少固定的管理费用,包括律师和员工管理费用。瘦身的律师事务所可以渡过这一难关,在另一方面有很多机会"(Cassens Weiss 2012)。

新常态

2013年6月,总部位于纽约、拥有1200名律师的全球知名律师事务所Weil Gotshal & Manges宣布,将裁减60名非合伙律师和110名员工,并削减约10%的合伙人的薪酬。该律师事务所2012年每位合伙人的利润为220万美元,在美国律师事务所中排名第17位。然而,这个数字比前一年下降了8%。该律师事务所在同一年创造了超过12亿美元的收入,排名第13位,但是这基本上与前一年的收入数额相同。这些数据发表在《美国律师》杂志上,在该律师事务所内引发了担忧,认为这些数据表明该律师事务所缺乏活力和增长。

2个月后,由于对这类工作的需求下降,大约20%的破产业务非合伙律师被解雇。该律师事务所的管理合伙人描述了导致该律师事务所采取这些措施的市场状况:

> 正如我们在过去几年的各种会议上所讨论的那样,2008年金融危机之后,高价法律服务市场进入了一个"新常态"。在过去几年里,许多律师事务所被迫采取措施降低成本,以应对这一新的现实。随着与2008年金融危机相关的重组和诉讼工作逐渐结束,由于整体市场交易活动仍处于较低水平,我们认为这是新常态,我们现在必须作出过去几年所避免的调整,使律师事务所继续繁荣发展……
>
> 从收入的角度来看,我们将继续采取重大措施进一步增加我们的

市场份额。然而,现在看来,高端法律服务市场正在继续萎缩。因此,仅靠提高营收不足以使律师事务所适应这些新的市场条件。(Lat 2013)

管理合伙人的备忘录说,除了已经宣布的裁员之外,"根据新常态下的经济现实,某些合伙人的薪酬必须进行有意义的调整。其中一些合伙人很有可能将决定寻求其他机会"(Lat 2013)。在一些律师事务所,这种调整采取的形式是将股权合伙人降至领薪合伙人。

因此,合伙人知道,他作为企业家的成功程度不仅会影响薪酬,而且最终会影响他在律师事务所的未来。某合伙人说:"如果你连续几年都没有生产力,律师事务所就不会再拖带伤员了。"过去的情况是,"如果某人失去了一两个委托人,你可以给他/她一个改组的机会"。现在,"这可能发生,但是很罕见"(#14)。另一家律师事务所的某合伙人也呼应了这一观点:

> 我认为,人们被问到这些问题是不可避免的:"你最近[为律师事务所]做了什么?你开单计费了吗?你有足够多的工作要处理吗?"我的意思是,如果你是一个忙碌的合伙人,如果你的工时数足够高,你还可以,但是如果你没有工时数,你没有生意,你将会有一些问题,你将不能在这里待上 20 年。"(#199)

正如一位合伙人简洁地对记者说的那样,"你的安全完全取决于你赚来多少钱。你的工作是为律师事务所赚钱"(Rogers 2013)。当被问及自加入律师事务所以来律师事务所文化是否发生了变化时,一位合伙人回答说:

> 是的,我当然认为由于经济衰退,情况发生了变化。这是一个以从未因经济进行过裁员而自豪的地方,但是从 2009 年开始经济形势恶化

时,这种情况就改变了。对不忙的人的容忍度要低得多,无论是对非合伙律师还是对合伙人都是如此。我认为,只要你成为合伙人,只要你保持最低限度的忙碌,你的职业生涯就会四平八稳,而如今这种想法已经消失了。合伙关系并不是终身的保证。(#189)

律师事务所管理层的合伙人意识到,裁员的意愿增强,以及放弃利润较低的业务领域,可能会导致一些人这样说,"律师事务所已经变得过于以底线为导向,商业被放在第一位,而在过去,这家律师事务所是一个更加人性化和合群的地方"(#228)。然而,由于残酷的竞争环境,他们认为采取这些措施是不可避免的。正如一位合伙人所说的那样:

> 我们试图在[它]与保护我们的文化之间取得平衡……但是现实是,我们必须适应律师事务所行业经济发展的方式。你不能把你的头埋进沙子里,堵住你的耳朵说,"不,不,我们将继续按照我们十年前的方式来做,因为这是我们喜欢的方式,我们不会改变"。如果你这么做,最终你就会变成恐龙,难逃灭绝厄运。所以你别无选择,只能适应。(#71)

另一位合伙人评论了一家在访谈时遇到严重问题的律师事务所。该律师事务所最终被另一家律师事务所收购。他说,"如果不是像现在这样有远见的话,我们的律师事务所现在可能会陷入像这家律师事务所一样的困境,如果它没有采取措施解决业绩不佳的问题,或者只是业绩良好,但是业务领域却不适合这种平台。你不可能对所有人都是万能的"(#228)。

一位合伙人描述了他和一些同事之前工作过的一家律师事务所的情况,这家律师事务所经历了看似死亡螺旋的过程后,最终被另一家律师事务所收购:

> 我们很快意识到将会有一些金融动荡,他们将不得不解雇很多人。合伙人的生产力水平很低。我曾经听说,只有不到 50% 的合伙人每年收费超过 1000 小时。这并不是因为他们是呼风唤雨者,这仅仅是因为这些人都在律师事务所工作了一段时间,很难摆脱这些人。(#253)

律师事务所认为,不承认这些现实不仅会危及它们的竞争力,而且会危及它们的生存。1994 年的一个报道提供了一个警示故事:纽约最古老的律师事务所——成立于 1818 年的 Lord Day 律师事务所的解散。这反映了过去几十年律师事务所市场的巨大变化,律师事务所的领导者认为,这些经验教训对他们今天的处境至关重要。正如《纽约时报》在这家律师事务所倒闭时所报道的那样,"作一个真实、低调的职业人员的传统价值观依然存在。Lord Day 的几代律师都在为同一委托人服务。对新业务和拖欠的账单的积极追求被认为是不合适的。温文尔雅很重要——同事们一致用'不错'来形容对方。这是经营一家律师事务所的一种很好的方式。事实证明,这是一种糟糕的经营方式"(Hoffman 1994)。

到了 20 世纪 80 年代末,"高级合伙人开始觉醒。他们认识到如果律师事务所不迅速扩张,就会倒闭。由于不到 100 名律师,它无法为复杂的并购分配 30 个或者 40 个必要的人员,而这些业务给大型律师事务所带来了意外之财"。最终,"像许多律师事务所一样,Lord Day 在那么长的时间内拒绝适应新的法律市场,而当它去这么做时——与其他律师事务所合并,签下昂贵的租约——它太迟了"。正如一位非合伙律师所言,"我们来到这里,只是因为它还没有意识到新世界的存在。我喜欢这家律师事务所之处,正是它不能长久的原因"(Hoffman 1994)。

因此,近年来律师事务所更加注意监测不同业务领域的盈利能力及其发展轨迹。某合伙人指出,"管理委员会(每年开两次会,每次开几天),我们观察每个人的业务,我们试图与人们谈论他们的业务走向,或者我们什么时候看到业务下滑的危险迹象,某项业务可能会起起伏伏,但是在某个时刻,你必须在律师事务所建立一种基于绩效的文化"(#247)。

在这方面,一个特别引人注目的例子发生在与金融服务相关的业务中,这些业务在 2008 年的经济衰退中受到了沉重打击。这位合伙人描述了他的律师事务所处理这件事的过程:

> [业务负责人]说,"它会复苏的,让我们保留从事这类工作的最老练的前沿律师,在我们等待它复苏的时候,让他们转去做一些其他类型的金融工作"。我们给了员工很长一段时间,但是在几年后,我们基本上会说,"你应该寻找其他机会"。我们裁掉了大约 100 名律师。这可能是一种我们在有生之年不会再看到的市场混乱,但是类似的事情年年都会发生。(#247)

合伙人人均利润的象征意义

虽然裁员可能是基于经济生产力,但是关于生产力的含义因律师事务所而异。界定这一术语的一个重要因素是合伙人对律师事务所合伙人人均利润(PPP)的影响。这个数字代表的是律师事务所的利润除以股权合伙人人数的结果。它已经成为衡量律师事务所成功和地位的一个极具影响力的指标。因此,它不仅是一个直接客观的数字,而且是一个非常重要的象征。我们要理解为什么律师事务所开始采用一种合伙关系视绩效而定而非永久性身份的政策,理解这一点很重要。

律师事务所管理层不仅关心本律师事务所的合伙人人均利润,还关心与其他律师事务所相比如何。在这个指标上,并非所有律师事务所都能与市场领先者匹敌,但是律师事务所对如何对待被视为同侪的律师事务所非常敏感。同侪通常被定义为在《美国律师》按律师事务所总营收进行的排名中相差不大的律师事务所,以及排名稍高的律师事务所。在试图从委托人那里获得业务和吸引横向合伙人时,律师事务所往往会将这些律师事务所视为整体上与其最接近的竞争对手。

数据显示,法律市场按律师事务所和工作类型割据的趋势更加明显,因此对一些律师事务所而言,盈利能力因素变得尤为突出。一些证据表明,利润最高的30家左右律师事务所大大领先于其他律师事务所,它们正在获得越来越多的商业委托人的高端工作,而这些委托人对价格不像大多数企业那么敏感(Press 2011,2014;Seal 2019)。这群律师事务所包括一些传统的市场领导者,以及在过去二三十年里能够采用成功策略的新律师事务所,这些策略极大地提高了其盈利能力和知名度。许多论者的看法是,处于这一最高层级的优势将会自我强化,因此外部律师事务所未来要想进入这一层级将会变得越来越困难。其他律师事务所当然会有相当高的利润,但是他们需要就那些对价格和效率更敏感的委托人展开竞争。

许多顶尖群组之外的律师事务所正紧张地关注着这一趋势,并决心在新兴市场划分中站在正确的一边。正如某合伙人所说的那样:

> 大型律师事务所对市场的顶端有着激烈的竞争——大公司,大的私人股本公司,大的国际公司——那么你需要了解如何继续让自己与众不同,你在这些市场上卖什么,你是谁,你的身份是什么,你如何管理这个过程,你在那里做了什么事情而破坏了这种身份,你每天都要为之奋斗,因为在这个市场的顶端有很多大玩家。(#176)

在追求这一目标的过程中,提高盈利能力既是一种结果,也是一种原因。接近顶级律师事务所的盈利能力可以起到信号作用,向委托人表明律师事务所在其他方面与这些律师事务所具有可比性，从而产生一定的光环效应。它还可以向从事高端工作的潜在横向合伙人发出信号，即如果他们跳槽，律师事务所将能够为他们提供丰厚的薪酬。然而，律师事务所的大部分工作并不属于顶级律师事务所的业务领域。一份报告显示，只有20%～25%的法律工作需要"独特的法律经验"，而60%～70%的法律工作更多地与委托人的日常法律需求相关（Thomson Reuters and Georgetown Law 2019）。

盈利能力作为一种象征所扮演的角色，反映出职业服务就是经济学家所说的信用品（Wolinsky 1993）。这意味着，即使在消费后，它们的质量也很难评估。例如，在交易性工作中，在收购另一家公司或者出售子公司的活动中，很难说某律师或者某律师事务所为之贡献了多少价值。即使在结果似乎更容易衡量的诉讼中，与事实的重要性、法律的明确性、法官或者事实认定者的看法、双方讨价还价的筹码，当然还有对方的技巧相比，和解或者判决的价值有多少可以归于律师的技能？

虽然现在委托人更倾向于依赖个人而非律师事务所的声誉，但是他们仍然相当重视律师事务所的声誉。就像伯克和麦高恩（Burk and McGowan 2011，65）所说的那样，人们更加关注律师个人，"并不是说一家律师事务所的整体品牌已经变得无关紧要"。他们接着说道："我们怀疑它与所有律师事务所都相关，尽管对大多数律师事务所来说它不过是一种相对较弱的资产。例如，律师事务所的声誉显然很重要，因为公司内部的法律顾问不希望因为把一件高层管理人员或者董事会成员都没听说过的重要事情交给法律顾问而事后被指责"（65－66）。

这一现象反映了这样一个事实，即精英律师事务所的声誉往往是自我强化的，这为其他寻求进入其队列的律师事务所提供了一个竞争障碍。它们的声誉和专业知识帮助它们继续吸引业务，这反过来又提高了它们的专业知识、它们能够招募的律师的资质、它们的盈利能力和它们的声誉。这些都有助于它们作为市场领导者的角色。

希望巩固或获得大型公司律师事务所地位的律师事务所,试图在尽可能多的方面模仿这些市场领导者。法律服务是信用品,这一特点意味着委托人和其他评估律师事务所的当事人倾向于依赖质量表象来进行评估。对于律师事务所来说,这些表象可能是律师事务所所服务的委托人,律师事务所所从事的工作与委托人需要的类型的相似程度,律师的教育背景和资质,律师事务所中特定律师的专业知识和声望,以及合伙人人均利润。律师事务所的经理们相信,许多对他们的律师事务所进行评估的人把合伙人人均利润看作这些属性的一个简洁表象。因此,他们特别强调维持合伙人人均利润,如果他们不能复制精英律师事务所的这一数字,则至少要接近这一数字。

律师事务所模仿市场领导者的另一种方式是给入门的非合伙律师的薪酬。在过去的几十年里,许多显著的薪酬增长都是由声望很高的律师事务所引起的。这些加薪可能代价高昂,因为它们往往会产生连锁反应,导致所有层级的非合伙律师的薪资都有所增加。因此,从纯经济理性的角度来看,并非所有的律师事务所(如 AmLaw 100 强)都应该采用这种加薪方式,更不用说其他律师事务所了(Bruch 2018)。然而,这通常是事实。律师事务所往往不确定它们的成本结构和收入基础是否能够支持这些增长。相反,它们迅速采取这种做法,有时在最初发动的律师事务所宣布后的几个小时内。这些增长给合伙人人均利润带来了更大的压力,而合伙人人均利润反过来又提高了可接受的合伙人生产力的标准。①

---

① 2018 年 6 月,Milbank 将非合伙律师的起薪从 16 万美元提高到 19 万美元,但没有多少律师事务所像过去那样立即作出了相应的调整(Simmons 2018b; Zaretsky 2018a, 2018b),尽管 Cravath 对中级和高级非合伙律师的薪酬涨幅分别比 Milbank 的薪酬高出 5000 美元和 1 万美元(Tribe 2018)。不过,有相当多的律师事务所这么做了,包括一些 AmLaw 100 强排名较低的律师事务所,它们通常不会在高端委托人事务和非合伙律师方面与 Milbank 竞争。这些律师事务所希望至少保留在任何新兴市场的细分市场的上层的可能性。

作为移动目标的生产力

对保持合伙人人均利润和有竞争力的薪酬的关注,给律师事务所带来了增加收入和利润的压力,而增加收入和利润是合伙人保住职位所必需的。律师事务所对可接受的生产力水平的定义各不相同。那些认为自己处于或者接近顶级的律师事务所会把它定得更高,在此过程中,他们可能会越来越多地把自己的工作限制在更高端的服务上。然而,即使是那些没有成为顶级律师事务所的合理愿望的律师事务所,也会定期评估它们所提供服务的盈利能力,如果律师事务所的盈利能力开始低于它们的同行,它们就准备放弃其中一些业务。因此,成为一个能够盈利的合伙人本身并不足以确保工作安全;合伙人必须有足够的盈利能力。

自金融危机以来,不稳定的财务表现已成为律师事务所领域的一个特征,这一事实加剧了这种不稳定性。换言之,收入和计费工时在任何特定的年份可能上升或下降,因此律师事务所"越来越多地必须管理不可预测的财务回报,从一年到下一年"。与此同时,"顾问和律师事务所领导人说,通常情况下,合伙人会对收费或者创收的下降泰然自若,只要他们的年利润不会下降"(Cipriani 2018)。当营收下降时,维持合伙人人均利润的方法是削减成本,这意味着就要终止那些被认为生产率不高的律师和业务。因此,正如《美国律师》所指出的那样,在 2017 年 PPP① 增长的 78 家律师事务所中,有 50 家的创收没有增加,而是使用了"减少股权合伙人"等措施来维持 PPP(Simons and Bruch 2018)。

一位合伙人描述了他所在的律师事务所的裁员过程是如何受到这样一种感觉推动的:"作为一家律师事务所,我们做得很好,[但是]我们律师事务

---

① 购买力平价(Purchase Power Darity),经济学术语。

所与顶级律师事务所之间的差距……在扩大,我们没有跟上我们所谓的同等律师事务所的步伐。"结果,"我们经历了一场大换血,许多年长的合伙人被要求离开,[律师事务所向一些]业务团队建议,对那些合伙人说也许你在另一个平台上会更快乐"(#228)。另一家律师事务所一位合伙人说:

> 很长一段时间,我们的委托人真是太多了。毫无例外,在你的委托人名单的最后 1/3 如果在链条的上游,你的应收账款将是 3 倍,所以我们自己开始基本上摆脱第三梯队。它可能是 1/4 或者 1/3,我们摆脱了许多低价值的工作,认为这将作出一些大的改变。我们的实现率从 89%、90% 提高到 96%、97%,那可是一大笔钱啊。(#176)

如果管理层不认为有需求的业务的盈利水平与律师事务所的战略方向一致,这些业务可能仍然会半途而废。例如,Dechert 律师事务所在 2006 年认定,它的州税务业务对律师事务所专注于高端业务的努力没有帮助,尽管它创造了 1000 万美元的收入,"并带来了可观的利润"(Triedman 2007)。因此,该律师事务所不愿意将资源用于其发展。正如该律师事务所董事长在宣布该业务领域的合伙人离职时所写的那样,"由于种种原因,发展全国性的州税业务并不是 Dechert 的战略重点"(Triedman 2007)。就像一个报告中所指出的那样:

> 用 Dechert 的话说,这意味着州税务团队不会帮助建立该律师事务所认为最有利润潜力的业务:公司、对冲基金和共同基金、房地产金融、反垄断、证券诉讼/白领执法、产品责任,以及最近的知识产权和仲裁。如果它不服务于这些业务,它就不会从律师事务所获得太多资源。(Triedman 2007)

有这些期望的合伙人面临的部分挑战是，业务领域的盈利能力并不稳定。正如我们在第 4 章所描述的那样，它们往往会经历这样一个循环：它们一开始是由少数律师事务所提供的创新服务，这些律师事务所可以为它们收取高价，最终成为利润空间很小的日常工作。由于诸如以下因素，这一过程似乎正在加速：信息的广泛可得性和较低的成本，对法律服务工作流程的分析更加重视，以及委托人识别并将不连续的工作分配给低成本供应商的能力日益增强。

一位合伙人描述了这种动态在律师事务所实务中是如何变得司空见惯的：

> 有趣的是，低价值的法律工作并不是固定数量的业务领域。法律工作还在继续发展，曾经的高端高质量工作在某种程度上可能会变成低价值业务。所以这意味着，在你的律师事务所的某个时间点，某个曾经做过高价值工作的人如果没有改变他的工作方式，他很可能是在做低价值工作，因而被要求流动到某个地方的更小的低价值律师事务所。这一切水到渠成。这在过去是一件令人震惊的事，但是今天人们理解这是正常的。(#176)

通过将费率提高到带来的利润较低的委托人难以承受的水平，律师事务所可以有效地精简业务，而不用明确地告诉合伙人他们需要离开。一位合伙人描述了"关于如何设定收费费率的政策如何对像我这样的人产生了重大影响，因为像我这样的人因为有着较小的委托人而有着较小的业务"。他进一步阐述道：

> 合伙人：[费率]一般会全面提高；他们告诉你要跟上市场，但是我不确定他们说的是什么市场。我所从事的市场是在寻找更低的费率而

不是更高的费率,这使得我很难开发业务。

访谈者:那么,你是否有可能在某个时候失去一些委托人呢?

合伙人:是的,我想我已经因此失去了工作和委托人。

访谈者:你对提高费率的决定可以提出意见吗?

合伙人:理论上可以,在实践中不行。

访谈者:理论上这是怎么回事?

合伙人:理论上应该有一些对话,讨论费率的提高会如何影响特定的业务,但是实际上并没有。我认为我们的决定是,我们需要跟上市场对我们这种规模的律师事务所的需求,所以我们需要相应地收费。律师事务所认为自己是在市场的某个部分工作,而在这个部分还有其他律师事务所,他们不想落在后面,因为那样的话,他们可能会被认为不是一流或者二流律师事务所,而是三流或者四流律师事务所。(#19)

这位合伙人承认,他可以预见到,费率上升的趋势可能意味着他将在某个时候离开律师事务所:

访谈者:你和你的同事有没有担心过你的业务可能不适合律师事务所的战略发展方向?

合伙人:是的。这对我来说确实是个问题。

访谈者:如果你明确地提出这个问题,你认为管理层会有什么反应?

合伙人:这很难说。我认为答案可能是,"我需要调整我想要的业务或者我的期望,或者寻找其他机会"。(#19)

访谈后的某个时候,这位合伙人确实离开了他的事务所,加入了另一家律师事务所。

另一位合伙人解释说,她所在律师事务所的合伙人对不愿提高费率的委托人在折扣率上有一定的灵活性,但是最终能走多远有限制:

> 有些人会说,"我们不能收取这样的费用,我们要给每个委托人25%的折扣"。随着时间的推移,这将影响你的薪酬。或者,我们可以走其他律师事务所的道路,采取了一个狭窄的模式,也就是摆脱那些利润较低的业务领域。你必须决定你想要强调的业务领域。你必须面对市场和工作地点的现实。(#193)

她认为,律师事务所正在朝着"业务团队盈利模式的方向发展,所以我认为,如果你在一个不断增长的业务中,能够实现更高的转换率、更多的杠杆或者任何能带来利润的东西,这将使你的业务领域更有利可图,那么,随着时间的推移,这个团队的合伙人就会脱颖而出——显然,反过来也一样"(#193)。

精简与文化

我们很难不得出这样的结论:为了盈利而进行的精简代表了一种相当直接的商业逻辑扩张。直到20世纪最后几十年还占主导地位的传统大型律师事务所,通常认为合伙关系是一种持续不减的身份,直到退休或者死亡,而不是取决于产生可接受的利润水平。就像对传统律师事务所的一个分析所指出的那样:

> 所有权的合伙形式使每个合伙人的收入至少一定程度上依赖于所有地方办事处的创收能力。然而,高度职业化的劳动人口将反对拟订详细的成本结构和财务目标。此外,由于地方办事处的高度地理差异,各地经济和市场环境的复杂变化造成了不确定性,使集中确定的具体

目标难以实现,也不太可能使用。(Greenwood, Hinings, and Brown 1990,735–736)

因此,"由于没有具体目标,严格的问责制是不可能的,因此绩效考核制度将是宽容的。此外,职业组织具有很强的服务伦理和强烈的社区参与和责任观念。合伙关系意味着一种职业承诺,这与经济上的短视和严格的问责制不一致"(736)。

很明显,律师事务所不再遵循这种方法。越来越多的律师事务所在制定绩效标准时关注的是律师事务所的合伙人人均利润,而不是当地法律市场的状况。这些标准是相对的,而不是绝对的,所以一个确保1年内连续任期的足够的盈利水平,在2年后可能就不够了。这是更强调商业逻辑的特点,在这种情况下,"对实现[经济]目标的容忍度显著降低,如果不能实现个人目标,不仅会导致下级员工被裁员('非升即走'政策已经实施多年)……而且对合伙人来说也是如此"(Cooper et al. 1996)。合伙人承认,在评估他们自己和他们的同事时,这种发展更明确地依赖于商业因素。然而,鉴于法律市场不断变化的动态,他们认为这是不可避免的。风险在于,合伙人可能会得出结论,认为律师事务所只关心财务上的成功。这可能会削弱他们的忠诚意识和参与合作行为的意愿。其结果可能是一种自我实现的预言,在这种预言中,合伙人会以狭隘的自私自利的方式行事,从而降低信任和合作意愿。

在这种情况下,解决囚徒困境需要律师事务所有说服力地传达这一点,即更严格的解雇政策服务于共同利益,从而确保每个人都尽职尽责,使律师事务所能够在竞争激烈的市场中生存。例如,一些合伙人告诉我们,对生产力提出更为苛刻的要求,是确保律师事务所保持足够的生存能力以保留其文化的唯一方法。某职业生涯中期的合伙人是这样说的:

访谈者:你认为未来律师事务所文化面临的最大风险是什么?

> 合伙人:我认为,最大的风险是,基于对质量和盈利能力的看法,层化程度正在上升。如果到我退休的时候,我们还没有达到顶级(层)水平,这里就不再是执业的好地方了。
>
> 访谈者:怎么说呢?
>
> 合伙人:你不可能吸引到最好的工作,因此,你将无法吸引到最好的非合伙律师,这是一个循环,而一旦你突然被认为是一家做着二流工作的二流律师事务所,那就有问题了。
>
> 你知道,我谈到了业绩文化,你缩小某一业务的规模,不是因为你不喜欢那些人,而是你不能以每小时500美元的费率在全国各地跑来跑去处理相当常规的事务。你必须让顶尖的人[在那个领域]做顶尖的工作。你必须有最顶尖的人……你必须被这样看待,这本身将以一种积极的方式延续下去,一旦它开始下滑,它本身就会以一种消极的方式延续下去,讽刺的是,对文化的威胁是,你的合伙人人均利润没有竞争力。(#247)(着重号为笔者所加)

我们访谈的几个合伙人解释说,他们所在的律师事务所对业绩不佳的合伙人的较低容忍度,有助于在律师事务所内部形成更大的公平感,从而通过对员工问责来加强律师事务所文化。例如,某合伙人形容她所在的律师事务所的特点:

> 煞费苦心地强调共治的重要性,煞费苦心地强调分享的重要性,这不是那种自食其力类型的律师事务所;我想说的是,如果一个人自私的话,他就不会得到很好的评价。我不喜欢和自私的人一起工作。利他主义的人倾向于与他人一起工作,而且似乎在很大程度上,他们仍然是大多数人。

与此同时,她说,"在过去10~15年里,我看到的趋势是,我们越来越善于让业绩不佳的合伙人离开"。她继续说道:

> 它不再像以前那样宽容了,我不认为这是件坏事。如果你不做任何决定,你就无法生存下去。而且我认为,对通过改善绩效来增加一些期望的人是有好处的。当人们被要求离开时,这是非常微妙的、私下的、温和的做法,但是我做到了,我的意思是我们做到了。(#131)

并不是所有律师事务所都要求表现不佳的合伙人离开。另一种选择是合伙人"去股权化",实际上是让他们保持名义上的合伙人身份,但是将他们从直接分享律师事务所利润的律师池中剔除。(我们将在第6章更多地讨论无股权合伙人的角色)一位顾问描述了律师事务所领导人对股权合伙人去股权化的心态:"我们不想要求(业绩不佳的股权合伙人)离开,我们没有咄咄逼人的文化,我们不会把人赶出去,让他们走投无路,所以我们只会让他们去股权化"(Newsham 2019)。虽然律师事务所领导人可能认为,这样做既能保护律师事务所文化,又能满足商业需求,但这可能只是推迟了合伙人不可避免的离职,因为他无法再达到律师事务所所期望的贡献水平。

然而,一些合伙人提出,建立和执行明确的期望可以帮助合伙人激发对律师事务所的忠诚。有必要详细引用一位合伙人的话:

> 访谈者:你提到了持续评估律师个人和业务团队的生产力的重要性,以及在前进过程中作出一些艰难决定的重要性。一个律师事务所如何做到这一点,同时还能让员工对律师事务所产生忠诚感?
>
> 合伙人:好吧,如果你不建立一个持续的过程,这些决定将被视为是高度政治化的。如果你建立了一个过程,并坚持了6年,人们会接受这个过程的公平性。

访谈者：所以如果每个人都知道期望是什么，并且觉得在律师事务所内部对他们进行了公平适用，就会产生一种公平感，是吗？

合伙人：是的，我认为如果每个人都认为薪酬是公平的，那么他们可以容忍一个业务领域在盈利能力、财务贡献和薪酬方面高于另一个业务领域。

访谈者：你是否有一种强制执行高标准的感觉，即使这可能意味着你在鼓励一些人去别处寻找机会？

合伙人：没错。(#59)

另一位合伙人也呼应了这一观点：

合伙人：如果你成功了，你就赢得了你的信誉，没有人会质疑你的所作所为。

访谈者：但是你有责任，因为你有业绩指标。

合伙人：这让每个人都要有业绩，从而创造信任。(#76)

从这个角度来看，知道律师事务所会对其他合伙人问责，就会产生一种信任，即同事们对律师事务所的成功都作出了同样的贡献，而不是"搭便车"。这种问责制提供了几十年前由小型合伙提供的那种保证，在这种合伙中，所有合伙人都相互认识，并积极参与治理。因此，它可以被看作在彼此相对陌生的合伙人之间解决囚徒困境的一种方法。

一位合伙人是这样说的：

在律师事务所，你必须有一种以业绩为基础的文化。业绩可以意味着很多不同的事情。它可能意味着你是一个每年能吸引3000万美元交易业务的人，也可能意味着你是一个非常受尊敬的导师和榜样。有

很多不同的方式来为律师事务所的业绩作出贡献，但是最终每个人都必须有一定程度的业绩。(#247)

有效传达这一信息的关键是，人们相信每个人都遵循相同的标准，并且这些标准得到了公平的适用。

从这个角度看，Lord Day 律师事务所的消亡可以被看作律师事务所未能采取必要的商业措施来拯救律师事务所及其文化的结果。据一篇文章报道所说，在这家律师事务所，"年轻的呼风唤雨者——那些吸引了有利可图的生意的人——觉得他们的努力支持了那些老兵，他们被期望通过担任社区领导的角色，用他们的黄金岁月来擦亮律师事务所的声誉"（Hoffman 1994）。1986 年，该律师事务所失去了其价值数百万美元的反垄断业务负责人，他带着 17 名律师和几名委托人去了另一家律师事务所。"Lord Day 再也无法重建其反垄断工作。该律师事务所一半的房地产业务人员离职了，税务主管 Richard G. Cohen 也离职了。除了生意上的损失，律师事务所还失去了声誉：越来越难招到一流的法学院毕业生"（Hoffman 1994）。这一后续发展反映了盈利能力与地位之间的明显联系，这种联系正是现代律师事务所世界的特征。在这一叙事中，Lord Day 最终倒闭了，因为它无法维持盈利能力，从而使合伙人享受在一家精英律师事务所执业所带来的职业回报。

调和商业逻辑

很难否认，为了盈利而进行的裁员反映了对商业逻辑的重要认可。它可以被解释为在合伙人之间产生信任。然而，这种信任似乎是解决囚徒困境的结果，因为它激发了这样的信心，即合作是安全，因为每个人都得到了自己的公平份额。对于许多律师事务所来说，解决关于终止合伙人的"保证博弈"的方式，是试图用职业逻辑来调和商业逻辑，而不是用同样的尺度来平衡两者。

例如，一些律师事务所密切关注整体的经济表现，但是选择提供各种各样的服务，这些服务的盈利能力各不相同。这使得律师事务所可以为不同的合伙人以不同的方式定义生产率。这种策略可以减轻解雇合伙人和精简业务的压力，并有助于形成更具共治性、更令人满意的文化。律师事务所 4 和律师事务所 6 有意采用了这种方法。

对于他所在的律师事务所选择提供一系列服务而不是采用专注于高端事务的"交易"方式，律师事务所 6 的一位合伙人给出了如下解释：

> 访谈者：你是否觉得律师事务所在权衡一些无形的东西，而不是完全最大化经济绩效、财务绩效？
>
> 合伙人：我确实有这种感觉。
>
> 访谈者：这是如何反映在具体方式中的？
>
> 合伙人：我认为，这反映了一个事实，即非常关注底线的律师事务所是非常关注交易的，而我认为，我们更关注的是确保我们为委托人提供非常好的服务，我们的律师事务所几乎拥有每个业务领域。（#245）

他认为，这是为了让律师们能够从事其他律师事务所可能会被精简掉的业务，而避开高额价格的选择：

> 合伙人：这是有代价的，因为并不是每一个业务领域都是有利可图的，然而我认为有一些律师事务所确实更喜欢专注于少数几个非常有利可图的领域。我们是一个提供全方位服务的地方，仅仅是帮助他人和回答人们的问题就有很大的价值。我的感觉是，我们更专注于委托人服务，即使这意味着我们在做一些事情，或者我们让律师花时间在一些问题上发展专业知识，这些问题不一定会给律师事务所带来丰厚的回报。

访谈者：这是一个深思熟虑的哲学选择吗？

合伙人：在我看来，尤其是考虑到我所接触过的其他律师事务所，它们关注的是一宗又一宗的交易。这些都是高流量、高利润率的业务。如果我们更关心盈利能力，我们可能会更专注于积极进取。(#245)

换言之，该律师事务所的做法是有钱不赚，因为一套更有选择性的业务可以产生更高的营收和利润。

律师事务所4的一位合伙人描述了他所在的律师事务所对一系列业务的承诺："[我们的目标是]拥有最终的灵活性，以满足我们每个市场的需求。如果可以，只要我们在每个市场的薪酬和费率方面都具有竞争力，我们就能取得成功。"他讲述了一群合伙人的故事，他们从另一家律师事务所来到这家律师事务所，因为另一家律师事务所告诉他们：

"你明年的费率将是每小时850美元"，这和他们的业务、他们的委托人没有关系，这只是他们必须收取的费率。我们说："我们不能收取850美元的小时费率。"他们说："我不需要赚200万美元。"所以现在他们和我们在一起，他们的小时费率是650美元，有些人所赚到的超过了100万美元。他们认为，"我在做我想做的事，我在留住我的委托人，我在过着相当不错的生活"。但是他们无法将这一点融入他们的制度中，我们再次强调灵活性，而我们的薪酬允许我们这么做。这有点像拼图游戏，但是所有的一切都能契合在一起，这样我们就可以接受人们来加入。(#163)

这位合伙人描述了她所在的律师事务所的一项业务，在该业务中，合伙人"挣的钱不如公司证券律师多，但是他们热爱自己的工作，我们也喜欢他们，因为这是为我们的商业委托人提供的一项很棒的全面服务。我们不需要把它们送给别人"(#163)。这既反映了对职业价值("他们热爱自己的工作")的欣赏,也反映了对经济回报(为律师事务所的商业委托人提供"出色的全面服务")的欣赏。律师事务所4的另一位合伙人解释说,该律师事务所的战略是用职业逻辑来调和商业逻辑:"我还认为,我们不再那么害羞地专注于文化,不再那么看重利润而忽视员工,[我们]对增长和利润的路线有点谨慎,我们的成长方式已经证明了这一点。它缓慢、稳定、谨慎,但是很好,很成功"(#131)。

正如这些评论所表明的那样,全方位服务战略可以为了职业包容性而调和商业逻辑,同时也服务于律师事务所的经济利益。律师事务所4的一位合伙人描述了这一战略的商业好处:

> 我的观点是,老实说,我愿意接受这桩交易,我的意思是,如果我退一步想,"好吧,从稳定性和持续时间看,我宁愿有更大的产品供应能力,从而能使我的计费工时数、获客分数更高,而不是去另一家律师事务所,我只能卖四件东西"。对我来说,这是明摆着的事,我的意思是一周中的每一天我都会选择前者。(#165)

律师事务所6的另一位合伙人指出,他的律师事务所相信,拥有更广泛的工作范围有助于律师事务所应对市场波动:"我们认为更狭隘的模式在经济低迷时期更困难。我们在经济低迷时期做得更好,只是因为我们有更广阔的基础。"(#238)

保持相对广泛的业务的律师事务所能够保持整体盈利能力,因为它们的合伙人愿意接受基于不同业务盈利能力的有显著差异的薪酬。律师事务所中收入最高和最低的股权合伙人之间的这种差异被称为"利差"。乍一看,广泛的利差似乎反映了只基于商业逻辑运行的律师事务所的内部竞争。某些律师事务所可能是这种情况。然而,正如我们将在第9章中更详细地讨论的那样,在其他律师事务所,它可能反映了一种更包容的方法,通过使用薪酬差异来减少解雇合伙人的需要,试图平衡商业和职业关切。这强调了一点:不能简单地查看组织特性并将其归类为表达的是商业或者职业逻辑。我们必须理解组织中的人如何解释这些特征的含义。

并不是所有具有大量业务的律师事务所的合伙人都认为应该采用这种方法。律师事务所6的某合伙人承认:

> 有些人说,我们必须减少合伙人的数量,因为如果我们裁掉10%的合伙人,我们在《美国律师》上的数据看起来会更好……因此,有些人会说,仅仅把(合伙人的薪酬)降低到有盈利的程度,然后让合伙人自己决定是否要离开,这是不够的。我们必须采取更积极的措施,即解雇员工。(#201)

提供范围较窄的服务的律师事务所完全有能力解决保证博弈。管理层必须直接习惯于与合伙人进行可信沟通的其他方式,说明非经济专业价值对律师事务所很重要。

一些律师事务所还通过耐心的态度来缓和纯粹的商业逻辑运作,而不是仅仅因为某个人一年的业绩下降就解雇他。从这个角度来看,对业绩进行持续的密切监控,有助于在可能有机会解决问题的时候及早发现潜在的问题。如果这些举措都没有成功,合伙人至少会提前得到暗示,即他可能不得不离开,并为可能发生的事情做好准备。

例如,一位合伙人说,他认为,与让问题变得严重后才作出反应的其他律师事务所相比,定期关注业绩能让他所在的律师事务所"更人性化",因为他"将体面感与商业需求进行了平衡"。例如,他提到的一家律师事务所"没有随着时代的变化而变化,所以当[他们]不得不改变时,他们很残酷,一夜之间就变得残酷了"。相比之下,他所在的律师事务所只会在认为有必要的情况下进行精简,但是"与员工在没有通知的情况下一夜之间被扫地出门相比,这种精简的方式非常人道"(#228)。

另一位合伙人说,"我们在这里不会很快地裁人,也不会轻易裁人。我们几乎总是给人们至少两年的时间来重新装备、重新开始或者重新思考他们的业务"(#237)。律师事务所也可能通过逐步淘汰一个业务领域而不是立即放弃它,来表明离开的需要。这包括不将新资源投入业务中,如初级非合伙律师晋升为合伙人、横向流动合伙人,增加薪酬和营销措施。这就为从事这一业务的合伙人提供了时间,让他们找到另一家适合自己工作的律师事务所。

另一位合伙人指出,他所在的律师事务所每两年调整一次薪酬,而不是每年一次。因此,与其他某些律师事务所相比,决定解雇某人可能需要更长的过程。正如他所说的那样:

> 要想成功,你需要做一些结构性的事情,还有一些人际关系方面的事情。你不能二者择其一。我们不是每年都调整薪酬。我们确实没有这样做。对于我们律师事务所的股权合伙人,我们每两年才调整一次薪酬,[因为]每年这么做就像对迈克尔·乔丹说,"NBA一个赛季有82场比赛,但是如果你一场打得不好,我们就会让你坐冷板凳"。我们不这么做。我们说,我们需要看看你两年的表现,然后再重新设定你的薪酬,也就是基准线。因为一年太短了。你的某个继子可能生病了,对吧,你最大的委托人可能破产了。但是,如果在这两年的时间有人有着不同寻常的一年,你会怎么做呢?我们解决这个问题的方法是每年发放奖金。所以我们让人们很满意。(#83)

另一家律师事务所的一位合伙人也表达了类似的观点:

> 每个人都会经历周期性的高潮和低谷,都有一些历史。你要看整

个电影而不是仅仅看一个定格画面。你必须把过去的成就和现在的成就都考虑进去,不要高估现在的成就而损害那些过去作出贡献的人的利益。(#59)

这种耐心在多大程度上被理解为用职业逻辑来冲淡商业逻辑,反映在一位合伙人的观点上,他认为他所在的律师事务所太宽容了:

> 我们不会像我们应该做的那样迅速解雇员工。你从经济角度看待每个人,也就是说,"如果我们把他的薪酬降至 125,000 美元会怎么样,秘书和公共设施花了这么多。他只要按 × 费率收费 × 个小时,我们仍然收支平衡,我们还能从他身上赚点钱"。我认为这是经营律师事务所的糟糕方式……我的意思是,我们让人们在这里待上三五年。你对他们没有任何帮助。所有了解律师事务所并研究过他们的人都说了同样的话:"不要永远带着你的伤员。"(#174)

合伙人还描述了他们的律师事务所在金融危机的创伤中如何努力尊重职业人员。其中一位合伙人指出,他所在的律师事务所在经济最低迷时进行了前所未有的裁员,但是"我们的裁员速度更慢,我们试图为人们找到可以去的地方,在这种情况下,我们尽可能人性化"。更一般地说,关于非自愿离职,"我们一直为员工设定过渡的最后期限,然后把这些最后期限延长到几乎无止境的时间,给他们最大的机会找到机会"(#165)。另一位合伙人说,"当我们决定让人们离开时,我们试着给他们很多时间去寻找另一家律师事务所,我们试着帮助他们找到一份工作,因为不是每个人都能在这里成功;事实上,绝大多数人都没有。所以这就是它的本质,但是我认为我们小组一直在努力做到非常人道"(#204)。

大多数谈到裁员或合伙人被鼓励离开律师事务所的合伙人,都将这些事件描述为一件憾事,而不仅仅是律师事务所作出的商业决定。一位合伙人描述了他所在的律师事务所在经济低迷时期需要裁员的情况,他说,"我认为律师事务所做错了吗？不,我不这么认为。这就是当时的经济现实,但是这很伤人,因为你是在处理人们的生计问题"(#204)。另一位合伙人指出,在律师事务所里,"有一种缓慢的趋势,我称之为更加注重商业规则,但是由于我们不愿裁人,使这种趋势在很大程度上有所缓和"(#131)。

还有一位合伙人说,"我们的业务已经枯竭了。这家律师事务所在这方面做得很好;我们不会在一两年后就措手不及地把一个人解雇,但是经过一段时间,在削减了人们的薪酬后,我们会让他们离开"(#238)。在谈到她所在的律师事务所在经济最低迷时期的裁员时,另一位合伙人说,"我不想看到这再次发生。我不认为律师事务所想要看到这再次发生"(#254)。

许多律师似乎试图抓住合伙人终止的趋势及其对律师实务性质的影响。这可能反映出一种愿望,即继续将法律实务与普通商业区分开来。这也可能是出于对律师事务所在潜在的入门级和横向流动律师中的声誉的担忧。某合伙人提出：

> 即使很多人都是这么做的,2009年的裁员之后,人们仍然受到批评。"你给了多少遣散费？"现在的孩子们都知道这一点,它对招聘能力有着直接的影响,而且它也为横向流动人员传递了市场信号。所以我认为律师事务所也明白6个月或者1年是很短的时间框架,有人在业务团队中可能很迟缓,但是明年你可能需要他们,如果发展迟缓你就裁人,你就不能吸引人才。(#253)

一位合伙人将他的律师事务所的薪酬方式与他所说的投资银行心态进行了对比。也就是说,律师事务所努力减少裁员的频率和严重性。这似乎确实在一定程度上使律师事务所有别于其他企业,其中投资银行可能是一个极端的例子。

就像何凯琳（Karen Ho 2009，223）在她关于华尔街投资银行文化的人种学著作中，她这样描述道："平均而言，投资银行每一年半左右就会进行一次大规模的裁员，在此期间以及在此过程中还会不断地进行'大清洗'。"这种裁员在牛市和熊市都有发生，因此"投资银行起伏不定的雇佣策略可能是他们最一致的文化实践。"银行对最轻微的市场波动和从中获利的机会都非常敏感，这意味着"华尔街的裁员方式是即时和绝对的"。宣布裁员时的标准做法是"迫使被裁的员工在 15 分钟内（或者至少当天）收拾东西走人"。他们的物品随后会被装在 UPS 的箱子里送到他们那里。正如一位银行家所言：

> 我觉得每一天你都意识到我们的工作可能第二天就没了。如果市场不景气，公司裁掉了数百人；或者你自己的[特定领域]的业绩不佳，突然间，他们需要裁员了又或者你的公司决定不再在这个产品上投入了，他们裁掉了整个部门。我只是觉得这是生活的一部分。（Karen Ho 2009，236）

何凯琳（Karen Ho）认为，这种根据市场条件快速部署资源和人员的华尔街模式，正日益成为商界其他领域的模板。正如她所说的那样，"在华尔街培养出来的工作场所实践和就业方法，无疑帮助形成了总体上崭新的工作模式"（Karen Ho 2009，243）。因此，投资银行往往是完全由商业逻辑驱动的纯市场驱动组织的体现。

相比之下，职业传统使得律师事务所不太可能在不久的将来达到这一水平。在这方面，他们对生产力下降的反应较慢，这就使得他们有钱不赚。与此同时，很明显，大型律师事务所合伙人的地位远不如几十年前那么稳固。就像某合伙人所说的那样，"如果事情不顺利，没有大佬会支持你。我认为，大多数律师事务所最终会说'我们提供了一个平台，如果你成功了，我们会很高兴,但是没有关系网络可以依靠'"(#188)。另一位初级合伙人在获得足够的工作方面面临一些挑战,他的结论是,"我的意思是,在我看来,我要么会很忙,然后我很开心,他们也会对我很满意;要么我不是很忙,我们两个都不开心,我就会去找别的事做"(#241)。

因此,律师事务所可以通过采取各种措施减少终止合伙人的需要,在应对商业压力的同时,尝试尊重职业价值。一是提供各种具有不同盈利能力的业务,并根据每个业务的盈利能力来确定合伙人薪酬。这可能既反映了一种商业判断,即多样化业务将最大限度地减少财务波动,也反映了这样的意愿,即出于职业价值的考虑,愿意接受某种程度上较低的利润。另一种方法是逐步取消律师事务所分配给某些业务的资源,并为合伙人提供一段合理的时间去寻找其他工作,以此来减轻裁员的影响,而不是在某业务的盈利能力下降时迅速作出调整。这些衡量标准通常并不表现在合伙人终止方面,职业逻辑具有与商业逻辑同等的重要性。然而,它们与律师事务所关于其他问题的政策一起,可能有助于解决保证博弈,这些政策可信地传达出律师事务所将促进职业价值作为其文化的内在重要组成部分。

结　论

自经济衰退以来,市场的结构性变化使合伙人不得不接受这样一个事实:如果律师和业务团队不能达到财务业绩标准,律师事务所就可能需要解雇他们。合伙人认为这是"新常态"下律师事务所生活不可避免的情况。这无疑会使合伙人与律师事务所之间的关系变得紧张,尤其是对于那些可能因其个人业务的盈利能力落后而感到脆弱的合伙人而言。此外,任何特定业务领域的动力学常常使大多数合伙人无法感到完全安全。虽然没有数据,但是也值得指出的是,我们在第 3 章中描述的关于生产力决定的性别动力学,可能使妇女在这种情况下特别容易被解雇。

不可否认的是，对盈利能力的精简，反映了大型律师事务所内部商业逻辑的更大运作。然而，一些合伙人也将其理解为提供了一种信任形式，这种信任可以增强并有助于维持共治文化，因为它确保每位合伙人都在尽自己的一份力，使律师事务所实现盈利。此外，以各种方式进行的管理至少可以提供一些保证，即律师事务所不完全是由财务方面的考虑所引导的。这可能涉及维持广泛的业务范围，逐步取消某些业务领域，并在合伙人必须离开律师事务所之前提供一段合理的过渡期。

合伙人似乎普遍接受合伙不再是永恒的这一概念。然而，如果他们认为自己律师事务所的特点是对业绩不佳的合伙人采取深思熟虑和人道的方式，那么他们会认为，这代表着超越盈利能力的价值。这可以成为他们认同律师事务所及其文化的基础，即使是在一个合伙比以往任何时候都更有条件的时代。

6

薪酬的物质经济

在大型律师事务所中,合伙人薪酬是一个非常重要的问题,尤其是在过去几十年里。前面章节中描述的许多应对竞争压力的措施,在某种程度上是通过律师事务所的薪酬制度来实现的。从制度逻辑理论监督看,薪酬实践是管理商业和职业逻辑需求的关键机制。因此,它们既有物质意义,也有象征意义。为此,我们在本章和下一章对律师事务所合伙人薪酬制度进行了深入的考察。

大型律师事务所的压倒性趋势是根据与明显的生产率相关的因素来区分薪酬。反映法律职业内部标准的传统价值标准可能包括工作质量、共治与协作以及承担无报酬的律师事务所"公民"责任。然而,现代律师事务所强烈强调创收、盈利能力、收费时间以及获取和保留委托人等因素。在这方面,薪酬制度反映了商业逻辑日益增长的影响。

薪酬制度代表了律师事务所的物质维度,因为它既是律师事务所结构的一部分,又服务于分配财务回报。薪酬也有一个象征性的功能,因为它是一个重要的标志,说明了律师事务所对不同类型的品质和行为的重视程度。因此,许多合伙人将律师事务所的薪酬制度解释为关于在该律师事务所"好律师"的意思是什么的讯息。从这个意义上说,薪酬标志着商业逻辑和职业逻辑在律师事务所整体价值体系中的相对权重。

薪酬的双重意义的一种表达方式是,它构成了分配经济回报的物质经济和分配尊重的象征经济。因此，它对合伙人理解其律师事务所的品质、在律师事务所中的角色以及成为职业人员意味着什么有着强大的影响。本章主要讨论物质经济及其运作方式，下一章则探讨象征经济。我们在这一章中花时间详细描述薪酬制度，以提供一个基础，来理解这些制度的复杂特征如何具有强大的象征意义。

概　述

几个合伙人的评论反映了薪酬在现代大型律师事务所中的关键作用。一位合伙人这样描述薪酬的重要性：

> 在一天结束的时候，在所有这些事情之后，薪酬就是晴雨表，薪酬传递激励，传递信号，传递文化。这是我们说的语言，这是我们知道自己如何被重视的方式。我们知道自己是如何得到薪酬的，我们知道薪酬的标准是什么。(#79)

与此类似，当被问及区分律师事务所文化最重要的因素是什么时，另一位合伙人回答说：

> 我想说的是，其中一个重要的因素是他们的薪酬制度……这是我要关注的事情之一——不是执行委员会、管理委员会，而是薪酬委员会。薪酬委员会是如何工作的？(#16)

当被问及律师事务所以及合伙人潜在的文化特征时，另一位合伙人强调说：

> 例如，其中一件事就是，你如何确定薪酬，你如何奖励人们，因为这就告诉了你很多事情。你对公益和社区服务有什么看法？你会在多大程度上[奖励]交叉销售和团队管理方法之类的东西？这些才是你真正要问的问题。(#111)

当市场压力不那么激烈，大型律师事务所从常年委托人那里获得稳定工作的保证更大时，律师事务所不太需要明确地用薪酬来鼓励创业行为。相反，律师事务所采用的是一种纯粹的"同步"制度，即律师的薪酬完全取决于资历；那些在某一年成为合伙人的人会"同步"提高薪酬水平。这种做法的目的是鼓励合作，这是服务于律师事务所的委托人所必需的，同时也培养合伙人之间的共治和平等意识。

在律师事务所内部，薪酬很少成为冲突的根源，甚至很少成为明确的关注焦点，这一事实在表面上表明，非财务职业价值和财务回报对一家律师事务所同样重要。正如我们在第1章对吉尔森(Gilson)和姆努金(Mnook)的讨论中所指出的那样，同步制度通过提供与法律服务寡头市场相适应的激励措施，服务于商业目的。然而，它的形式平等允许律师事务所淡化其作为商业企业的地位。在这种情况下，合伙人并不把薪酬理解为在律师事务所成为一名好律师的标志。

正如我们已经讨论的那样，如今的律师事务所通常没有稳定的委托人关系，无法提供律师事务所特有资本。相反，它们必须依靠其律师来确保稳定的工作流。多数律师事务所认为，从表面上看，同步薪酬带来的激励机制并不适合这个市场，因为无论同等资历的合伙人争取委托人的努力如何，都能获得同样的回报。因此，一个律师事务所的薪酬制度成为其商业战略的一个重要工具，因为它为合伙人带来律师事务所所依赖的工作创造了激励。它也有助于律师事务所对竞争性的横向流动合伙人市场作出回应。律师事务所需要支付足够的薪酬,既能防止其关键合伙人跳槽,又能从其他律师事务所吸引能带来利润的合伙人。

薪酬政策包括决定是否将一名律师从一名领薪雇员提升为一名有权分享律师事务所利润的权益合伙人,以及决定每名股权合伙人有权分享的收入份额。近年来,律师事务所更明确地将这两项决定建立在经济生产率的基础上,而不是基于律师工作的其他维度。

经济生产率通常是在一个频段内衡量的,从获取和维持与委托人的关系——获客,到另一端的律师收取的工时数。那些拉来业务的人被称为呼风唤雨者,那些通过为委托人工作而创收的人被称为"服务合伙人"。一些服务合伙人可能因为承担管理委托人事务的责任而获得额外的分数。在晋升为股权合伙人方面,一名领薪律师必须能够提出一个"理由",表明他有可能与大量委托人建立关系,或者能为一个呼风唤雨者的委托人管理大量事务。这一要求导致律师晋升为股权合伙人的比例越来越小。对于股权合伙人的薪酬来说,趋势是将"获客"视为一个更重要的因素。

接下来的章节描述了现代大型律师事务所合伙的结构,晋升为合伙人的制度,确定股权合伙人薪酬的过程,以及后一过程如何反映律师事务所管理层的正式决定和合伙人之间的非正式谈判。

合伙结构和晋升

要理解薪酬的物质经济性,就必须了解律师事务所面临的不断变化的竞争压力如何改变了职业机会和合伙的意义。传统上,初级律师进入律师事务所时都是非合伙律师,7~9 年之后才会被考虑晋升为股权合伙人,尽管金融危机以来这段时间已拉长到 10~14 年(Galanter and Henderson 2008)。股权合伙人是律师事务所的实际所有者,他们在律师事务所的治理中有一定的发言权,并分享财务利润。在进入股权合伙人行列时,新合伙人也必须出资,律师事务所通常会为此提供资金。

晋升为合伙人的标准,传统上包括高质量的工作成果,与委托人建立关系的能力,以及一些吸引业务的潜力(Galanter and Palay 1991,30)。由于20世纪上半叶委托人关系的长期性(Pollock 1990),案源或者获客的能力不那么重要。然而,随着律师事务所与委托人之间的关系变得越来越淡薄和短期化,在律师事务所的晋升决策中,获客的作用开始变得越来越大(Regan 2004,15-49)。

虽然律师事务所历史上遵循的是"非升即走"模式,即没有晋升为合伙人的律师被要求离开律师事务所,但是在过去几十年里,大多数律师事务所已经脱离了这种"单层"合伙模式。20世纪90年代,当律师事务所遇到财务困难时,它们开始寻找新的方法来提高盈利能力。这导致了所谓的收入合伙人或者非股权合伙人的增长(Galanter and Henderson 2008,1867)。这些合伙人不分享律师事务所利润,但是有薪水,有资格获得年度奖金。他们有时会有表决权,但是收入合伙人和股权合伙人的区别主要在于收入合伙人的工资大部分是固定的,而不随律师事务所盈利能力的变化而变化。

引入这一层股权合伙人使律师事务所能够将非股权合伙律师提升到合伙人层级,而不会稀释股权合伙人在律师事务所所持股份的价值,也不会给其他律师对律师事务所利润的主张权,而稀释律师事务所股权合伙人人均利润。一些收入合伙人可能最终会晋升到股权合伙人地位,但是大部分不会。某顾问估计,通过延长收入合伙人成为股权合伙人的时间,律师事务所可以将股权合伙人人均利润增加20%。《美国律师》证实,AmLaw 200强律师事务所中有175家有收入合伙人和股权合伙人构成了"双层"合伙(Newsham 2019)。

收入合伙人层级对律师事务所很有吸引力,因为它可以减少作出糟糕晋升决定的风险。当律师事务所面临经济不确定性时,这一点尤为重要。据一位合伙人说:

我们经常和两个看起来能力相当的人坐在一起,我们猜测10年后谁将成为获客。为什么不让他们都成为收入合伙人？这样他们就可以成为外部世界看来的合伙人了，你可能会感到惊讶。我的意思是，有些人的发展出乎你的意料，有些人，你认为他们拥有一切有利条件，但是不知何故，他们无法创造业务。(#111)

因此，收入合伙人的职衔反映了一种介于非合伙律师和股权合伙人之间的中间地位。在一些律师事务所，收入合伙人有一定的年限与委托人建立足够的关系，为他们的晋升建立商业理由。如果他们不建立这样的理由，他们可能被要求离开律师事务所。在其他律师事务所，收入合伙人即使没有获得自己的委托人，也可能无限期地留在这个职位上，特别是当他们拥有对于律师事务所有价值的专长时(Altonji 2009)。

在2008年金融衰退后不久出现的一个明显趋势：(1)股权合伙人的增长很少或者没有增长，而此类合伙人的薪酬大幅增长。(2)收入合伙人数量大幅增长，但是他们的薪酬相对持平(Simons 2019)。2000年，78%的合伙人持有其所在律师事务所的股权，但是到了2018年，这一比例下降到了56%(Randazzo 2019)。如图3所示。

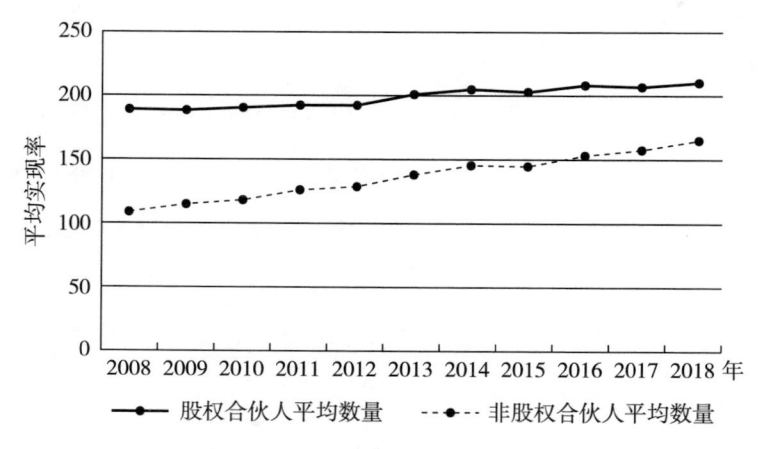

图3 AmLaw 100 强律师事务所中，股权合伙人和非股权合伙人队伍的增长情况(2008~2018年)

正如我们在第5章所描述的那样,律师事务所对其合伙人人均利润排名高度敏感。因为这一数字是根据有权取得利润的股权合伙人的数量来计算的,一个潜在的新的股权合伙人通常被期望产生的利润至少等于——理想情况下大于——律师事务所的合伙人人均利润。这被称为晋升的"商业理由"。因此,近年来,非股权合伙人的数量有所增加,而股权合伙人的数量则相对持平(见图3)。

这项研究受访的合伙人证实了这一观察结果。一位受访者表示,"当我成为合伙人时,事情更简单,对吧?那就是努力工作,成为一名好律师,你就可能成为合伙人。现在这更像是商业——这个人会带来业务吗?"(#111)

就像另一位合伙人所说的那样:

> 在这个使数字攀升……从而使世界认为律师事务做得不错的充满压力的世界里,律师事务所每年只能晋升这么多股权合伙人——而在此之前,仅仅是因为你在这里工作了3年,而且作为收入合伙人做得很好,你就能成为股权合伙人……
>
> ……它比以往任何时候都更多地取决于股权合伙人队伍中的空间。律师事务所在不想发行更多的股份方面采取了强硬路线,试图保持每股的高价值,以留住这里的人。然后,他们显然想要一个高的股票价值,以吸引横向流动市场的人。(#103)

合伙人流动性的增加降低了晋升为股权合伙人的比率。越来越多的律师事务所倾向于从其他拥有大量案源的律师事务所寻找横向合伙人来填补其股权合伙人的空缺(Hildebrandt Consulting and Citi Private Bank 2013)。这种发展意味着从律师事务所内部晋升股权合伙人的机会更少了。正如一位合伙人所指出的那样,"每年引入的横向股权合伙人可能比从内部晋升的股权合伙人还要多。这就向你的收入合伙人发出了一个信号,他们会想:'唉,我以后怎么挣钱呢？我想我得去别的地方了'"（#103）。

某收入合伙人哀叹道：

> 我认为，对于我们中的许多收入合伙人来说，我们只是不确定如何才能获得股权，除非我们能接触到一个每年至少能带来数百万美元收入的委托人。你知道，如果我有个好朋友是一家价值数百万美元的公司的总法律顾问，我早就把这个公司拉进来了。很多人都是这样。因此，考虑到将法律服务外包的需求以及内部很难成为股权合伙人的情况，我想有很多人都在问："我怎么才能做到这一点？这是不可能实现的，因为你不可能通过努力工作获得股权。"这已经不可能了。（#101）

一些非合伙律师或者收入合伙人也可能被提升为股权合伙人，因为他们为其他合伙人、为律师事务所带来委托人或提供重要服务。例如，作为税务律师，在公司业务合伙人的委托人涉及的商业交易中是不可或缺的。对于同一合伙人的委托人来说，如果他们在一个受到严格规制的行业中经营业务，规制律师[①]可能是一个宝贵的资源。这样的律师可能没有机会与大型委托人建立持续的密切关系。晋升他们的理由是，他们拥有律师事务所重要委托人持续需要的专业知识。然而，即使他们成为股权合伙人，他们的薪酬也将远低于呼风唤雨者。

最后，值得指出的是，一些律师事务所可能会通过减少合伙人——其薪酬的 50% 以上来自利润，这个标准是《美国律师》在计算合伙人人均利润时为确定谁是股权合伙人所使用的标准——的数量来提高其合伙人人均利润。2018 年，Morrison & Foerster 律师事务所就这么做了。因薪酬而被视为股权合伙人的人数从 224 人减少到 167 人，这导致收入合伙人从 86 人增加到

---

① 专门从事与政府监管部门有关业务的律师。

129人（Strom 2019）。结果，合伙人人均利润从174万美元增加到不到200万美元，尽管营收下降了1.9%。这一调整反映出该律师事务所连续六年减少了股权合伙人的数量。该律师事务所绝不是近年来唯一采用这种方法的律师事务所。

股权合伙人薪酬

律师事务所中律师的经典分类之一是找业务的人、管业务的人和做业务的人（Stein 2010）。"找业务的人"是那些寻找或引进新委托人的律师。"管业务的人"是指那些为同事的委托人照看或者管理事务的人。"做业务的人"指的是那些就委托人服务而辛勤工作的人。虽然这些类别通常适用于律师事务所中的所有律师，即从非合伙律师（做业务的人）到高级合伙人（找业务的人），但是合伙人也可以大致分为相同的三类。

不要把这些区别看作独立的类别，人们可以把它们看作一个谱段，在这个谱段上，人们可以找到任何特定的合伙人。在找业务的人的一端，是那些几乎把所有时间都花在开发新的委托人和维持现有委托人关系上的合伙人，他们几乎没有把时间花在法律工作上。

谱段上的下一个位置，是由找业务的人和管业务的人组成的合伙人。他们把委托人带到律师事务所，为他们做一些工作，但是也会根据同事的推介承担一些管理其他合伙人的委托人事务的责任。一个纯粹的管业务的人可能只负责为同事的委托人管理事务。另外，一些合伙人是管业务的人和做业务的人的结合。他们为他人的委托人所做的工作，包括一些管理责任和贡献一些更专业的知识。谱段最后，纯粹做业务的人完全通过提供技术帮助来发挥支持作用，如分析交易的税务待遇。

一个人越接近找业务的人的一端，就越能把他描述为一个呼风唤雨者，他对律师事务所的贡献是获客。合伙人越接近纯粹的做业务的人，人们就越可能将他视为一个为其他合伙人的委托人工作的服务合伙人。正如我们下面所要讨论的那样,一般来说,合伙人越接近谱段的找业务的人一端,薪酬就越高。

薪酬的组成部分

股权合伙人的薪酬很大程度上取决于分配给每个合伙人的利润池的百分比。利润池是由在整个股权合伙中分配的单位或者股份组成的。与股份有限公司不同,股份有限公司的股份数量会随着时间的推移保持相对稳定,合伙的股份数量会定期重置,通常是每年或每两年重置一次,重置依据的是股权合伙人的数量和业绩。

大多数美国大型律师事务所将数字指标和主观评估结合起来,作为薪酬的基础。正如一项研究指出的那样,这些数字指标旨在反映"合伙人在律师事务所内部作为带来现金流的个人发挥作用的程度"(Williams and Richardson 2010,623)。

获客。在大多数律师事务所,决定薪酬的一个关键因素是获客,这是基于来自委托人的创收的美元价值和/或合伙人为律师事务所带来的事务。[①] 在过去,许多律师事务所只向那些将委托人带入律师事务所的人提供获客分数,不论这个人是否就该委托人获得了新事务。近年来,许多律师事务所增加了从现有委托人那里获得新事务的人的分数。

获客分数使合伙人可以从为他带到律师事务所的委托人所做的工作或者为现有委托人所处理的新事务中获得一定的创收。在后一种情况下,获得委托人的合伙人和产生了新事务的合伙人都将获得分数。无论谁为委托人工作,情况都是这样。一份报告指出,基于将委托人带到律师事务所的获客分数占该委托人账单的20%到25%,在一些律师事务所甚至高达33%(Rose

---

[①] 在薪酬过程中,律师事务所往往更看重创收,而不是盈利能力。传统意义上,事务和委托人的盈利能力是很难确定的,因为在律师事务所范围内的成本(如办公空间、行政协助等)的分配上存在分歧。

2010，5）。获客分数有时在一段时间后结束，但是也可以无限期地继续，只要委托人继续给律师事务所带来工作。关于为什么将获客纳入薪酬计算的一种早期理论认为，通过提供获客分数，律师事务所将鼓励律师分享工作，而不是囤积工作，以最大限度地提高收费时间（Smith 1940，650）。

管理分数。一些律师事务所为管理委托人事务提供分数，假使合伙人没有带来委托人，就没有资格获得获客分数。通过这种方式，律师事务所奖励那些在确保委托人需求持续得到满足方面发挥了重要作用的合伙人。这种方法的另一种版本是，就合伙人积极监督的律师收取的计费工时，给予合伙人一定的分数。

个人生产。由于律师事务所的商业模式很大程度上是基于计费工时，因此薪酬的一个关键方面是律师在评估期间开出的时间账单。律师事务所可能还会考虑收款实现率，即委托人实际支付的账单的百分比，从而得出一个代表个人创收的数字。

实现率。费率实现率是收取的标准计费费率的百分比。它反映了标准计费费率的折扣，反映了与委托人的谈判以及在向委托人开票计费之前的任何费用削减。一项对合伙人——其中75%的合伙人所在的律师事务所的律师超过250名——的调查发现，他们的律师事务所认为"非常重要"或者"重要"的三大因素依次是创收收取、获客和计费时间（Williams and Richardson 2010，623）。与这一研究结果相一致的是，一位律师事务所的顾问解释说，"律师事务所最重要的两个合伙人薪酬标准仍然是为律师事务所带来新委托人的能力和个人的生产率，这是由办理案件的律师收取的律师费来衡量的"（Cotterman 2009，10）。正如我们下面将要讨论的那样，我们有理由相信，在最近几年，获客已经具有更大的意义。

主观评价。大多数律师事务所提供机会，让主观考虑在某种程度上影响薪酬，使律师事务所能够奖励不容易衡量的行为。使用这些制度的律师事务所，有自由裁量权考虑与律师事务所公民活动相关的因素，例如，在委员会任职，为律师事务所承担项目，以及可能与产生营收没有直接关系的一般合作行为。

薪酬过程

在包含主观因素的制度中，股权合伙人的薪酬通常由薪酬委员会中的一组合伙人决定。最近对AmLaw 200强律师事务所进行的一项调查显示，近一半的律师事务所依赖执行委员会决定薪酬，而其余的律师事务所则使用一个指定的薪酬委员会（Peery 2018，15）。在进行评议时，委员会从律师事务所的运营和财务系统中收集数据。通常情况下，这些数据会通过对律师事务所合伙人和业务团队领导者的访谈得到扩充。一些律师事务所鼓励合伙人给委员会写一份备忘录，详细说明从数据中可能看不出来的成绩。然后是对薪酬决定进行讨论，讨论过程往往非常细致，可能需要委员会进行花费数百小时的工作（Nanda and Rohrer 2012a；Nanda and Rohrer 2012b）。

薪酬通常是一个预期性过程。也就是说，薪酬委员会在年初会根据过去1年（有时是2年）的业绩，决定该年度分配给每个股权合伙人的股份数量。因此，每股股票的最终年度价值取决于公司来年的财务业绩。

许多律师事务所每年都会分配股份，但是有些律师事务所会根据前两年或者前三年的平均水平作出薪酬决定，试图消除个人业绩的波峰和波谷。然而，我们的研究表明，竞争压力可能在促使律师事务所关注更短的工作区间，这样就可以更快地调整薪酬，以反映近期的表现。就像某合伙人所说的那样：

> 过去一直是这样的，即人们上升的速度不是很快，但是他们也不会很快下降，这是我们的准则。过去的三四年改变了这一点。我们过去看的是5年的数据，现在我们看的是3年的数据，因为5年前，也就是2008年之前发生的事情，没有什么太大的相关性。我们要看的是正在发生的事情。确切地说，这不是你最近为我做了什么，而是你不希望人

为地压制[一个对律师事务所的价值正在增长的人],因为3年前他们还没有做多少事情。你必须对此作出回应,否则他们就会走人。(#10)

这种方式上的转变反映了一种更广泛的趋势,即律师事务所可以更快地对市场变化作出反应,以保持对委托人和合伙人的竞争力。

许多律师事务所还将合伙人利润的一部分留作奖金池,用来奖励年度内出色的业绩,而这些业绩在单位分配过程中没有预见性(如在年中获得了一个非常大的委托人)。

薪酬的透明度

在大多数美国律师事务所中,股权合伙人薪酬是一个"公开"制度——在这个制度中,数据在合伙人之间公开共享(Wesemann and Jarrett Kerr 2012,8-9)。在这些律师事务所中,合伙人通常知道每个合伙人的薪酬数额,以及诸如计费工时、实现率、获客和事务管理时间等数据,但是他们不知道每个因素在最终薪酬数字中所占的精确权重。

在这类律师事务所中,让合伙人对薪酬感到满意可能特别困难。研究表明,人们对他们的经济状况的满意程度,不是基于他们有多少钱,而是他们与他们认为是同侪的人相比有多少钱(Chen, Choi, and Chi 2002, 808)。因此,律师事务所花费大量的时间和精力来确定合伙人的薪酬,以便合伙人认为这些决定是公平和合理的。担任所在律师事务所薪酬委员会成员的一位合伙人描述了这一过程:

> 我们每年都做合伙人薪酬……这要花很多时间。这是3天的会议,委员会会议加上所有与各个合伙人的会面。有一个与每个合伙人的初始见面,说,"告诉我们,无论你想告诉我们什么",每个人都对自己的业绩进行报告,然后有一个后续会面,在会面时我们说的是,我们准备增

加、降低你的薪酬,或者保持不变。我是委员会成员,所以我的观点可能有一点偏颇,但是我认为这是一个非常透明的过程。每个人都知道其他合伙人赚多少钱。在最终确定薪酬之前,每个人都有1~2周的时间来评论自己或者他人的薪酬。每个人都知道你在作什么决定,每个人都有机会表达自己的意见,我认为这都提供了正当程序。(#48)

律师事务所还非常关注委员会的组成:薪酬委员会是管理层的一部分,但这是……投票表决,所以这不是一个纯粹的管理决定。所以对我来说,这是非常透明的。它由所有部门的代表,还有普通群众投票决定,所以我觉得委员会代表了所有不同的利益,我认为委员会获得了相当好的信息。(#48)

虽然律师事务所给合伙人的薪酬数额可能是透明的,但是在分配给每个经济指标的权重和作出薪酬决定时任何主观评估的影响方面,就不那么透明了。正如我们将要在下一章中讨论的那样,这可能会影响合伙人对薪酬公平性的感知。

重视获客

由于薪酬委员会的会议是非公开的,非委员会成员的合伙人不知道就个案是如何作出决定的。这就造成了律师事务所奖励何种类型行为的模糊性。然而,对律师事务所薪酬的研究表明,获客分数在许多律师事务所的薪酬制度中发挥着越来越重要的作用(Lowe 2013)。根据法律搜索顾问公司 Major Lindsey 和 Africa 最近对 2000 多名律师事务所合伙人的调查,69% 的受访者表示,获客分数是驱动薪酬的最重要因素(Lowe 2018,41)。

《美国律师》报告称,83% 的律师事务所追踪获客分数,并且"在咨询公司 Adam Smith, Esq 的总裁布鲁斯·麦考尤恩(Bruce Mac-Ewen)看来,在绝大多数这样做的律师事务所中,就对薪酬的影响而言,它让收款、盈利能力指标和计费工时相形见绌"。与此类似，该刊物指出，"这是律师事务所'合伙人薪酬中最重要的一个决定性因素'，Altman Weil 的负责人吉姆·科特曼（Jim Cotterman）说"。"这样做的理由是，这个指标追踪的是律师创造能带来利润的案源的能力，为他们自己、他们的团队和整个律师事务所的其他人提供工作。"科特曼补充道，"没有这些，就没有律师事务所。"（Packel 2019）

当被问及计算股权合伙人报酬的因素时，我们研究中的一位合伙人回答说：

> 据我所知，它基本上是你作为获客者获得了多少分数。每个人都想要获客分数，这就是钱的来源。你的获客分数越高，你就会得到越多的报酬，这就是人们四处奔波争取获得获客分数，并为其委托人"争风吃醋"的原因。（#21）

当获客在薪酬中扮演重要角色时，利害关系可能会很大。正如一位合伙人所指出的那样，"在任何一家律师事务所，你不能靠工作足够的时间来赚大钱……你必须有获客分数，或者你是计费合伙人，[因为]那些数字才是真正推动各种不同合伙人薪酬的因素"（#101）。

这一事实给女性合伙人带来了挑战，因为正如我们在第 3 章中提到的那样，她们的获客价值仅为男性获客价值的 43%。此外，正如我们在那一章中指出的，女性经常被要求在有利于律师事务所的委员会任职，但是这可能不会提高她们的薪酬。就像调查机构 Major Lindsey 的一项调查报告中说的那样，"只有 3% 的人认为非计费工时被视为非常重要（29% 的人说他们感到这些对律师事务所一点都不重要），大多数受访者认为良好的公民行为也不被视为是重要的"（Lowe 2018，40）。

各律师事务所认为，为避免在横向流动市场上高利润的合伙人流失到其他律师事务所，并将这些合伙人吸引到自己这里来，获客至关重要。就像某合伙人所说的那样：

> 如今，为了吸引顶尖人才，你正处于一场10年前可能没有的竞购战中。这是一个不同的世界，因为从大型跨国公司获得工作是创收的一张门票，而在某种程度上，小型公司可能是这种情况。如果我们现在的商业模式是与全球性律师事务所竞争合伙人，我们必须付给合伙人大笔的钱。（#71）

事实上，每一家大型律师事务所的合伙人人均利润数据都可以在法律媒体上找到。这至少能让律师事务所的合伙人大致了解他们在其他地方能赚到多少钱。虽然创收低于市场水平的合伙人可能会出于忠诚感或者其他非经济原因留在律师事务所一段时间，但是如果差距太大，他们可能会选择离开。正如一位合伙人所说的那样：

> 一些在这里创造了大量收入的合伙人并没有赚到他们能在市场上赚到的钱，他们很多人之所以留下来，部分原因是他们爱这里的文化，他们喜欢这里的环境，但是在某一点上，倘若他们在这里和在其他地方所赚到的钱差距太大了，他们便会选择离开。（#12）

这种动力学的结果实际上是一种双层股权合伙人薪酬制度。拥有大量获客分数的呼风唤雨者（"找业务的人"）通常比服务合伙人（"管业务的人"和"做业务的人"）挣得多得多，后者的薪酬主要基于他们开出的小时数。随着律师事务所争夺顶级的呼风唤雨者，它们越来越有可能给予最重要的呼风唤雨者比普通合伙人更高的报酬，而且给他们的报酬也明显高于薪酬最低的合伙人。正如第5章所介绍的那样，股权合伙人最高和最低薪酬之间的差异被称为利差。许多律师事务所的传统利差相对较小，为3∶1或者4∶1。最近的研究表明,利差已经大幅扩大。例如,据报道,Kirkland & Ellis 律师事务所薪酬最高和最低的合伙人之间的利差为 43∶1,薪酬最高和最低的股权合伙人之间的利差接近 9∶1(Randazzo 2019)。更大的利差通常反映出,在计算薪酬时,赋予获客的权重越来越大。然而,正如我们将在下一章中讨论的那样,在一些律师事务所中,较大的利差可能是律师事务所选择提供具有不同创收和利润水平的广泛业务的结果。这些律师事务所可能试图根据经济生产率调整薪酬,以进一步促进商业和职业价值。

尽管如此,正如《美国律师》所指出的,"鉴于失去商业上强大的合伙人所造成的损害,律师事务所领导者系统性地收紧经济与薪酬之间的联系并不令人惊讶"(Simons 2019)。实现这一目标的措施包括:不同国家差别很大的薪酬阶梯;在固有的低杠杆业务中,合伙人不同的薪酬轨迹;引入一个新的更低的薪酬层级;对于那些表现不再与他们的薪酬水平相称的人,降低等级;从队伍顶部到底部的距离更大;以及在职业生涯后期为合伙人提供的下降路径(Simons 2019)。

因此,现代律师事务所的薪酬构成了一种物质经济,律师经济回报的分配在很大程度上取决于律师事务所内部的决策者以及从其他律师事务所吸引相当的律师所要花费的代价。律师事务所认为自己别无选择,只能运行具有这些特点的薪酬制度。正如一位收入合伙人承认的那样:

> 我们试图在就此与保护我们的文化方面取得平衡……但现实是,我们必须适应律师事务所行业经济发展的方式。你不能把头埋进沙子里,塞住耳朵,然后说:"不,不,我们将继续沿用 10 年前的做法,因为这是我们喜欢的做法,我们不会改变。"如果你这么做,最终你就会变成恐龙,难逃灭绝厄运。所以你别无选择,只能适应。(#71)

至少一些律师事务所已经开始重新考虑对获客的过于重视以及如何分

配获客分数。一个担忧是,这种强调可能会导致合伙人囤积委托人,做自己不适合的工作,而不是引进一个更专业的同事。另一个原因是,它可能会导致合伙人引入不符合律师事务所战略方向的委托人(Packel 2019)。

例如,Mintz Levin 律师事务所在 2015 年采用了一种制度,任何合伙人都不能获得超过 75% 的获客分数。其余的则归于帮助获得有关委托人的同事或者归于律师事务所。此外,为现有委托人开发了新业务的合伙人现在可以获得获客分数。对分数进行限制,旨在"强化合作精神,并确保为委托人提供合适的律师"。就新事务提供分数,"意在让正在上升的律师受益,他们……不太可能是白人男性"。该律师事务所主席指出,政策的改变导致一些合伙人的分数从 800 万美元减少到 600 万美元。他说,"技巧在于通过带来更多的委托人,把 800 万美元变成 1000 万美元,因为你有适当的激励措施"(Packel 2019)。

在 King & spulding 律师事务所的制度下,获客分数有效期仅为 3 年,之后就会归还给该律师事务所。此外,若干合伙人有权根据与委托人的初步联系获得帮助,从而取得某事务或者从事工作所要求的分数。这是为了鼓励合伙人"作为一个团队走出去销售"。其他律师事务所已经采用了除获客分数以外的其他分数类别,反映出"委托人以不同的方式来到律师事务所,并因不同的原因留在这里"(Packel 2019)。

还不清楚有多少律师事务所会朝着修改目前强调获客的方向前进。正如一位律师事务所顾问所说的那样,"最大的趋势是,律师事务所越来越认识到,相较于你通过实际看到的任何行动能得以纠正的问题,这是一个更严重的问题"(Packel 2019)。

律师事务所的内部市场

不受规制的市场的动力学

在现代律师事务所中,获客分数和基于计费工时的个人生产是决定合伙人报酬的两个主要因素。虽然每一个因素看起来都相对客观,但是仔细看就会发现,每一个因素都是律师事务所合伙人之间一系列复杂互动的产物。我们的访谈表明,许多律师事务所在试图引导这些谈判的结果时感到相当受限。因此,这些互动构成了一个相对不受规制的市场,在这个市场中,合伙人进行谈判,有时还会为获得分数、与委托人的关系以及稳定的工作流而竞争。合伙人的服务价值,会影响他在要求分享获客分数和从其他合伙人那里获得能增加计费工时的工作时的议价能力。虽然律师事务所试图规范这一内部市场,但是大多数合伙人认为,这一市场最终由非正式谈判主导。

关于获客分数最简单的例子是,合伙人单独带来一个涉及律师事务所新委托人的事务。该合伙人因此获得所有获客分数,然后薪酬决定将考虑此分数。如果委托人需要律师事务所其他律师协助的事项出现,带来第一个事务的合伙人将继续以这些额外事务价值的一定百分比的形式获得获客分数。

一位合伙人是否会与从事其他事务工作的合伙人分享这些分数,取决于呼风唤雨者与其他合伙人之间的非正式讨论,甚至可能是谈判。一位合伙人描述了她与来自新收购的一个外国办事处的某人进行的交谈,这说明了获客分数分享过程中存在的模糊性和个人判断:

> 她说:"我刚让在美国的人为我的一个委托人做了一件事,我想我可能会得到5%的获客分数,因为我不打算做任何工作。"我说,"不,你

必须至少拿50%……因为这是你的委托人,这里的人都是这么做的"。
(#92)

另一家律师事务所的合伙人评论道:

> 就此在不断地协商。直到近几年,我才真正开始处理获客分数造成的混乱,它是一团乱麻。每个人都在争取获客分数,并且认为"这是我应得的"。存在这样的遗留问题,即有些人即使什么都不做也有获客分数,那只是他们的老委托人。(#21)

一个由律师事务所不同合伙人组成的团队也可以做演示,或者"推销",以努力赢得新委托人的业务。例如,如果工作涉及公司事务,该活动可能由在并购工作中拥有特别强大声誉的合伙人领导。团队中的其他合伙人可能是那些在与该事务相关的特定领域拥有专业知识的人,例如,特定的规制制度、税法下的待遇或者融资形式。领衔合伙人可能会选择那些他们曾经合作过的法律专家来做演示。

如果律师事务所赢得了业务,获客分数通常会给公司合伙人,因为他被认为是推销活动的牵头人,因为他的声誉是委托人选择律师事务所的最重要的原因。这个合伙人可能被认为是最有可能与委托人发展长期关系的人,或者律师事务所可能希望确保这个合伙人对他的报酬感到满意。就律师事务所与现有委托人的关系发展而言,那些已经拥有最多获客分数的合伙人在积累更多获客分数的最佳位置。如果律师事务所不修改这一分配,而推销团队中的其他合伙人无法协商获得一份分数,那么一些合伙人可能会认为,正如一位合伙人所说的那样,"富人更富"。(#98)

一些律师事务所试图通过将管理分数授予为大型委托人工作或者管理事务的主要合伙人,来减少就获客分数进行谈判的需要。虽然这种类型的分数可能会提高接受者的薪酬,但是与获客分数相比,它对薪酬计算的实质性影响更小。其他律师事务所可能会强加一个"日落"条款,对律师事务所发放获客分数的期限设定一个时间限制,而有些律师事务所可能会要求呼风唤雨者达到参与委托人事务的最低量要求,才有资格获得由此产生的分数。

然而,由于一些原因,就律师事务所现有律师之间获客分数的分配,大多数律师事务所倾向于遵从合伙人。首先,考虑到出现的无数种情况和合伙人合作的形式,不可能预先指定一个合适的获客分数分配方式。一个积极监测分数分配的律师事务所将需要花大量时间去分析每一个具体情况的事实。

其次,在那些由习惯于拥有很大独立性的职业人员组成的律师事务所中,律师事务所领导人通常认为,与管理层颁布的规定相比,合伙人达成的非正式协议可能被视为分配分数的正当的基础。

再次,律师事务所鼓励合伙人寻找新委托人,并希望避免采取任何可能阻碍他们这么做的政策。

最后,律师事务所对这样的风险相当敏感:一个创造了大量业务的呼风唤雨者可能会因为他认为干扰了他对获客分数的判断而怒火中烧,而这个呼风唤雨者可能会以离开律师事务所作为回应。就像罗伯特·尼尔森(Robert Nelson 1988)在20世纪80年代后期的开创性工作所揭示的那样,与委托人关系密切的合伙人构成了律师事务所正式权力结构之外的权力中心。

律师事务所管理层在试图确保服务合伙人有足够的计费工时方面可能表现出类似的克制。律师事务所通常认为,与委托人有关系的合伙人是判断谁是对需要完成的工作最有帮助的人的最佳人选。正如某合伙人所说的那样:

> 我们想让人们忙起来。我们的许多人都是多才多艺的,他们可以做很多事情。但是我从来不会对一个业务团队领导或者有案子的重要人士说:"我希望你用×,我知道你不想用×,但是该死的,你得用×。"

这不是我们这里的工作方式。有时是劝导，有时是哄骗，但是我不会对一个重要人物说"用×"。(#10)

这种遵从趋向导致大多数服务合伙人认为律师事务所内部市场在很大程度上是不受规制的，依赖于非正式的谈判和议价能力。一位收入合伙人是这样描述的：

> 作为一名非合伙律师，这很有趣，因为你身处一个被规制的世界。作为合伙人，你处在一个完全不受管制的世界。这是一个完全自由的市场体系。我在内部做收集工作所花的时间比在外部所花的时间多，因为显然这样更好，胜算更大。问题在于，我是在与其他合伙人竞争，而且问题是——不仅是初级合伙人这样说，我想高级合伙人也是这样说的——你不担心这个大楼外的竞争，你担心的是这个大楼内部的竞争。(#101)

相信这一过程不受规制，会让一些合伙人感到，尤其是获客分数的分配可能相当不可预测。当被问及在他所在的律师事务所中能分享多少获客分数时，一位收入合伙人回答说：

> 嗯，这取决于个人。就它应该是什么样子，有某种准则，但是它实际上是怎样的，这取决于你是谁，你在哪个团队，你在和哪个合伙人打交道，等等。有很多不同的因素。我想要说的是，如果你在这个项目上做了这么多工作，你就会得到这部分获客分数，但是事实并非如此。这是完全不可预测的。这是狂野的西部。(#101)

另一位合伙人描述了他作为两个团队的一员，试图从现有委托人那里赢得新业务时的不同经历：

> 如果我是获客者，这意味着我在某种程度上对委托人作出选择我们的决定很重要。所以可能是关系合伙人在做推广，但是他把我放在了推广手册的前面和中心。他说："这就是你们选择我们而不是其他人的原因，因为我们有公司业务团队，我们让这个合伙人参加规制团队来支持它。"你知道，这个关系合伙人碰巧很慷慨而且他做事情正确。
>
> [另一方面，]有一笔交易我没有参与获得该业务，但是我对它的完成有帮助。现在，如果我是另一位合伙人，我会修改获客分数以反映我的角色，但是他选择不这么做。所以，你知道，这是有风险的事。
>
> （#103）

从呼风唤雨者那里寻求获客分数的合伙人的交涉筹码，将取决于新事务的大小，该事务对于律师事务所商业战略的重要性，非呼风唤雨者的服务有多么关键，这个合伙人是否能够在未来将工作转介给第一个合伙人，以及两个合伙人之间的私人关系。这也可能取决于合伙人在有权获得获客分数的合伙人的持续工作中所扮演的角色的重要性。一个经常担任关键副手的合伙人，与一个偶尔在某事务的狭窄技术层面上工作的合伙人相比，更有可能获得一些分数。

服务合伙人的交涉筹码，也将取决于是否有其他合伙人愿意为呼风唤雨者工作。服务合伙人的薪酬中最重要的部分是他从计费工时中产生的创收。因此，一个服务合伙人需要一个稳定的工作流程。这种需求可能会阻止他在呼风唤雨者那里过于努力地争取分数，因为他担心自己会建立起一种声誉，导致这些合伙人在需要帮助时转向要求不那么高的人。

如果服务合伙人不满意，他们在律师事务所内部通常没有讨价还价的筹码，特别是当他们主要与一两个日常为他们"提供"工作的呼风唤雨者工作时。如果这些呼风唤雨者决定离开,服务合伙人实际上需要跟随他们,否则就会发现自己在律师事务所里找不到工作。同样,一个没有自己案源的服务合伙人在横向流动市场上也不是特别有吸引力。因此,他跳槽到另一家律师事务所的能力有限。

女性和内部市场

在非正式的内部分数市场中,女性可能处于特别不利的地位。一项研究表明,84%的非少数族裔女性股权合伙人和82%的非少数族裔女性收入合伙人报告称,在过去3年里,她们被剥夺了公平份额的获客分数(Williams and Richardson 2010, 634)。总体上,约86%的少数族裔女性合伙人也报告了同样的情况。

这些结果可能反映了女性就有关情况进行交涉和谈判时所面临的挑战。对公司经理的研究表明,与男性相比,女性更不可能发起谈判,更不可能认为有关情况是可以谈判的,而且就谈判而言,比男性更焦虑(Babcock et al. 2006; Babcock and Laschever 2003)。这一趋势在进入劳动力市场的毕业生中也很明显。一项研究发现,57%的男学生试图就他们的初始薪酬进行协商,而只有7%的女学生这样做(Babcock and Laschever 2003)。就像一些学者指出的那样,"与男性相比,女性不愿发起谈判,这可能是组织内部资源——如薪酬——分配不对称的一个重要且尚未充分探索的解释"(Bowles, Babcock, and Lai 2007, 85)。

研究表明,这种不情愿并不仅仅是因为胆怯或缺乏技能,而是可能反映了对妇女因断然开始谈判和讨价还价而遭受的潜在"惩罚"的敏感性。正如一些学者所说的那样:

> 研究表明,女性往往比男性表现得更谦虚,而这种谦虚的自我表现方式往往会削弱人们的能力,尤其是与那些以典型的男性化的方式自

我推销的人相比。然而,如果女性试图通过一种更男性化的自我推销方式来克服这一"缺陷",她们就会被视为技术娴熟但是缺乏社交能力的人。(Bowles, Babcock, and Lai 2007, 85)

研究证实并说明了这一现象的运作。例如,一项研究发现,男性评估者在试图协商更高的薪酬时,对女性的"惩罚"要大于男性。正如作者所描述的那样:

> 男性明显更倾向于与更友好、要求更少的女性共事,这些女性会不加评论地接受她们的薪酬,而不是与那些试图争取更高薪酬的女性共事,尽管他们认为那些直言不讳的女性和那些持异议的女性一样有能力。(Bowles, Babcock, and Lai 2007, 99)

在律师事务所的情境中,这种"惩罚"可能特别重要,因为许多合伙人——尤其是服务合伙人——必须与呼风唤雨者建立良好的关系,以获得足够稳定的业务流,从而被视为具有生产力。

研究还表明,女性不愿谈判受到"情境模糊性"的影响(Bowles, Babcock, and McGinn 2005, 952)。这反映了某种情境在多大程度上具有为各方彼此互动提供明确指导的特征。这种模糊性越大,双方越不了解谈判范围的局限性和协议的适当标准。在这种情况下,"缺乏明确的协议标准(如基准或者焦点),或者存在多种可能的标准,造成可能协议范围的不确定性"(953)。这种模糊性是在律师事务所内部市场就分数进行议价的特征,而内部市场通常不受律师事务所规制,而是取决于人际动力学。因此,在这个市场上,女性可能特别不愿意就获客分数发起谈判。鉴于这些分数的重要性,这种不情愿也许会加剧影响妇女薪酬的任何其他不平等来源。

一位杰出的学者建议,组织可以通过"使职业机会、资源或奖励具有可协商性和使实现这些目标的标准更加透明"来减少性别动力学的影响(Bowles 2012, 28)。这将要求律师事务所通过提供更多关于如何分配分数的指导,来限制呼风唤雨者的自主权。可以想象,律师事务所可能不太愿意这样做,因为如果呼风唤雨者对现状不满意,他们可能就会跳槽到其他律师事务所。

律师事务所薪酬制度的透明度也会对女性的公平感产生一定影响。一位女性合伙人描述了她对一些律师事务所的不公开薪酬制度可能会令人对决策产生怀疑的理解:

> [我能理解人们如何支持]一个封闭的薪酬制度,因为……你不会有合伙人之间为争夺分数而发生的内讧。[但是我认为]当你有一个封闭的薪酬制度时……它会使一些问题永久化。女律师面临的一个大问题是,如何界定开票收费合伙人和管理合伙人的分数。当存在一个黑盒薪酬制度时,委员会没有必要就他们如何作出决定进行很多沟通,这就留下了很多悬而未决的问题。(#239)

她还指出,任何律师事务所的薪酬透明度都不足,无论它是否采用不公开制度,都可能引起关注:

> [我们律师事务所]也不太善于向人们传达幕后的真实情况。我认为,问题的一部分在于谁来作这些决定:最终,开票计费合伙人才是有权决定谁能获得管理分数、谁不能获得该分数的人。你知道,你可以随心所欲地对机器发火,但是如果你不是决策者,没有对决策者的制约,你只会感到沮丧。(#239)

因此,薪酬决策的模糊性会使女性处于不利地位,特别是如果她们不愿为自己辩护,担心引发反弹,从而削弱她们在律师事务所内部市场获得工作的能力。这种模糊性,可能会加剧表面上的客观薪酬指标是不太明显的性别动力学的产物的程度(Rhode 2011,2014;Ridgeway 2011;Wald 2010,2015)。

小　结

因此,律师事务所内部市场对律师事务所用来设定合伙人薪酬的最重要数字具有重要影响。然而,与律师事务所正式的薪酬决定不同的是,大多数合伙人认为这个内部市场基本上不受规制。许多律师事务所试图鼓励合伙人分享获客分数,但是律师事务所通常对明确推翻合伙人关于分数分配的决定感到不安。因此,内部市场的大多数结果反映了个人的个性和非正式的谈判。我们的研究并没有系统地评估这种情况对女性的影响,但是其他学术研究认为,这种不受规制的市场对女性来说可能尤其成为问题。

结　论

从将商业和职业关切视为具有固有的对立性的角度来看,现在大型律师事务所的薪酬决定似乎是以牺牲职业价值为代价的商业考虑主导的。薪酬作为商业战略的一个重要工具,对经济指标更加重视,以及在决定薪酬方面获客越来越重要,这些都表明,律师事务所奖励合伙人的方式现在是严格由商业底线驱动的。

然而,现实更复杂。与几十年前相比,在晋升为股权合伙人以及此类合伙人的薪酬方面,商业关注显然发挥了更重要的作用。与此同时,合伙人对薪酬制度的解读可能更加微妙,这反映出这样的看法,即薪酬制度在不同程度上结合了商业关注和职业价值。

假设最近的薪酬趋势代表着大型律师事务所内部的商业逻辑战胜了职业逻辑,那么就将一个更为复杂的现实过于简单化了。政策和做法的意义在很大程度上取决于这些律师事务所的律师如何解读它们。也就是说,律师事务所内部商业逻辑与职业逻辑之间的共存或者对抗,不仅是律师事务所的客观物质特征,而且是合伙人如何感知律师事务所内部这两种逻辑之间的关系的问题。

这反映了这样一个事实,即律师事务所内部的薪酬不仅代表着分配经济回报的物质经济,而且代表着分配职业尊重的象征经济。就像我们将在下一章讨论的那样,对这一经济如何分配后一福祉的看法,会对律师事务所文化、律师对作为职业人员的自己的理解,以及他们对律师事务所中商业和职业逻辑的相对影响的看法产生深远影响。

7/
薪酬的象征经济

薪酬的数额和薪酬的确定方式都在很大程度上塑造着组织文化。特别是薪酬制度会影响合伙人将自己视为相对自给自足的自由人或者律师事务所内部更大的相互依赖的社群的成员的程度。就像一位合伙人所提出的那样：

> 如果[你在一个]薪酬制度[中]是自食其力的，那么你跳槽就更容易。你的根基不会从你狭隘的群体中延伸出来，因为你不需要依靠任何人来获得自己的创收和薪酬。(#16)

前一章描述了大型律师事务所现在如何更明确地将薪酬作为商业战略的一个关键工具，以及他们如何更加重视创收，将其作为股权合伙人晋升和薪酬的基础。它还表明，这些策略并不一定意味着商业逻辑支配着这些律师事务所。律师事务所仍然可能寻求创造一个环境，也提供非经济回报，即我们认同的职业主义。

律师事务所能在多大程度上有效地利用其薪酬制度来创造这样一种环境，在很大程度上取决于合伙人赋予该制度的意义。要理解律师事务所合伙人薪酬实践的意义，我们必须认识到，此类实践不仅仅是一个分配经济回报的过程。当合伙人谈论薪酬时，他们往往提及提供他们作为职业人员的生活意义的金钱以外的价值来源和标准。这反映了一种更普遍的现象,即金钱具有超越其物质意义的强大的象征意义(Zelizer 1994)。

令人惊讶的是,在我们的研究中,有许多律师提到他们的薪酬金额远远超过了他们合理的预期或者应得的数额。例如,某位律师说:"我跟我的孩子和妻子谈过这件事。那是一大笔钱。我几乎为此感到内疚,我不是在开玩笑。"(#79)另一位律师则若有所思地说:"当我望向窗外时,我在想,为什么我能得到这么多的薪酬,而其他有才华、受过良好教育的人却挣得不如我多。"(#72)另一位合伙人说:"当我听到有人认为应该比现在赚更多的钱时,我总是很震惊。我们的工资都过高了。"(#53)

即使考虑到一定程度的矫情,这些自发的评论也表明,对薪酬的关注并不仅仅是为了追求经济利益。相反,它反映了这样一个事实:在现代律师事务所中,薪酬同时是两个不同经济的一部分。薪酬的物质经济分配经济回报,而薪酬的象征经济分配能够塑造职业认同感的非经济的尊重利益。律师事务所分配尊重的隐含标准,对其创造律师事务所特有资本的能力具有深远的意义,这种资本有助于维持一种培养职业价值的文化。

薪酬具有这种双重特性的事实,不应令人感到惊讶。正如一位学者所说的那样,"金钱可能是当代生活中最有情感意义的客体:它的竞争对手只有食物和性,它们是强烈而多样的情感、意义和奋斗的共同载体"(Krueger 1986,3; see also Furnham and Argyle 1998; Mitchell and Mickel 1999)。此外,这些意义不仅仅是独特的个人解释的产物。它们的出现是由于一个人在社会关系中的位置。另外两位学者说,"像所有其他社会客体一样,金钱的意义取决于它的用途和情境"(Carruthers and Espeland 1998, 1386)。因此,"试图识别货币具有的普遍代表性属性,并将这些属性与其含义联系起来,是一种误导。金钱的意义并不取决于所有金钱所共有的某些特征。相反,它的意义取决于人们在特定的情境中如何使用它"(1387)。

在律师事务所薪酬的背景下,决策和谈判不仅是关于钱的问题,而是关于商业技能和更传统的职业技能在多大程度上构成了特定律师事务所分配尊重的基础。因此,它们代表了这样的努力,即在现代律师事务所中界定商业逻辑潜在的全面影响的边界。

概　述

律师事务所的象征经济体现了每位合伙人在律师事务所的受重视和受尊重程度。这种经济模式将分配两种形式的尊重:非个人的和个人的。在合伙人认为薪酬公平的情况下,它会分配不带个人色彩的尊重。如果一位合伙人认为自己得到了公平的薪酬,那么他认为自己得到的待遇与律师事务所里其他同等合伙人的待遇是一致的。这种信念使他相信,每个人的贡献都是通过一个公平适用的共同标准来评估的。这意味着律师事务所的薪酬过程反映了形式平等的价值:律师事务所不会厚此薄彼,也不会根据与业绩无关的标准来确定薪酬(Lowe 2012,7)。[①] 这传达了一种非个人的尊重感。一位合伙人这样说:

> 如果[薪酬]看起来厚此薄彼,或者如果人们觉得自己作为个人在制度中不受尊重,或者一些人为了自己的利益而不是律师事务所的利益而玩弄政治或者固守立场,那么我认为这会给律师事务所造成严重的分裂。(#122)

象征经济分配个人尊重,使合伙人相信他的薪酬反映了他为律师事务所的成功所做的特定贡献。这种形式的贡献可能不能完全体现在薪酬决策使

[①] 值得注意的是,最近一项关于律师事务所薪酬的全面调查表明,"到目前为止,对薪酬满意度不满意的最主要原因仍然是任人唯亲,超过了所有其他列举原因的总和"(Lowe 2012,7)。

用的数字指标中。它包括一些不太容易衡量的行为,比如对同事慷慨大方、与他人有效合作、指导初级律师、做高质量的法律工作、代表律师事务所承担责任、参与社区和公益活动。一家认可这些传统的职业尊重来源的重要性的律师事务所,通过保证合伙人的报酬不会仅仅由经济生产率来决定,从而给予合伙人个人尊重。

从某种程度上说,合伙人对薪酬的满意程度反映了他们对自己在象征经济中的地位的满意程度,与仅仅基于经济利益相比,他们可能会培养出与律师事务所的更深层次的纽带。这些联系可以为他们提供内在的动机,从而为律师事务所的利益行事。这种忠诚通常转化为一种律师事务所的特有资本,这种资本可以缓冲律师事务所所受的许多离心力。这种稳定性可以使律师事务所培育一种不完全由市场力量驱动的独特文化。

尽管律师事务所正式薪酬决定是薪酬象征性经济的重要组成部分,但不是唯一的组成部分。正如我们在第 6 章中所描述的那样,许多影响合伙人报酬的活动,发生在获客分数和计费工时的内部市场中的各个合伙人层面上。合伙人在这个市场上行事有很大的自由。许多合伙人对律师事务所劝诫分享分数和工作的做法是否会产生普遍的慷慨风气持怀疑态度。然而,考虑到始终存在的风险,即一个呼风唤雨者可能会决定跳槽到另一家管理、要求不那么严格的律师事务所,律师事务所能推动合伙人在这个市场上表现得宽宏大量的程度①是有限的。这对那些试图通过薪酬向合伙人传达职业尊重的律师事务所来说是一个挑战。

换言之,薪酬的象征经济在两个层面上运作。第一个层面是律师事务所决定薪酬的正式程序。第二个层面是关于获客分数和计费工时的非正式谈判。前者是由一个中央权威机构规制的,这意味着律师事务所有能力直接决定结果。然而,后者在很大程度上是不受规制的,这意味着律师事务所必须

---

① 意思是合伙人与他人分享获客分数意愿的大小。

更多地依靠灌输非正式规范和组织文化的努力来影响行为。律师事务所在这方面的成功程度会对象征经济的公平感产生重大影响。

金钱与尊重

将薪酬概念转化为象征经济的一部分,反映了合伙人可能认为薪酬不仅是他所获得的经济回报的数量,而且是对他作为一名律师的价值的判断。在这种经济环境下,合伙人对薪酬的关注反映出他对自己在律师事务所内所享有的职业尊重的敏感性。这种尊重可能是研究人员所说的"基于组织的自尊"的基础(Gardner, Van Dyne, and Pierce 2004)。这反映了"对作为组织成员的个人充分性和价值的评估……具有高度组织性自尊的雇员认为他们在雇用他们的组织中是重要的、有意义的和有价值的"(310)。

律师事务所的合伙人可能特别倾向于将薪酬解释为他们在律师事务所的价值的象征。大多数律师事务所缺乏一个健全的系统,无法就合伙人的表现提供有意义的、及时的反馈,而在会计和管理咨询组织等其他职业服务机构,这种反馈更为常见(DeLong, Gabarro, and Lees 2007)。相反,律师事务所往往认为,薪酬的多少传达了关于业绩的信息。

因此,在许多律师事务所,薪酬即使不是唯一的,也是重要的业绩指标。"我把薪酬看作对你的评价,"一位收入合伙人说。"作为合伙人,没有人会告诉你你做得如何,或者和其他人相比你做得如何……所以当你拿到薪酬的时候,你就会知道你是否受到重视,你是否被认为做得很好"(DeLong, Gabarro, and Lees 2007, 164)。

在律师事务所中薪酬如此重要的另一个原因是,律师事务所通常缺乏其他方式来表达对合伙人的认可。例如,公司企业通常会依靠特别奖励、有选择性的培训机会、晋升或者新头衔来表达对成就的尊重。然而,律师事务所是相对扁平的组织,没有高度差异化的组织职位和头衔。

因此，有些合伙人除了知道自己得到了多少薪酬外，可能对自己做得有多好没有任何清晰的认识。正如一位合伙人所说的那样，"我们有冒充者情结，我们都害怕有一天我们会被发现自己是骗子。我们都没有安全感，我们都在寻求被认可，我们衡量认可的方式是我们得到薪酬的多少"（#179），某位合伙人讲述了如果律师事务所付给他的薪酬低于他估计的应得金额，他会做何反应：

> 在我给你的例子中，如果我得到的比我要求的少，我肯定会觉得他们没有以他们应该的水平来评价我的工作。根据我的生活经验，我倾向于认为，人们在很大程度上受自我价值感和希望被人喜欢的心理驱使。我认为这是非常根深蒂固的现象，薪酬是关于这一点的客观衡量方法。（#94）

因此，薪酬的差异造成了一种风险，即那些收入较低的人可能会把他们的薪酬解释为缺乏来自律师事务所的尊重。例如，合伙人可能认为，他对律师事务所忠诚，多年来一直参与律师事务所的公民活动。然而，他可能觉得律师事务所不重视他的忠诚，因为他得到的报酬比一个拥有大量案源的新来的横向流动人员的要少。就像某位合伙人所说的那样：

> 你会看到来了很多横向流动人员；你用更高的薪酬吸引他们。这样，在这里工作了很长一段时间的人就会说："你知道，我已经在这里工作了20年，迄今为止另一个人还没有为律师事务所做任何贡献，进来就比我赚的钱更多。"……所以人们会说："嗯，他们认为忠诚是理所当然的，在市场上以你的价值进行交易会得到溢价，所以我应该做的是威胁离开，除非他们给我更多的钱——或者我应该离开，然后我作为横向流动人员再回来！"（#52）

与此类似,合伙人可能会认为,他和薪酬更高的同事一样努力工作,但是他的薪酬较低,表明律师事务所对他工作的重视程度不如他的同事。呼风唤雨者和服务合伙人代表了评估律师的不同方式。前者代表的是新兴的商业和营销方向,已成为律师事务所的必要。相比之下,服务合伙人则体现了传统职业理想中的价值观,即做好工作,而这些合伙人有时会感到没有得到足够的尊重。正如一位服务合伙人所言,呼风唤雨者与服务合伙人在薪酬方面的差异"恰恰反映了你在律师事务所的相对重要性"(#72)。

律师事务所的薪酬制度在两个层面上分配尊重:(1)律师事务所的晋升和薪酬决策;(2)内部市场上的合伙人之间就分数和计费工时进行的谈判。

尊重与晋升

正如我们在前一章所描述的那样,最近几年,大型律师事务所中晋升为股权合伙人的比率有所下降,因为律师事务所越来越强调晋升的"商业理由"。在一些律师事务所,晋升是从非合伙律师到股权合伙人,而在大多数律师事务所中,晋升是从收入合伙人到股权合伙人地位。这样的晋升是薪酬过程中的一个重要方面,因为它改变了薪酬的基础,从工资到有权分享律师事务所的利润。在这方面,晋升过程是律师事务所物质经济的一部分。

然而,收入合伙人也将律师事务所的晋升过程解读为一种关于尊重的信号。这一信号尤其取决于律师事务所在多大程度上让他们充分了解个人晋升为股权合伙人的可能性。考虑一下一位收入合伙人对他为什么不想无限期地拥有这种身份的描述:

> 我对此不感兴趣,因为肯定会有一等公民和二等公民。某些合伙人更多的利害关系,有更多的发言权,当我继续我的职业生涯时,我想继续沿着这条轨迹前进,有发言权,并能够与我的合伙人们平起平坐,

这样我们就可以谈论我们面对的挑战并选择一条前进的路径。(#23)

因此，如果律师事务所提供晋升为权益合伙人的指导，就可以表明对收入合伙人的尊重，而如果不这样做，则会让收入合伙人觉得自己不受重视，事业陷入了死胡同。一位收入合伙人提出了律师事务所应当如何解决这个问题：

> 我想，特别是在合伙初期，应该有一个正式的流程，而不仅仅是一直照顾你的人的好意。在这个流程中，律师事务所管理层会坐下来，说说我们的情况是这样的，你们在做什么，你们是怎么做的，律师事务所能提供什么帮助。这真的是一个简单的问题，让[人们]感觉他们有一个未来，并给他们证据，这与被尊重和关心的感觉联系在一起。(#98)

另一位参与薪酬决策的合伙人承认，服务合伙人可能会感到，他们在其他地方缺乏很多机会，这使得他们在薪酬方面比呼风唤雨者更容易受到亏待：

> 你试着解释你为什么要做你所做的事情，市场就是市场，事实上，他们中的大多数人，尽管他们不喜欢该市场，但都是非常聪明的人。他们知道，如果他们明天离开，他们对我们来说更有价值，得到的薪酬比在其他任何地方都要多。现在我不会把这些话强加给他们，我不认为这是有建设性的，但这是事实，而且是可悲的事实。
>
> 这种经济状况以及防止人们被挖走的持续努力要求更多的薪酬从服务人员手中流向生产者。这种情况发生在过去的五六年里，在过去的三年里变得更加严重。毫无疑问，这确实对士气构成了威胁。(#10)

律师事务所3试图解决收入合伙人晋升机会有限的问题，方法是利用薪酬提供暂时的经济奖励，以平衡无法获得晋升的情况。一位收入合伙人描述了这一过程：

> 我知道就那些没有成为股权合伙人并被告知连续二年不能成为股权合伙人的人，律师事务所正在使用薪酬机制使基本上不能成为股权合伙人的人释怀。我们的想法是，给他们一个与一年级股权合伙人相当的薪酬水平……[律师事务所必须]找到让他们满意的方法，即使他们在股权合伙人队伍中没有位置。(#103)

在这种情况下，薪酬不仅意味着物质回报的增加，而且意味着承认，律师会因为无法晋升为股权合伙人而感到失望。在这个意义上，额外的薪酬分配象征了经济方面的尊重。

因此，晋升过程可以在律师事务所内部就尊重进行沟通方面发挥作用。正如本章的其余部分所讨论的那样，股权合伙人的薪酬过程可以在象征性经济中发挥更重要的作用。

律师事务所薪酬决策

分配正义

相当多的研究表明，人们对薪酬的满意程度隐含关注的，不是他们获得的绝对金额，而是薪酬额与他们认为自己应得的金额之间的比较(Gerhart and Rynes 2003, 61)。因此，对薪酬的满意度，"是一种感知薪酬水平与雇员认为他或者她的薪酬'应该'是什么之间的差异的函数"(60-61)（着重号为原文所加）。

人们如何确定他们认为自己应得的数额？许多社会科学研究证实了我们大多数人凭直觉就知道的一个道理：我们对自己的薪酬的满意程度，取决于它与我们视为同侪的其他人得到的薪酬相比如何（Adams 1963；Festinger 1954；Kulik and Ambrose 1992；Lee and Martin 1991）。

律师事务所的合伙人表示，由于与他人比较而对薪酬感到不满，是律师事务所生活中普遍存在的一个特征。一位合伙人描述了一位同事会多么专注于与他相比别人赚了多少钱："人们会莫名其妙地受到影响。为什么那个人比我多赚了50美分？多赚50美分的人根本不在乎，而少赚50美分的人疯了"(#14)。另一位合伙人说：

> 以前每次有人进来就他们的薪酬发牢骚时，我们都会进行这样的对话。他们会这样开始："首先，我想说的是，我赚的钱比我以前想象的要多——但是为什么他比我多赚了5美元呢？"律师总是想赢得金牌。(#10)

还有另一位合伙人说：

> 你知道，很多律师是这样的，"哇，我赚了60万美元。这是一大笔钱。我从来没有想过我会赚那么多钱——但是等一下，我觉得隔壁的那个人赚了65万美元。但是你知道我比他聪明，因为我在法学院的成绩比他好"。由此你知道律师是什么样的人了。(#111)

一位收入合伙人描述了与和他一起工作的股权合伙人相比，他对自己薪酬的不满：

> 收入合伙人：我失去了热情因为我觉得被耍了。
> 访谈者：怎么被耍了？
> 收入合伙人：非股权合伙人的收入要比股权合伙人少得多，就是这

样。虽然我很喜欢我的很多同事,也很感激他们中的一些人对造就今天的我起了很大的作用,尽管如此,这不是一个慈善机构,我工作非常努力,我和很多其他人一样努力工作,他们的工资比我高得多。(#98)

对这个收入合伙人来说,相关的输入是某人工作有多努力。他对薪酬的不满在于,他认为那些工作不如他努力的人得到了更多的经济回报。

合伙人也可以将进入律师事务所的横向流动合伙人作为评估自己薪酬的标准,前提是这个人的信息是可得的。某合伙人指出:

> 我逐渐习惯的一件事——这一直是薪酬方面和律师事务所内部的发生摩擦的领域——我称之为"人人都喜欢横向流动"现象,横向流动市场占据主导地位,横向流动人员出现了。[当]你把他们纳入薪酬结构时,他们的薪酬水平远远高于他们在本土成长所能达到的水平。存在自然的摩擦……结果是人们认为,我在公开市场可能比在自己的律师事务所更好。(#23)

如果合伙人坚信自己多年来为律师事务所作出了新合伙人没有作出的重要贡献,这可能会加剧合伙人的不公平感。某合伙人就高薪横向流动人员的到来,也赞同这个观点:"引入那个新团队很重要,这一点他们可能是对的,但是这样做会稀释那些已经在这里待了一段时间、一直为律师事务所奉献的人的股份价值"(#72)。

合伙人也可能将其他律师事务所中那些他们认为为律师事务所作出类似贡献的人作为薪酬基准,比如在同一业务领域工作的人或者为类似类型的委托人工作的人。职业人员尤其有可能将组织以外的人作为同侪(Kulik and Ambrose 1992, 224–225)。关于这些人的信息通常比关于组织内部人员的信息更难以获得。然而,对于律师事务所的合伙人来说,关于其他事务所合伙人赚多少钱，有相当多的信息。法律媒体是此类信息的来源之一，但是在提供其他律师事务所薪酬信息方面，搜索公司或者"猎头公司"可能扮演着最重要的角色。

即使是一个不积极在其他律师事务所寻找工作机会的合伙人，也可能会在日常工作中通过猎头的电话获得足够的信息，从而知道如果他进入市场，其他律师事务所准备支付多少钱。这样，合伙人可以选择另一家律师事务所的某个人作为评估他当前薪酬的基准。

大多数律师事务所确定了用于确定薪酬的因素，许多律师事务所还提供了关于所有合伙人的获客、计费工时、实现率和其他在确定对律师事务所的贡献时考虑的因素的广泛信息。增加了个人寻找具有相似输入的合伙人作为比较基础的可能性。

大多数律师事务所没有详细说明薪酬委员会如何在特定案例中权衡各种因素。许多律师事务所还让薪酬委员会自行决定，可以主观地评估合伙人在经济指标之外的贡献，这反映出一种观点，即不可能预先明确某个人可能对律师事务所的成功作出的所有贡献。通过考虑影响绩效的个人情况，律师事务所鼓励和奖励组织性公民活动，并通过建立合伙人认为公平的薪酬制度，来增加律师事务所特有资本。

在理论上，一定程度上依靠主观评估，可以通过评估合伙人为律师事务所作出贡献的特定方式，并认可在这一过程中遇到的任何困难，来尊重他作为一个独特的人。这可以帮助解决保证博弈，即传达个人经济生产率不是律师事务所忠信的唯一价值。

一位合伙人将他所在的律师事务所的薪酬制度与一种他称为"自食其力"的方式进行了对比：

> 自食其力是在年底，你按下电脑上的打印键，它就会生成所有的数字，这些数字都将被计入薪酬——这就没有管理的意义了。在我们宣

布奖金和基本薪酬之前,我们会花 3 个月的时间[审查数据]。我们为什么要这么做?因为它不是自食其力,而是基于质量上的贡献标准。我们找到每一个合伙人,然后说,"好吧,数字表明了这一点,还有什么我们需要知道的吗?"(#83)

例如,合伙人可以同意在某件事上不代理某一委托人,以避免冲突,否则该冲突会迫使律师事务所放弃代理一个潜在的有价值的新委托人。或者,她可能会把时间花在一个重要的公益案件上,或者在某事务上为委托人提供高质量却不能带来大笔营收的工作。在薪酬上承认这些贡献,表明律师事务所既重视反映了商业价值的贡献,也重视反映了职业价值的贡献。就奖励那些不能直接产生营收的活动来说,律师事务所可以被看作有钱不赚。

与此类似,就像我们在第 4 章中描述的那样,律师事务所可能会让一位合伙人的薪酬相对稳定,即使他正在建立一个新的业务领域,不会立即产生营收。这反映了律师事务所对合伙人进行投资的商业逻辑,但是合伙人表示,律师事务所愿意支付高于当前指标要求的成本,并承担投资可能无法获得回报的风险,这也表达了对合伙人职业发展愿望的尊重。

一位收入合伙人提出,律师事务所可以利用由主观评估提供的自由裁量权,做更多的事来奖励那些忠于它的人:

这里我们要说的是那些土生土长、了解律师事务所、认识这里的人、对律师事务所有一定亲和力的人,而不是那些仅仅为了薪水而来的人。所以我认为这提供了一些价值,而且不需要花太多的钱让这些人高兴。如果你只投一笔小额的钱,比如 5 万美元、3 万美元,我认为在这种经济形势下人们会很高兴,并留在这里,努力做他们需要做的事情。

(#101)

那些根据主观评价其薪酬高于数字指标的人可能会觉得律师事务所尊重他们,因为他们的薪酬不只是基于"数字"。这可以被视为一个信号,表明律师事务所不只是关心短期的经济回报和产生它的行为。相反,律师事务所认识到,人们通过表现出职业价值的合作行为,作出了贡献。

律师事务所还有机会通过惩罚违反共治准则和可接受行为的合伙人,确认客观经济指标之外的因素的重要性。正如一位合伙人描述的那样:

> 我们看到了所有的数字。然后我们会说,"好吧,这表明这个合伙人应该赚60万美元",然后业务团队的领导会说,"哦,不,他不应该,因为——我看到过这种情况——这个人对他的秘书太粗鲁了,我们需要传达一个信息,以便让这个人知道在数字上他应该得到60万美元,但是我们给他52.5万美元"。只要他看到自己的薪酬数字,他就会坚持要和我们见面,我们已经准备好见面了。我们说,"我们是认真的。我们不能在这个律师事务所大吼大叫,不能贬低他人,也不能瞧不起他人。这不是我们的文化"。现在,一些横向流动人员不习惯这一点,所以我们必须帮助他们。(#83)

在极端情况下,如果合伙人的行为令人难以接受,即使他创造了可观的营收,律师事务所也可能会惩罚他,甚至要求他离职。这可以发出一个强有力的信号,表明律师事务所愿意为了非经济价值而有钱不赚。

因此,一个带有主观薪酬成分的制度可能会产生这样一种期望:律师事务所看重的某些东西比数字更重要,比如组织的公民身份或者合伙人的工作质量。当这一期望得到满足时,合伙人就会觉得,他对律师事务所的广泛贡献是受到重视的。这可以通过传达一种至少在依赖商业逻辑和职业逻辑之间达到某种平衡的感觉来帮助解决保证博弈。然而,当这种期望没有得到满足时,它可能会导致幻想破灭,并认为薪酬实际上只是狭隘的经济指标——

换言之,商业逻辑占主导地位,职业逻辑处于边缘。

因此,在薪酬过程中为主观评估提供空间的律师事务所可能会发现,它提供的自由裁量权是一把"双刃剑"。一方面,它可以增强合伙人的个人受尊重感;另一方面,它可能会增加人们将相对较低的薪酬理解为对个人的不尊重的表征的风险。提供作出主观判断的自由裁量权,也会带来一种风险,即人们会认为薪酬过程不可预测、不透明。这可能会造成对偏颇的担忧,尤其是对管理层及其朋友的偏颇。

许多律师事务所的紧张局势是,管理层可能认为,商业压力限制了他们对于盈利能力没有直接关系的因素给予重视的能力。例如,一位薪酬委员会的合伙人描述了一些合伙人的信念,即他们工作的智力质量应该是决定薪酬的主要因素:

> 我和我的一个合伙人讨论过。他总是说我们应该根据有多聪明来对人们进行奖励,我说,"你知道吗,问题是:委托人会就此投票。你可能真的很聪明,但是如果人们不雇佣你,那就是个问题了。你可能觉得自己比隔壁的那个人聪明,但是委托人喜欢他,他们一直雇佣他"。(# 111)

重要的是要认识到,对分配正义的看法可能比简单比较薪酬数字所显示的更为复杂。关于这一点的一个例子就是利差的意义。正如我们在第 4 章中讨论的那样,这是律师事务所中权益合伙人最高和最低薪酬的差异。有人可能会认为,利差越大,律师事务所受商业逻辑驱动的程度就越高,处于等级低端的人的不满程度也就越大。然而,这未必是真的。首先,许多不是呼风唤雨者的合伙人认为,向呼风唤雨者提供高额薪酬是合适的。随着长期委托人关系的衰退,所有的合伙人都明白,同事能带来委托人是多么重要,服务合伙人也很欣赏呼风唤雨者提供的工作流。就像一位合伙人说的那样,"我一直在说,不管我做多久合伙人,我都不在乎乔(Joe)是否赚了大钱。我很感激他为我创造了工作,这并不困扰我。在薪酬上[我们应该]尽我们所能来留住他"(#119)。

与此类似,另一位自我描述为服务合伙人的人说:

> 我认为,对于那些带来业务的人,应该给予适当的薪酬和认可。我的意思是,我想也许在过去,当委托人更忠诚的时候,呼风唤雨并不是什么大事,但是在今天的法律市场上,竞争非常激烈,很多不同的律师事务所都有很多聪明的人,所以如果有人有能力和才能引进并维护委托人关系,我对他们得到很好的薪酬和待遇没有意见。(#154)

此外,律师事务所中许多合伙人有重大利差的意义可能是,它反映了律师事务所选择包容在产生不同创收水平的业务中作出各种贡献的合伙人。我们在第4章中提到,律师事务所4和律师事务所6在提供广泛的服务方面采用了这种理念。结果是,律师事务所4有一个特别大的利差。正如该律师事务所的一位合伙人所说,"我们对合伙有一个宽泛的定义。这种差别之所以可以被接受,是因为人们明白你的薪酬是根据你的贡献来定的,而你的贡献是不同的"(#151)。这些差异可能反映了不同地域市场的不同费率结构,服务更复杂或者更常规上的差异,以及个人对其业务的选择。

律师事务所4的另一位合伙人是这样解释该律师事务所的利差的:"一方面,我们有些人带来了大量的工作,而且一直在工作,从经济角度来看,他们非常有价值。另一方面,还有一些合伙人没有这么做但是我们希望他们作为合伙人继续留在律师事务所。"因此,律师事务所薪酬差异有助于"让人们团结在一起,并建立一种比其他律师事务所更友好、更温和的文化"(#119)。

律师事务所4的另一位合伙人形容他的律师事务所的利差反映了"个人对生产率的选择,这在我们的文化中是可以的,而在其他律师事务所的文化中,我认为这会给你带来一些压力"。这家律师事务所的另一位合伙人说,律师事务所需要确保处于薪酬较低层级的人有机会上移。"那些不能或根本不在乎的人可以继续留在律师事务所,享受自己的工作,并继续作出贡献,这样我们的境况会更好"(#137)。而律师事务所 4 的另一位合伙人解释说,与其他律师事务所相比,"我们绝对是一个大天地,我们绝对更能包容不同人的选择"(#145)。从这些方面来看,股权合伙人薪酬的巨大差异可能反映出律师事务所希望建立一种包容性共治文化,而不是仅仅出于经济考虑。

与包容性的愿望一致,一些律师事务所可能会利用薪酬上的差异来处理在其他律师事务所被视为需要终止关系的生产率水平问题。正如我们所描述的那样,一些律师事务所为合伙人建立了让他们留在律师事务所或者决定放弃他们认为利润不足的业务领域的最低创收水平。那些不愿意采用这些方法的律师事务所,可以使用薪酬调整作为终止关系的替代性方案。

就像律师事务所 4 的一位合伙人对她所在的律师事务所的理念所描述的那样,"我们倾向于认为,我们会在薪酬过程中处理这个问题,而不是解雇那些没有生产力的合伙人或者削减 10% 的合伙人"(#128)。律师事务所 4 的另一位合伙人证实,"我们不会要求员工离职,而是通过薪酬的方式来解决问题,因此,这些员工可能不会像其他人一样挣那么多钱"(#119)。该律师事务所的另一位合伙人也强调了这一观点,"我们不需要在员工几年业绩不佳时解雇他们,因为我们有一个能够适应这种情况的薪酬制度"(#121)。

律师事务所 6 的一位合伙人解释说,合伙人之间的利差相对较低,说明律师事务所只关注具有高盈利能力的事务,无法容忍不符合这一标准的工作。他指出,一些律师事务所"在费率结构上不是很灵活",因此"如果有的业务实现率较低,他们宁愿不要该业务,也不愿降低实现率,因为这会降低合伙人人均利润"(#214)。正如我们在第 5 章中所描述的那样,律师事务所也可能试图通过精简合伙人的过程来保护合伙人人均利润,因为这些合伙人的委托人无法像律师事务所中的许多其他合伙人的委托人那样支付高费率。

因此，正如一位合伙人所说的那样，如果说在一家拥有巨大利差的律师事务所中，"这只是一个有和无的制度"，可能会产生误导。他接着说，"你也可以这样认为，如果我们把所有低于 [某一生产力水平] 的人都剔除，我们就能实现 [更低的利差]，但我们不想那样做"（#214）。正如律师事务所 4 的一位合伙人所言，"如果你能接受薪酬不如一些生产力更高的同事高，那是你的选择"（#144）。

律师事务所 4 的一位合伙人承认，他所在律师事务所的一些人"看到《美国律师》合伙人人均利润数字，就会对自己说，'如果我们取消一些业务领域，我们可以提高这个数字。'"然而，律师事务所的大多数人认为"只关注这个数字是绝对荒谬的"（#136）。律师事务所相对较大的薪酬利差，使其能够灵活地吸引有大量案源的横向流动人员，而无须减少合伙人。

因此，律师事务所可以采取各种措施，以表达对一系列贡献的尊重，从而增强分配公正的观念。有些措施通过表明合作行为将获得经济回报，来帮助解决囚徒困境，而狭隘的自利行为则不会。其他措施则通过认可对财务盈利能力以外的贡献，来帮助解决保证博弈的问题。然而，正如下一节将要叙述的那样，合伙人认为薪酬过程本身是公平的，这一点也很重要。

程序正义

相信程序公平可以提高对薪酬的满意度，即使有人对他的收入不太满意（Tyler and Blader 2002）。是什么让你相信过程是公平的？其中之一是依赖于众所周知的因素：

> 访谈者：你认为全体员工都相信薪酬委员会能把事情做好吗？
> 合伙人：是的。每次我进入 [薪酬] 程序，我都觉得自己快要发疯了，然后当我分析它的时候，我意识到，"嗯，我想这是丁是丁卯是卯的时候了"。举个例子，每两年你的股份分配会重新调整，理论上它会上

升或者下降。在之前有一次,我要求大幅度地加薪,我是根据我对创收、管理费用和其他方面的计算而提出来的。我说,"这是我认为我应该得到的",然后我得到了。这在建立我对这个系统的信心方面有很大的帮助。根据我对这个制度应该如何运作的理解,我得到了我应该得到的。(#94)

公平程序的另一个重要组成部分是发表意见的机会。某合伙人指出:

> 每个合伙人都有机会写一份备忘录,说明谁对你有帮助,谁曾让你为难过。你在社区里做什么?你的公益活动是什么?告诉我们所有这些,或者告诉我们你家里人是否得了严重的疾病,因为这也是我们考虑的因素。有没有人因为孩子病了,妻子病了,丈夫病了今年过得很艰难。我们将这一点考虑在内,通常这意味着即使是该人糟糕的一年,他们的薪酬也不太可能有任何变动。(#111)

另一位合伙人重申了给同事一个讲述其故事的机会的重要性:

> 每年年底我们都会进行薪酬评估。我说的是那些每年赚100万美元的合伙人,他们赚了很多钱,但是我们不知道他们的全部情况。合伙人每年生产100万美元可能要赡养他的岳母、他的远房亲戚、他的最好的朋友等,所以在薪酬过程中我将坐下来,和合伙人谈谈他们的希望和期望是什么,以及它是如何与他们的生活相关的,而不是把薪酬给他们却不做任何说明。(#83)

这样的机会可以确保律师事务所不单纯以商业逻辑为指导,而是遵照作为具有独特抱负和责任的独特个体的合伙人。当然,这在任何组织中都是一项人道的政策。然而,在一家律师事务所,这也符合合伙作为一群个体的团体的传统职业风气,在这个团体中,他们对彼此负有超越经济因素的责任。

律师事务所倾向于不披露各种因素在薪酬决定中的权重,这一事实可能会引发人们对薪酬过程是否公平的担忧。正如一位合伙人所说的那样:

> 薪酬的因素现在已经列举出来了,其中许多是无定形的因素,但你并不知道它们是如何应用的。至于它们是如何应用的真的没有意义,这基本上只是旁观者的想法。因为他们根本不知道它是如何应用的。
> (#72)

正如另一位合伙人所说的那样,这可能会使人怀疑薪酬反映的是偏袒或者偏颇,而不是一贯适用的统一标准:"我认为问题是……我们不确定我们的薪酬是如何驱动的。你确定有些人虽然工时数并不高,但是却得到了很高的报酬,也许他们与管理层中的某些人关系良好。"(#101)

对薪酬决策依据的不确定性可能会导致合伙人怀疑,薪酬决策要么反映了个人偏袒,要么不论律师事务所怎么说,都是严格基于经济指标。第一种情况可能导致缺乏客观的信任,第二种情况可能导致缺乏个人的信任。这两种情况都可能让人觉得自己不受律师事务所尊重。

即使律师事务所管理层意识到,其薪酬制度的实体和程序层面构成了一种象征经济,传递着有关尊重的重要信息,但是在传递这种尊重方面,它仍面临着潜在的巨大障碍。这就是,律师事务所在决定薪酬时所依赖的因素,往往受制于合伙人就分数进行的讨价还价。这个市场的运作会极大地影响合伙人对自己被重视程度的感觉,因为关于是否分享以及分享多少分数的决定,是由合伙人与其直接工作的同事作出的。各律师事务所在不同程度上试图鼓励合伙人在这个市场上分享分数。然而,呼风唤雨者流动到其他地方去的能力,往往对律师事务所的能力施加了实际的限制。其结果是,律师事务所管理层不能完全控制律师事务所内部对商业逻辑和职业逻辑的相对重要性的看法。

律师事务所内部市场

在律师事务所的内部市场中,最显著的心理象征结果通常涉及获客分数。合伙人的技能和对收费工作的需要,影响了他在获得这些分数时的议价能力。尽管各律师事务所都在努力防止这个市场出现极度不公平的结果,但是许多合伙人认为这个市场基本上不受规制。因此,结果往往反映了各个合伙人的个性和各个谈判的动力学。

市场中的议价

合伙人对内部市场获客分数分配的满意程度,与影响其对律师事务所关于其薪酬决定的满意程度的考虑因素相同。首先,合伙人是否认为,鉴于他在某件事上的贡献,另一位合伙人已经给予了他应得的分数?其次,合伙人是否相信另一位合伙人依靠一个公平的程序来决定是否分享分数或者分享多少分数?最后,另一位合伙人关于获客分数的决定是否传达了该合伙人对他的尊重?

在这些互动中所分配的尊重,可能比律师事务所在薪酬决定中所传达的更加生动和对个人意义重大,因为这是通过合伙人的个人互动发生的。在一段有限的时间里,合伙人每年与律师事务所就其薪酬问题进行一次交流。谈话的重点是他的具体薪酬,但是其中的一部分可能会触及影响他薪酬的一般性因素,而他并不负责这些因素,比如律师事务所的商业战略、一般经济状况以及合伙人业务领域的需求量。因此,律师事务所对薪酬的决定很可能至少在一定程度上基于对他本人没有影响的考虑。此外,它反映了"律师事务所"的判断,对于大型律师事务所的合伙人来说,"律师事务所"可能是一个抽象的实体,尽管薪酬决定对个人很重要。

相比之下,关于获客分数分配的决定是通过各个合伙人之间的直接个人互动来分配尊重的。它们反映了特定同事对另一位合伙人贡献价值的判断。这一判断比律师事务所对合伙人薪酬的决定更具个人色彩。因此,它所传达的尊重或者不尊重可能特别有意义。某位服务合伙人详细阐述了这一点:

> [在某些情况下]我很有信心,我帮助我们获得了一些最大的公司业务。但是,当要奖励员工的时候,是那些让交易落地的公司律师得到了所有的好处。甚至我们所做的事情本身都没有被考虑到,因为我们本该因为那部分交易而获得一些分数。这只是你应该做的贡献,但是坦白说,这只是意味着我是在按小时计费,所以在这种情况下,我还不如做一个二年级非合伙律师。(#98)

另一位服务合伙人描述了在共享获客分数时可能出现的冲突:

> 有一位一年前离职的人,他行事不公平,人们对此感到非常不安。别人的现有委托人会带来业务,他却想要取得全部获客分数,或者,他的一个委托人会带来一个新事务,这实际上是他过去没有做过的工作,所以他会让其他人做这个工作,但是他想独占所有获客分数。这些都是人们记得的事情,然后会增加怨恨。(#6)

律师事务所内部市场的这些心理动力学,影响着合伙人对该市场结果的满意程度。合伙人关于他是否得到了他应得的东西的结论,将取决于他是否认为内部市场已经适当地承认了他的贡献。这个市场倾向于把开发与委托人的个人关系作为衡量贡献的重要标准。

相比之下,服务合伙人对其贡献的定义可能侧重于其法律工作的质量。

然而,后者可能并不是获客分数市场的流通物。这可能会引发一种不公平感。更令人不安的是,服务合伙人可能认为,与把委托人带到律师事务所的合伙人相比,他通过与委托人的日常互动和回应所做的贡献更多。后一个合伙人通过分享获客分数而未能承认这一点,可能会引起一种特别强烈的感觉,即合伙人没有得到他应得的东西。

如果合伙人也认为这一过程是不公平的,则只会加剧他们的信念,即实质性结果是不公平的。服务合伙人能否获得获客分数,取决于呼风唤雨者的慷慨程度,以及服务合伙人能够达成的任何协议。换言之,在大多数情况下,这个过程涉及非正式的个人互动,而不是对任何一般规则的统一应用。因此,大多数合伙人不太可能认为内部市场是按照中立原则运作的。

因此,人们认为,自由裁量性的个人决定会驱动获客分数市场,这一事实使得服务合伙人更有可能质疑产生这些结果的过程的公平性。正如一位服务合伙人所说的那样,"我认为,由于薪酬结构的原因,你应该保留所有的获客分数,并真正试图垄断委托人关系,这样年轻人就不会对你构成威胁"(#101)。

内部市场对个人的尊重在很大程度上取决于服务合伙人对呼风唤雨者的依赖。这种不平等源于呼风唤雨者与委托人建立的密切关系,而不是他们的法律工作质量。那些没有这种关系的人在工作上依赖于有这种关系的人。换言之,通过提供职业标准所决定的优质服务来作出贡献的服务合伙人,依赖于那些被认为是通过使用商业技能来获得委托人的呼风唤雨者。因此,服务合伙人可能会认为,他的地位反映了在律师事务所中,商业逻辑优先于职业逻辑。

此外,所有的合伙人都是某一种职业的成员,这种职业具有个人独立和控制自己的业务的传统愿望。然而,呼风唤雨者比服务合伙人更能实现这些愿望。尽管合伙人表面上有平等的正式地位,但是呼风唤雨者和服务合伙人之间的关系实际上可能接近雇主和雇员之间的关系。如果服务合伙人对呼风唤雨者关于获客分数的决定不满意,那么他可能会在提出任何主张时感到约束,因为他需要从呼风唤雨者那里获得日常工作流。一位收入合伙人描述了他的经历:

> 我会去找我的一位导师,我会说,"好吧,我现在该怎么办?"我真的建立了这种关系——也许合伙人最初与总法律顾问有关系,但是总法律顾问不在那里了,现在,我和新任总法律顾问是最好的朋友,我一直在为他们工作。所以问题是,"我是不是成了获客的合伙人了?"因为有时我会得到这样的建议:"不要恩将仇报。"(#64)

这种动力学存在让律师事务所内部市场上的合伙人之间的互动充满怨恨的可能性。尽管服务合伙人承认了他的实质性依赖,但是他可能会对呼风唤雨者强调并更明确地表明了这一点的任何行为感到生气。正如一位服务合伙人所言,"合伙人—非合伙律师之间的关系与股权合伙人—收入合伙人之间的关系并没有太大区别,有时我觉得自己更像一名高薪的非合伙律师"(#98)。

此外,双方都知道,呼风唤雨者并非完全自给自足。他必须依靠服务合伙人来为他带来的委托人做工作,并尽一切可能让他们满意。换言之,呼风唤雨者和服务合伙人之间存在某种程度的相互依赖,即使其中一方的依赖程度低于另一方。因此,服务合伙人可能会因呼风唤雨者囤积获客分数而对其不满,不仅是因为这具有经济影响,还因为呼风唤雨者实际上是在否认其同事的贡献,并声称他们都知道是虚假的"自给自足"。一位服务合伙人描述了这种拒绝相互依赖可能导致的不公平感:

> 我们的薪酬结构在一定程度上是建立在获客的理念上的,我认为公平竞争的人还不够。30 年前把委托人 X 带进来的那个人仍然得到其

他人所做事情的 50%，嘿，伙计，如果我能从所有人那里得到 50%，我会很兴奋。有人把工作带来，我和我的非合伙律师团队一起做了 98% 的工作，我感觉他得到了薪酬，而我却没有。(#98)

如果呼风唤雨者拒绝分享获客分数，他的服务合伙人可能会认为这位呼风唤雨者的拒绝是对他的工作和他在律师事务所内地位的个人贬低。从更广泛的意义上说，拒绝可能传达出这样的信息：服务合伙人与其说是一个独立的职业人员，不如说是一个工作生活受制于更有权势的同事要求的人。这种感觉可能会因为"呼风唤雨者在这里为所欲为，只是因为他们被视为呼风唤雨者"的感觉而加剧(#21)。一位合伙人就这种类型的合伙人说：

如果他们因为不符合自己的利益而不想帮助律师事务所获得更多的工作，他们就不会去帮助律师事务所去获得更多的工作。有一些人，我不知道如何解决，因为那些人会说，"听着，如果我不能如愿，我就离开这里"。我猜你准备好说"好吧，再见"，但是这需要勇气。(#21)

因此，内部市场的互动可能会导致合伙人得出这样的结论：律师事务所是一个大多数人可能追求自己利益的地方，而他需要通过做同样的事情来保护自己。这通常意味着避免将有利于律师事务所，并被传统的职业理想所重视的合作行为。或者，互动可能会让合伙人得出这样的结论：在律师事务所，人们对共同的价值观有一定的忠信，并且愿意为了更大的利益而抑制自身利益。

得出后一种结论的合伙人更有可能觉得他也可以这样做，相信如果他这样做了，其他人不会利用他。这并不意味着对自身利益的考虑从不突出；这种情况不可避免地会出现。这意味着，合伙人对他的同事有足够的信心，这样他就不会觉得有必要只是决绝地追求个人回报而不顾他人。

内部市场互动所产生的信任感可能是脆弱的。信任容易被摧毁,却难以被建立。然而,它可以产生一个良性循环,在这个循环中,信任会导致人们愿意表现得慷慨大方,这向他人发出信号,表明信任是安全的,进而带动他们也变得慷慨大方。随着更多的人信任并采取相应的行动,信息就会变得更强,传播得更广。

考虑到他们可携行的案源,为什么呼风唤雨者会有兴趣帮助创建一种更合作的律师事务所文化,让成员们对其有一些忠诚呢?首先,从最狭隘的角度来说,这种类型的文化可能会增加合伙人从其他呼风唤雨者那里获得的获客分数。许多呼风唤雨者不仅仅是找业务的人,在不同程度上,他们也是为其他呼风唤雨者的委托人服务的管业务的人。分享获客分数的风气可以提高他们扮演后一种角色所获得的薪酬。

从更广泛的意义上说,即使呼风唤雨者主要关心的是获得经济回报,但一个员工全身心投入的律师事务所也是一个更有生产力的律师事务所。那些觉得自己不受尊重或不安全的人会把目光放在自己的利益之外,不太愿意分享想法,也不太愿意为完成工作而付出额外的努力。在知识产业的组织中尤其如此,这些组织通过为他们的委托人和顾客提供创新的解决方案来进行竞争(Kim and Mauborgne 2003, 127)。

如果律师事务所的内部市场倾向于传达对服务合伙人的不尊重,这可能会导致服务委托人和对保持委托人满意至关重要的合伙人的脱离。一些研究还表明,职业服务事务所中占据这类职位的员工是特别重要的创新来源(Smets et al. 2009)。因此,开明的利己主义可以激励呼风唤雨者在内部市场上以一种尊重服务合伙人的方式行事。在这方面,律师事务所如果能鼓励呼风唤雨者慷慨解囊,就能帮助解决囚徒困境。最后,我们不应该假设所有的呼风唤雨者都只对经济回报感兴趣。我们的访谈表明,许多合伙人都很重视为委托人服务、在共治氛围中工作、做高质量的工作、参与具有内在意义的工作以及以某种方式服务社会的机会。其他人也很重视成为一家具有体现这些价值观的历史遗产的律师事务所的一部分。我们是社会动物,与他人一起追求共同的目标是强大的满足感的一个来源(Amabile and Kramer 2011)。因此,呼风唤雨者可能会把合作本身看作一件好事,而不仅仅是一种实现长期自身利益最大化的手段。一个能够提供这些以及经济回报的律师事务所可以创造强大的律师事务所特有资本。这可能会促使呼风唤雨者留在律师事务所,即使他们可以在其他地方获得更高的薪酬。

呼风唤雨者慷慨大方的象征意义,也可以帮助律师事务所解决保证博弈的问题,将合伙人视为职业人员——而不仅仅是基于经济指标——来分配尊重。它可以淡化服务合伙人的依赖,承认呼风唤雨者对同事的依赖,承认服务合伙人的工作质量。它可以传达这样一种信息,即服务合伙人是有价值的职业同事,而不是下属。

这种慷慨特别有意义,因为这不是必需的。一位服务合伙人知道,一位分享获客分数的呼风唤雨者已经选择这样做了。换言之,呼风唤雨者公平行事,并不是为了履行义务,而是因为他想要承认服务合伙人帮助的价值。这可以向后者传递一个关于他作为一名律师的价值的强有力的信息,并建立起牢固的个人和机构纽带。

也许影响内部市场的最有力的方法,是让主要的呼风唤雨者放弃拿走尽可能多的分数和薪酬。模仿律师事务所希望看到的行为类型,能对合伙人产生强大的影响。我们听过几个故事,讲的是拥有大量案源的合伙人如何愿意这样做,从而塑造了一个律师事务所的文化。一位合伙人谈到了一位同事的哲学,该人是律师事务所的一位主要呼风唤雨者:

> 他本可以要求他所得到的薪酬的五倍,但他所做的是,为自己拿较少的薪酬,然后说:"把薪酬给那些对我的事务而言真的非常重要的人。"所以这既把他们和他绑在一起,同时也让他们开心,让他们留在这里。他总是强调,有钱不拿是一件值得骄傲的事;他没有从律师事务所

> 拿走他能拿到的所有钱,这对其他人来说也是一个榜样。(#52)

这样的慷慨可以为实际的经济目的服务,建立一个忠诚的同事队伍,他们愿意出手帮助呼风唤雨者。与此同时,呼风唤雨者就获得这种帮助的事务的经济回报提出的要求比他能得到的要少。在这方面,他用职业逻辑来调和商业逻辑。他传达的是,他重视合作,不仅仅是因为它能带来工具上的好处,还因为它内在的可贵的同志情谊和共同目标感。那些从这种做法中受益的律师,以及他们自己也成为主要的呼风唤雨者,往往会觉得在与初级律师打交道时,有一种强烈的义务要效仿这种做法。通过这种方式,呼风唤雨者的慷慨行为可以产生强大的涟漪效应,这有助于塑造律师事务所的氛围和文化。

律师事务所对内部市场的影响

由于所有这些原因,确保合伙人在内部市场的互动分配同事的尊重,对合伙人与律师事务所的联系感至关重要,对律师事务所来说,这一点具有重大利益。正如我们下面所讨论的那样,律师事务所试图通过各种方式影响内部市场的行为,是用反映职业逻辑的措施来调和商业逻辑的运作。

首先,律师事务所可以限制提供分数的期限,或者要求合伙人对某一事项有实质性的持续参与。其次,如果合伙人为同事的委托人管理事务,律师事务所可能会授予管理分数。这种做法是为了减少薪酬反映合伙人对呼风唤雨者分享获客分数的意愿的依赖程度。

管理分数通常不会像获客分数那样提高薪酬。然而,他们确实认识到高质量的工作和委托人服务的重要性和价值,以及在获客分数中反映出来的业务开发技能。通过传递这一信息,奖励管理分数凸显了呼风唤雨者并非自给自足。他们必须依靠拥有传统专业技能的同事的贡献,以确保委托人仍然满意,并在他们有法律需求时继续求助于呼风唤雨者。

律师事务所可能试图鼓励呼风唤雨者与他人分享分数。其中一些提供了指导方针,指示在某些情况下应如何分配获客分数(Nanda and Rohrer 2012b),而另一些律师事务所则依靠更宽泛的规劝来保持公平。有时,薪酬委员会可能会调整合伙人的薪酬,因为它认为他一直在不公平地囤积获客分数。一名委员会成员报告说:"我们因某些人自私贪婪而与其谈话,我们告诉他们,如果他们自私自利,他们会受到惩罚。[我们告诉他们,]'你也许可以这么做,但你要是这么做了,就表明你不善于团队合作。'"这位合伙人接着举了个例子:

> 这个人认为他们是开票收费律师,但是他们真的没有承担太多的责任,所以我们看一下。我们拿到了自我评估,我们看到了它,但是除了数字之外我们还得到了数字背后的所有支撑材料。因此,如果有人声称自己是 X 公司的开票收费律师,我们就能知道他是不是。有人会说,"我的数据太惊人了"。我们会说,"嗯,是的,但你甚至不知道委托人的总法律顾问是谁,谁应该得到分数"。(#111)

正如我们在第 3 章中提到的那样,律师事务所 3 调整合伙人薪酬的意愿有助于形成合伙人认为的一种特别的合作文化。一位熟悉薪酬流程的律师事务所 3 的合伙人描述了这样一个例子:该律师事务所拒绝将一名合伙人所声称的所有获客分数记入其名下,因为委员会认为与该合伙人有关的律师应该得到更多的薪酬:

> 一个合伙人……他有两个年轻的合伙人,他的业务总体上下降了,他尽自己所能,并把所有的分数归于自己。他的年轻合伙人每人大约有 1400 个计费小时,而他有 3200 个;他有 600 万美元的获客业务,而他们两人各有 45 万美元,而他们是一个团队。一开始,如果你只看数字,

这个人会得到非常高的六位数奖金,这是基于他的基本薪酬。他们却什么也得不到,他们会受到损害因为他们是非股权合伙人。在审查薪酬的2个月里我想他损失了大约60万美元。(#105)

另一个例子是,当横向流动合伙人进入律师事务所时,律师事务所可能别无选择,只能卷入获客分数的分配中。律师事务所3的同一合伙人描述了一个常见的场景:

最困难的领域是,律师事务所代理一家公司,有一系列的关系,而进入律师事务所的新合伙人与同一家公司有着不同的关系。这个合伙人开始向他的委托人联系人推销他与新律师事务所的关系,并说,"我们已经是你们的代理了,所以你们应该给我们一些工作"。然后一份新的工作进来了。

就此没有定式,但是也有行为的适当方式。我是说你们是一个团队。如果你做事适当,你就会分享它。我试图做的是让这里的人们认识到有这些规则,当他们有问题或有人对他们不好的时候打电话给我。(#105)

然而,我们的研究表明,大多数律师事务所很少调整获客分数,将其保留到特别恶劣的情况下。一位合伙人描述了因为呼风唤雨者不够慷慨而调整其薪酬的微妙之处:

访谈者:律师事务所在多大程度上可以利用薪酬来推动一些合作行为?

合伙人:你可以。问题是这样的:给了胡萝卜然后说,"我要额外给你钱,因为你做了我们想让你做的事",这很容易。我们这么做,并且让大家知道我们这么做了。我们做得不够的是将它用作大棒。我们不会说,"嘿,浑蛋,我们不喜欢你做的事。你本可以创造 x,但是你会因为你的行为方式而减少 x 的价值",因为现在这个浑蛋可能创造了 500 万美元的生意。他说,"好吧,如果你不想要我,我就去街上,他们会付给我你付给我的两倍"。它确实使你不能随心所欲地运用薪酬。(#10)

即使是律师事务所 3,在调整获客分数方面的意愿比大多数律师事务所更加坚定,也有其局限性。正如律师事务所 3 的合伙人在描述律师事务所的努力时所承认的那样,"生活又一次不是完美的。你试着把这些信息发送给那些不能很好地接受这些信息的人,而这些人对律师事务所很有价值,在这方面,你会感受到律师事务所和律师的弱点"(#105)。

调整薪酬以惩罚不分享分数的行为的另一个限制是,律师事务所在进行这种惩罚时通常不会公布这一事实。呼风唤雨者会知道这件事,任何因调整而加薪的合伙人也会知道。然而,其他合伙人可能不会知道。这会限制通过惩罚传达出律师事务所认真对待分享准则的程度。律师事务所有限地使用惩罚,因此剥夺了他们在其他组织中传达价值观的一种有力方式。

律师事务所 3 通过发布关于各合伙人分享分数的程度的信息来解决这一问题。当然,这种方法的有效性取决于合伙人是否担心被视为吝啬分享分数。一个务实的原因可能是,由于这样的声誉,合伙人可能会发现更难说服服务合伙人为他的项目工作。另一个原因可能是希望避免失去律师事务所同侪的尊重,他们可能会承认他的商业技能,但是对他作为同事的评价会降低。即便是纯粹出于工具原因而担心声誉受损的合伙人,最终也可能将这些规范内化。

因此,律师事务所内部市场在薪酬象征性经济中起着至关重要的作用。因为有关分享分数的决定是由与合伙人共事的同事作出的,它们可以特别生动地传达关于尊重的信息。当然,这些信息具有强烈的个人意义。此外,它们还提供更广泛的交流,让合伙人了解律师事务所主要是由其成员的利己行为还是更广泛的共同目标感所塑造的。

薪酬透明度

考虑到个人对自己的薪酬的满意程度往往建立在与他人的报酬进行比较的基础上,将不满意程度降到最低的一种貌似合理的方法可能就是不向合伙人提供他们同事的薪酬信息。一些律师事务所(据最近的统计,大约有14%的律师事务所)采用的方法是所谓的"黑箱"或者封闭性的薪酬制度。封闭性制度可以让领导团队根据市场来给某些合伙人薪酬,而不考虑律师事务所内其他合伙人的意见。Greenberg Traurig 律师事务所的执行主席理查德·罗斯伯格(Richard Rosenbaum)更喜欢该律师事务所的封闭性制度,"这使我们能够在许多完全不同的地点和实务中经营一家大型企业,而没有政治干预,股东之间也没有明显的竞争。这是我们文化的一大优势。它使我们能够作出对市场有意义的决定"(Kay 2012)。

在我们的研究中,6 家律师事务所在传播薪酬信息的范围上存在一些差异。律师事务所 6 的传播范围比其他律师事务所要小。它不会在整个合伙中传播单个合伙人的薪酬数字,但是会传播给律师事务所和各种业务管理职位的合伙人。其他合伙人也可以安排查看这些信息。然而,受访者表示,他们的印象是,很少有合伙人会选择这样做,因为有一种不言而喻的风气不鼓励这样做。该律师事务所的合伙人表示,这一政策创造了一种共治氛围,在这种氛围中,薪酬根本不是日常对话的话题,更不用说为此而辩论了。我们认为律师事务所 6 拥有特别强大的文化,这可能会让观察者得出结论,在合伙人之间限制薪酬信息的可用性是建立这种文化的有效途径。

另外,律师事务所 4 也有一种特别强烈的文化,即合伙人之间公开讨论薪酬问题。然而,它的合伙人认为,该律师事务所将每位合伙人的薪酬完全透明,是维持这种文化的一个重要因素。他们强调,这将建立对薪酬决定公平性的信心,以及减少因缺乏透明度将导致的对偏颇的担忧。

例如,我们在前一章中指出,女性合伙人会担心"黑箱制度"可能会掩盖男女之间在薪酬方面不公平的待遇。在最近的一起女性非合伙律师对 Jones Day 律师事务所提起的集团诉讼中,就把该律师事务所的"黑箱制度"称为该律师事务所系统地损害女性的一种方式。诉状引用了该律师事务所网站上的一份声明,描述了这一制度及其理由:

> 律师与 Jones Day 的经济关系是保密的。除了为数不多的几个人就这些问题向管理合伙人提供建议外,Jones Day 的合伙人对分配给其他合伙人的收入数额一无所知。同样,非合伙律师的薪酬也是保密的:Jones Day 给非合伙律师薪酬是按个人来计算的,而不是采取同步制度,当然也不是基于某些计费工时公式,因此每位非合伙律师的薪酬都是其个人贡献的结果,不能与其他任何个人进行公平比较。被 Jones Day 之外的人有时批评为"缺乏透明度"的制度,在 Jones Day 内部却普遍认为这是它的一大优势。这种秘密性消除了试图把风马牛不相及的事情进行比较的诱惑;它消除了不恰当的比较和嫉妒;最重要的是,它甚至不允许对 Jones Day 的所有律师的有效互动设置障碍。①

然而,原告认为,"Jones Day 的'黑箱'薪酬制度导致了女性薪酬的系统性不足","主观因素仅仅是女性薪酬不足的托词","Jones Day 维持着一种歧视性薪酬制度,它通过对薪酬保密来促进这种制度"。②

与此同时,其他拥有"黑箱制度"的律师事务所的律师认为,信息的缺乏

---

① Class and Collective Action Complaint at 10, Tolton v. Jones Day, No. 1: 19 – cv – 00945 – RDM (D. D. C. Apr. 3, 2019).
② Ibid., at 10 – 11.

有助于形成一种共治性文化。确实,开放制度中的一些合伙人已经非正式地告诉我们,他们更喜欢一个封闭制度,因为广泛了解所有合伙人的薪酬会产生竞争。在我们研究之外的 Baker McKenzie 律师事务所,它在 2018 年夏天从对北美股权合伙人开放的制度,转向了薪酬信息不会自动提供给合伙人的制度。该律师事务所在一份声明中表示:"律师事务所不再发布这些信息,而是根据要求提供这些信息。""这一改变受到许多合伙人的欢迎,促进了我们之间更多的合作"(Tribe 2019)。

我们的访谈表明,让薪酬制度感到舒适的根本价值不是透明度,而是信任。一个强大的文化可能不仅是一个封闭系统的产物,而且是它最初被接受的原因。通过各种措施,这类律师事务所的管理层激发了合伙人的信任,让他们相信律师事务所的薪酬和其他决策是公平的。因此,合伙人接受有限的薪酬信息,因为他们相信管理层会作出公平的决定。正如前述关于 Jones Day 的诉讼中所表明的那样,如果律师对管理层公平对待律师事务所所有律师缺乏信心,那么"黑箱制度"就会成为怀疑的对象。

有些律师事务所从来没有封闭的薪酬制度,或者很久以前就转向了开放的薪酬制度。对这些律师事务所来说,薪酬透明度是长期以来的惯例。透明度本身可能不足以建立对管理层的信任,但是降低透明度可能会削弱这种信任。尽管 Baker McKenzie 作出了改变,但是几位合伙人告诉我们,从封闭制度向开放制度的转变通常是单向的。朝相反的方向发展会产生这样一种风险,即管理层因为不愿公开行事,会被视为恶意行事。

总而言之,那些合伙人满意于不自动向所有律师传递个人薪酬数字的律师事务所,可能是那些已经采取了有意义的措施来解决囚徒困境和保证博弈的律师事务所。在某种程度上,这能使它们建立一种强大的文化,有限的薪酬透明度可能有助于消除一个可能的纠纷来源,从而加强这种文化。

拥有完全透明制度的律师事务所必须应对律师对薪酬的潜在不满,这是创造强大文化的另一项挑战。在某种程度上,它们可以激发人们对公平薪酬决策的信心,这可以加强律师事务所在试图解决囚徒困境和保证博弈时采取的其他措施。

结 论

近年来日益加剧的竞争压力,促使律师事务所更加重视那些通常与成功经营企业相关的技能,以及更容易被认定为直接有助于创收的贡献。这些技能的重要性日益增加,意味着一个好的律师事务所的律师现在不仅仅是做优秀的法律工作或帮助在事务所内创造共治氛围的人。越来越多的商业属性在决定合伙人报酬时受到越来越多的重视,这反映了商业属性的重要性。

其结果是,薪酬过程具有重要意义,因为它是一个考虑——有时是争论——优秀律师那些品质的相对价值的机会。通过这种方式,确定薪酬的过程调用了与不同的制度逻辑相关联的解释方案。

一家希望培育独特文化的律师事务所将需要说服其合伙人,其薪酬制度平衡了商业需要和职业价值。换言之,它必须明确什么是好律师,以获得合伙人对律师事务所的忠诚。这反映了这样的事实,即对一个组织的物质特征的解释,是"一个历史过程的一部分,通过这个过程,律师事务所和在其中工作的人不仅积累了财富,而且获得了他们的身份"(Cooper et al. 1996,643)。这种观点强调,薪酬是律师事务所内部物质经济和象征经济的一部分。

不同的律师事务所以不同的方式处理逻辑和解释方案之间的紧张关系。律师事务所的薪酬流程可以提供一个深入了解其试图如何做到这一点的来源。近年来,由于竞争压力,律师事务所认为需要更重视商业技能,这意味着薪酬决定可能会特别明显地体现出对商业技能和更传统的职业能力的相对价值的竞争。这样的竞争塑造了每家律师事务所的文化,以及在其中执业的律师的职业主义的意义。这些对话和决定的累积影响,将决定律师如何扮演他们在一个新兴的、更商业化的现代律师事务所中的角色。

8

诱惑横向流动人员

一个长长的阴影笼罩着每一家想要维持前面章节描述的那种独特文化的律师事务所：在活跃的横向流动市场中，大量合伙人从一家律师事务所跳槽到另一家律师事务所。无论一家律师事务所如何平衡商业和职业逻辑，它的努力都很容易瓦解，因为横向流动市场上频繁的离开和到达会造成不稳定。合伙人的离开，可能会让律师事务所失去理解其规范和期望的律师，而新合伙人的到来可能会让律师对适当行为有截然不同的理解。解决囚徒困境和保证博弈，需要密切关注这种动态，并制定深思熟虑的应对策略。

横向招聘在大型律师事务所中已经制度化了——这是大型律师事务所市场中被视为当然的特征。2019 年的一项调查报告称，在美国最大的 200 家律师事务所中，超过一半的律师事务所平均每两个月进行一次以上的横向人员招聘（Bruch, Ellenhorn, and Rosenberg 2019）。《美国律师》杂志从 2000 年起就开始记录横向移动的数据。2000 年，这一趋势已经很明显，在美国前 200 强律师事务所中，有 70% 雇佣了至少一名横向流动合伙人；到 2011 年，这个数字是 89%（Henderson and Zorn 2013）。《美国律师》报告称，在 2015 年 11 月对 AmLaw 200 强律师事务所新合伙人的调查中，法律招聘公司已经联系了 92.5% 的受访者（McQueen 2016）。2018 年一项针对有 250 名以上律师的律师事务所负责人的调查显示，超过 79% 的律师事务所"专门为了提高盈利能力"而收购了横向流动人员或者其他律师事务所（Clay and Seeger 2018, 38）。

此外,在各种规模的律师事务所中,超过72%的领导者表示,"横向流动增加"是一种永久趋势(1)。

一位论者是这样描述横向流动市场的:

> 用金钱吸引横向流动人员的概念并不新鲜——它已经存在了几十年——当然,律师事务所一直在寻求填补这些职位。但是,它从来没有这么咄咄逼人过,这些流动的影响从未如此之大,目前的市场表现为"毛细作用"的升级——在等级中位高权重,处于顶端的合伙人的流动——这造成了一种以牙还牙的局面,并正在改变法律业务的运作方式。(Parnell 2018, quoted in Thomson Reuters and Georgetown Law 2019)

横向流动的增加也反映在不同地理市场的数据上。正如乔治城法律职业伦理与法律职业中心(Georgetown Law)和汤森路透(Thomson Reuters)发布的2019年法律市场年度报告所述的那样:

> ALM Intelligence①最近统计了2010年至2017年主要地理市场的横向流动合伙人流动的总数,据报道,结果令人震惊。例如,在纽约,有4445个横向合伙人变动,占市场上所有合伙人的35%。在华盛顿,流动的次数为3759人次,占所有合伙人的43%。在芝加哥和亚特兰大两个司法辖区,横向流动超过了市场上所有合伙人的50%。(Thomson Reuters and Georgetown Law 2019, 14)

一位合伙人将对横向流动合伙人的激烈竞争归因于对全球大型委托人的追求:

---

① 专门从事管理咨询服务提供商评比的独立机构。

> 如今,为了吸引顶尖人才,你正处于一场10年前可能没有的竞购战中。从这个意义上说,这是一个不同的世界,因为从大型跨国公司获得工作……是创收的一张门票,而小型公司可能不是这种情况。如果我们现在的商业模式是与全球性律师事务所竞争合伙人,我们就必须向合伙人支付大笔的钱。(#71)

虽然没有实证研究就律师事务所的横向流动和其他职业服务组织的横向流动进行比较,会计师事务所和咨询公司对横向招聘的依赖似乎比律师事务所少得多(Koltin Consulting Group 2014)。律师事务所专家理查德·瑞普(Richard Rapp)认为,这反映了一个事实,即与其他职业服务事务所的组织声誉相比,律师个人的声誉往往比律师事务所的声誉更重要。此外,瑞普(Rapp)还指出,与其他商业组织相比,律师事务所之间的合伙人薪酬差异更大。"每个律师事务所都有自己常常不透明、不公开的薪酬做法,各不相同,"而且"没有一种方案占主导地位。"因此,对于各位合伙人来说,横向流动代表着"套利——减少不同律师事务所提供的合伙报酬和额外津贴之间的不平衡"(Rapp 2016)。

促成活跃的横向流动市场的另一个因素是,与其他组织不同,律师事务所不能对离开律师事务所的合伙人执行竞业禁止协议。它们在对这些合伙人施加任何经济惩罚方面也受到很大限制(Regan 1999)。因此,当合伙人从一家律师事务所跳槽到另一家律师事务所时,他们可以带着委托人一起跳槽。具有讽刺意味的是,这种对合伙人自由市场的强化是基于这样一种观点,即强制执行这种限制将代表一种商业逻辑对本应是职业主义的领域的不受欢迎的入侵。正如一项反对执行上述处罚的著名的司法意见所言,"法律实务必须谨慎地受职业伦理因素调整,而不是受严格指导商业企业的经济因素调整"。①

无论如何,瑞普(Rapp 2016)预计"横向招聘的'狂热'将持续很长时间"。当律师事务所削减那些可能降低盈利能力的合伙人时,他们也会寻求雇佣那些能够提高盈利能力的合伙人。接下来的章节将讨论横向流动市场在律师事务所之间竞争中的突出作用。虽然对这个市场的日常依赖反映出大型律师事务所的业务逻辑具有更大的影响力,但是一些律师事务所采取了一些方法,试图在这一过程中保留职业价值的角色。

横向流动市场动力学

横向流动与有机增长

尽管横向聘用在大型律师事务所中是一种公认的做法,但这并不是扩大合伙人队伍的唯一途径。另一种选择是,通过"有机"晋升非合伙律师的方式来扩大合伙人队伍。然而,律师事务所正越来越多地避开这种选择,而倾向于横向聘用和合并。

律师事务所传统上依赖于学徒模式,在这种模式中,初级律师从与高级律师的互动中学习(Galanter and Palay 1991)。对非合伙律师来说,最有价值的培训是向资深律师学习,他们会对非合伙律师的工作进行评估,并指出其不足之处或者可以改进的地方。这一特点被视为作为一种职业的法律实务不可或缺的一部分。

但是,培训和培养初级律师是既昂贵又费时的活动。此外,有些合伙人每小时收费1000美元甚至更高,这样的指导可能会带来巨大的机会成本。此外,很难确定哪些非合伙律师具有未来的业务开发能力,因此任何投资的回

---

① Jacob v. Norris, McLaughlin & Marcus, 607 A.2d 142, 147 (N.J. 1992).

报都是高度不确定的。因此,投资于横向招聘似乎是一种"更安全"的风险,因为新来的律师已经在其他律师事务所证明了自己,理论上能够把他们的委托人带来,并/或在到来后立即吸引新的委托人。

此外,合伙结构往往会阻碍律师事务所的长期投资。利润在每年年底分配给合伙人,并要确保合伙人人均利润与律师事务所同行相当。当合伙人离开时,他们会带走自己的资本,领取退休金,但是不再在律师事务所及其长期发展中拥有经济利益。强化短期视角的是这样的观念,即激烈竞争的法律市场会导致律师事务所命运的快速变化,这可能会对律师事务所的声誉和有盈利能力的合伙人留下的意愿产生不利影响。律师事务所认为,他们需要抓住机会,以尽可能快地扩大他们的业务,而没有时间耐心等待律师事务所逐渐建立自己的专业知识。一项研究报告称,招聘横向合伙人最常被引用的原因是为了加强现有的业务领域(Bruch, Ellenhorn, and Rosenberg 2019)。

案　源

横向流动市场的流通物是合伙人的"案源",也就是合伙人与之保持主要关系的委托人。对于某些律师事务所而言,合伙人案源的金钱价值代表了一个定量门槛,低于这个值,律师事务所就不会认真考虑潜在的横向流动人员。

一位合伙人这样描述其律师事务所的做法:"除非你有案源,能够支持你将要得到的薪酬,否则它们根本不会考虑横向招聘你。"(#66)几位合伙人告诉我们,一名律师需要有带来300万~400万美元创收的案源,才能吸引任何一家大型律师事务所的兴趣。一项研究估计,2014年至2018年,在横向流动市场上,约有171亿美元的业务在律师事务所之间流动(Bruch, Ellenhorn, and Rosenberg 2019)。

一位受访者说,"自从《美国律师》出现以及猎头或者招聘行业的爆炸式增长以来,如果你想知道你的衡量标准,很容易,拿起电话问招聘人员,你在另一家律师事务所能挣多少钱"(#247)。一位合伙人恰如其分地描述了招聘人员对他说自己没有大量案源时的反应："［招聘人员说，］'你有很好的背景，很好的简历等'，然后当我说我没有可带来的案源时，［他们说，］'哦，很高兴认识你'，我恍然大悟。"（#101）另一位来自政府部门的合伙人解释了在没有委托人的情况下找工作的挑战：

> ［以前，］离开美国检察官办公室的人［成为］合伙人，尽管他们进来时可能没有案源。在2009年下半年，当我开始寻找工作时……法律市场是一个完全不同的世界。我通过朋友、招聘公司和其他公司做了很多试探，得到的回答是，"不管你有多棒，我们都听说过你，你有很好的声誉，你的资历也很好，你看起来很棒，但是我们不会让一个人成为合伙人，除非他能带来价值200万美元的业务"。（#42）

我们在第5章中描述了女性在获得案源和成为呼风唤雨者方面所面临的特殊挑战。一位女性合伙人解释了为什么在律师事务所中担任高级领导职位的女性如此之少；同样的动力学也适用于作为横向受雇人员的吸引力。

> 一旦进入商业时代，你就不会看到做这些的女性了。我的意思是，虽然有几个女性的业务量还不错。但是总体来说，女性没有带来那么多生意，所以她们没有男性那么优秀。（#24）

由于没有可携行的案源，女性在横向流动市场的选择就更少。这意味着在该市场上女性获得大幅加薪的机会更少，也意味着她们在律师事务所中的议价能力更小。

作为信号的横向流动招聘

由于律师事务所将委托人和竞争对手对律师事务所的名望和抱负的看

法视为至关重要的东西，横向招聘因此可能充满了信号。考虑到横向招聘市场的不透明性，这种信号就显得尤为重要(Connelly et al. 2011)。职业伦理规则加剧了这种透明度的缺乏。这些规则不仅禁止律师事务所与潜在的横向流动人员的委托人谈论他们是否会跟随某位合伙人去另一家律师事务所，还禁止获取合伙人为这些委托人工作的信息。以下是一位合伙人对挑战的解释：

> 你可以谈论你的交易历史或者你的案例历史，很多都是公开的记录，所以你所做的交易或案例的性质、交易的类型、其中涉及的技巧类型是众所周知的。然后你可以和他们谈谈你在那笔交易中做了什么，或者你是如何看待这个特殊的法律领域或者这类业务的。但你永远不知道他们是怎么做到的，除非你亲眼看到他们起草一份协议或者进行交易谈判，或者监督非合伙律师，或者把鱼钓上来。(#34)

然而，人们所不知道的，这超出了技术专长或者委托人的可携行性：

> 我觉得有时候你不认识的人看起来比你认识的人要好。许多横向流动人员在他们以前的生活中因为某种原因没有成功，他们中的一些人确实有不可告人的秘密。所以我们现在做了更多的尽职调查，但是我认为我们依然购买了很多"二手货"。我认为，在某种程度上，我们自欺欺人地认为，我们可以通过收购合适的人才来发展业务。(#31)

横向流动市场的不透明性，为律师事务所通过横向招聘策略向公众和其他律师事务所的合伙人传递市场地位的信号，留下了相当大的空间。法律媒体定期报道横向聘用(例如，《美国律师》有一个定期专栏，名为"来来往往")，律师事务所通常在雇佣新合伙人时发布新闻稿。

例如，在 Dewey & LeBoeuf 律师事务所于 2013 年倒闭之前，该律师事务所就有一个明确的战略,那就是跻身于高端律师事务所。史蒂芬·戴维斯(Stephen Davis)是律师事务所前身 LeBoeuf Lamb 的董事长,他遵循积极的横向招聘策略。他的第一个重大举措是在 2004 年聘请知名证券律师拉尔夫·费雷拉(Ralph Ferrera),此举被普遍视为该律师事务所雄心勃勃的信号。2007 年,戴维斯(Davis)策划了与 Dewey Ballantine 的合并,在纽约的精英律师事务所中,这家律师事务所被普遍认为是"明日黄花"。在这个平台上,戴维斯(Davis)加倍努力,用巨额的保底薪酬来吸引知名的横向流动人员。戴维斯(Davis)预计,律师事务所将成为"纽约首屈一指、业务遍及全球的律师事务所"(Longstreth and Raymond 2012)。利特尔(Little)表明,除了横向招聘和合并外,戴维斯(Davis)还利用了许多其他工具来实现这些目标。

亨德森(Henderson)和佐恩(Zorn 2013)对横向招聘数据的分析表明,自 2008 年国际金融危机以来,情况发生了转变。在金融危机之前,通常的横向流动是流向每个律师创收更高的律师事务所,这表明合伙人正从盈利较低的律师事务所跳槽到盈利较高的律师事务所。然而,到 2011 年,通常的横向流动是流向每个律师创收更少的律师事务所。正如第 7 章所描述的那样,对这种转变的一种解释是,律师事务所一直在试图减少合伙人队伍,以提高盈利能力。当一些生产率较低的合伙人被要求离开时,他们在律师事务所威望梯级上低了几级的地方找到了新家。尽管新合伙人在他的原律师事务所被认为生产率不高,但是新律师事务所可以表明,它有能力从一流律师事务所吸引合伙人。

尽管有大量的律师事务所从事横向招聘,但是数据表明,这可能是一个碰运气的命题。例如,Altman Weil 公司 2018 年对律师事务所负责人的调查表明,近年来,有超过 77% 的律师事务所专门收购了横向合伙人或律师事务所,以提高盈利能力,但是只有略低于 56% 的律师事务所负责人说,此类活动显著促进了这一目标(Clay and Seeger 2018, 39)。对有着最高合伙人人均利润的 100 家律师事务所 2011 年雇佣的 1130 名横向流动人员进行的另一项调查发现,47%的横向流动人员在律师事务所的工作时间不超过5年。该调查报告说,"考虑到横向流动人员需要两到三年的时间才能跟上新律师事务所的步伐,需要两到三年的强劲表现才能收回招聘成本和高于贡献的薪酬,不待上5年就是亏损"(Simons 2017)。那些留下来的人往往达不到预期;一项研究发现,只有38%的人成功地带来了他们预期的案源,按照预期带来的业务,30%的人要么表现不佳,要么严重表现不佳(Bruch, Ellenhorn, and Rosenberg 2019)。

尽管有这些警告,但大多数律师事务所认为除了积极参与横向流动市场之外别无选择。增长是保持竞争力的必要条件,大多数律师事务所相信横向招聘是实现这一目标的最佳途径。此外,即使是那些不太重视增长的律师事务所,也容易受到合伙人离职的影响,并认为有必要通过横向招聘来取代离开的合伙人。

文化风险

尽管活跃的横向流动市场可以使律师事务所和律师受益,但是它也可能对双方产生不稳定的影响。正如一家美国大型律师事务所的领导者所哀叹的那样,横向流动市场的主导地位代表着"法律实务中忠诚的死亡"(#40)。另一家律师事务所的一位合伙人描述了活跃的横向流动市场可能导致的不稳定性:

> 这个市场开始看起来像一支运动队;你知道,我们交换一些球星,球星不断来来去去,如果你是教练,整个比赛就是临时组建一支球队,然后开始行动。这就是律师事务所所面临的巨大外部压力,[问题是]他们能在多大程度上屈服于这种压力。不论怎么说,它可能对委托人来说没有多大意义。如果委托人认为有某个伟大的个人,而不是律师

事务所整体向他们提供服务,那么他们可能是被蒙蔽了。(#179)

横向招聘的另一个影响是它对律师事务所的薪酬结构的影响。一方面:

> 这些日子有很多律师事务所在四处乱扔大量的钱,我确实认为……这种心态比以往任何时候都更强烈,即只要你能就去这么做……因为谁知道明天会发生什么。这是一个挑战。你比以往任何时候都更需要付钱给做事的人。(#203)

另一方面:

> 你通常是通过从其他律师事务所采撷人才的方式来扩张业务的……如果我们采撷这些人,那么我们就需要支付高额费用来吸引这些人。因此,这意味着我们可以对那些在这里生活了很长一段时间的人不加理会。(#72)

律师事务所专家大卫·普兰内尔(David Parnell 2018)提出,一小群富有的律师事务所越来越积极地招募高利润合伙人,正开始对整个法律市场产生高度不稳定的影响。他评论道:"离开的合伙人使一些岗位空缺,这些律师事务所正积极地试图用其他律师事务所的'呼风唤雨者'来填补,这就形成了一个自我延续的循环。"其结果是,那些失去知名合伙人的律师事务所的领导层必须:

> 为新的横向流动人员提供更大的回报,以填补巨大的空缺。正如你可能想象的那样,这惹恼了现有的合伙人——"为什么一个拥有900万美元业务的新人比我多赚150万美元,而我也有900万美元的业务,而且我已经在这里工作了20年;忠诚到底在哪里?"并进一步破坏了律师事务所

的合伙关系。最终,这种"生命周期"会削弱律师事务所对现有和潜在合伙人和委托人的吸引力,会使律师事务所变得脆弱。(Parnell 2018)

最后,几位合伙人指出,面对合伙人的频繁离去和到来,维持稳定的律师事务所文化是很困难的。正如一位合伙人在谈到他的律师事务所时说的那样,"通过横向流动人员的加入,我们增长很快。就像在化学中,每次你加入一滴新东西,整个溶液的成分就会发生变化"(Nanda and Rohrer 2012a, 11)。另一位合伙人说:

> 我不认为我们应该花更多的时间去思考横向流动人员小团队的文化,而不是他们的案源,以及他们的专业知识如何为我们的简历添加内容。当这种情况发生时,常常就会有一些有权势的人进入执行委员会,他们是这些团队的领导者,他们可能有不同的经营方式,他们不了解律师事务所的传统文化,因为那不是他们的文化。我已经看到他侵蚀了我们的文化。(#254)

当律师事务所引入了相对较大的一群横向流动的律师时,这种风险尤为明显:

> 他们有他们的文化。我们有我们的文化,很难把两者融合进来。所以,如果你有一家律师事务所,你在那里培养非合伙律师……梯队,他们融入律师事务所文化中,每隔一段时间,你可能会引入一些横向流动人员。当你带来一群人时,对我来说,就意味着没有人真正关心文化。当然,如果某人是个刺头,你可能不应把他们弄进来。但是如果他们有案源,那就是我们的文化。(#189)

尽管存在这种文化风险,但许多律师事务所似乎愿意承担这种风险。例如,AmLaw 100 强律师事务所 Winston & Strawn 的副主席曾表示:该律师事务所的首选明显是通过更大的律师群体来实现业务增长。这并不是说我们不会增加个人。但是,在过去的 5 年或者更长的时间里,我们在横向流动市场方面的优势在于,我们引进了大批律师。与此类似,Cozen O'connor 律师事务所的首席执行官说,"与引进个人相比,引进团队更有可能在不与之前的律师事务所发生争斗的情况下带来委托人"。此外,他说,团队可以提供运营效率:"如果律师事务所不需要增加管理费用,如办公场所和 IT 支持,那么团队的创收,减去它们的直接成本,如薪酬和行政秘书支持等项目,应该能满足你的基本要求。"通过增加一个团队,"我现在可以把我的管理费用分摊给更多的律师。在某种意义上,我在不增加成本的情况下获得了额外创收"(Strom and Simmons 2018)。

我们的访谈表明,律师事务所在横向招聘过程中可能会尝试考虑律师事务所文化,主要有三种方式。第一种是将横向招聘过程作为"扩大律师事务所平台"的一种手段,而不是简单地"购买收入流"。第二种是在招聘决定中要考虑一个潜在的横向流动人员是否能很好地适应律师事务所的文化。第三种是投入大量的时间和资源,确保横向流动人员在经济和文化上融入律师事务所。正如我们所讨论的那样,每一种方法都可以通过强调合作是律师事务所商业战略的关键要素来解决囚徒困境。如果管理层可以在这个过程中可信地传达合作是律师事务所文化的内在价值特征,这也可能有助于解决"保证博弈"。

横向招聘和职业价值

"扩大平台"

合伙人一直用两个术语来描述横向招聘的不同理念。一种可以进一步促进商业和职业价值的方法是,利用这种招聘来"扩展律师事务所的平台"。平台的比喻描述了横向流动律师的业务与律师事务所地理和业务方向之间的战略契合。因此,"真的流动来了,因为我个人觉得,对于我个人的业务来说,这是一个更强大的平台;我们在国内和国际上提供了更多的业务服务"(#36)。另一位合伙人指出,"我们永远不会吸引那些做[某种类型的业务]的人,因为……这不是我们的战略计划的一部分。我们不是适合他们的平台,所以我们是在浪费时间"(#11)。

因此,扩大平台将寻求其他律师事务所的合伙人,他们的业务将补充该律师事务所目前提供的服务。理想情况下,现有委托人会对新合伙人提供的服务有需求,而新合伙人的委托人会发现律师事务所现有的业务很有吸引力。换言之,新的和现有的合伙人将能够向委托人交叉销售服务,并在向他们提供扩展服务方面进行合作。

一位合伙人将横向招聘描述为拓展律师事务所平台的举措时是这样说的:

> 几年前,我们对我们的一个专业业务做了一项战略评估……通过市场调查,我们觉得我们正在失去业务,因为我们没有在西海岸设立办事处。尽管我们在市场上有了品牌……我们在西海岸遇到了麻烦。因此,增加市场份额的一部分就是增加我们[在那里的]存在感。然后我们说,"好吧,谁能就此帮我们?"我们找到了我们认为可以做到这一点的不同的人。[合伙人A]就是其中之一,因为他是加利福尼亚州的大牌律师,所以我们制定了一个战略去追他,感谢上帝,我们成功了。(#11)

从理论上讲,平台提供了协同增效的可能性和与其他合伙人的纽带。因此,这意味着律师事务所在获取业务和办公地点方面有一定的一致性:

> 大概你引进一个新团队是为了协同增效……这样它能很好地配合你现有的平台,从而2加2可以等于5而不是4。我是说,这就是你的目标。(#16)

一位刚从另一家律师事务所跳槽出来的合伙人谈到了加入一家合作型律师事务所的重要性:

> [律师事务所]使我们相信,律师事务所确实有跨越部门和办公室界限的工作文化,因为我们对他们说,[在我们原来的律师事务所]另一个问题是,我们的业务是这样的业务,即我们必须得到[各种业务领域]的非常重要、非常复杂的帮助。
>
> 因此,律师事务所完全履行了自己的承诺,给了我们所需的支持,使我们的业务得以发展,这是我们以前的律师事务所无法做到的,无论我们多么幸运地从委托人那里获得了新案子。(#228)

横向招聘的另一种替代性方法是用它来"购买收入流"。这种方法旨在找到其案源将增加律师事务所盈利能力的潜在横向流动人员,而不考虑新合伙人是否将与现有合伙人在这方面进行合作。新合伙人只是把自己的利润流加到律师事务所的利润流中,并不一定会为他们的同事增加机会。理论上,这类合伙人可以在自己的自设壁垒内工作,与律师事务所内其他人的互动极少,特别是在他们从另一家律师事务所带来一整个业务团队的情况下。对于律师事务所来说,与合作相比,这种行为利润更低。在这方面,扩大平台的策略可以解决囚徒困境。然而,许多合伙人也常常批评购买收入流,认为这是对商业目标的狭隘关注,而没有考虑其他价值。一位合伙人描述了一项购买收入流的政策会如何危及律师事务所文化:

> 真正的风险是,他们开始只是为了钱而雇佣员工,所以归根结底,"我们雇佣这个人是为了钱,这是原因,我们没有考虑其他因素"。如果你只是为了钱而雇佣员工,那么人们会开始明白并说,"哦,如果他们只是为了钱而雇佣员工,那么也许我做的只是为了钱,其他的事情真的不重要"。你可以看到这会如何破坏一种文化。人们会明白这一点,到头来他们会表现得好像钱是唯一重要的东西。(#179)

这些评论表明,扩大平台的横向招聘策略非常重要,不仅因为它提供经济利益,而且还肯定了律师事务所不只是基于商业考虑。因此,该策略反映了一种努力,即确保合伙人能从律师事务所执业中获得经济和职业方面的回报。因此,它有可能解决囚徒困境和保证博弈。

一位合伙人将自己的律师事务所与另一家律师事务所进行了比较,生动地说明了寻求扩大律师事务所平台与购买收入流之间的区别:

> 我花了5分钟才明白,在律师事务所A面试的过程中,我被问了[关于律师事务所B]的无数问题,要跟我来的委托人有哪些,他们可以为这些委托人做什么,以及有多少业务,我有多大把握把这些业务带来,无数的问题都是关于他们将如何为委托人做所有这些伟大的事情,而在3周的时间里,没有一个问题是关于我们将如何融入他们已经做过的事情,没有一个。因为那不是他们感兴趣的。

相比之下,在其现在的律师事务所:

> 我第一次与一群高级合伙人和主席坐在这里,他们每一个人都说,"哦,我的上帝,有很多地方可以让你们融入我们的工作,我们可以带你

们去看看这个和那个"。有些情况已经发生了,坦率地说,比我认为在一般律师事务所会发生的情况要多。这是一种截然不同的方法。(#150)

另一位合伙人将他现在的律师事务所与以前的律师事务所进行了比较:

"[我们]不会购买业务,[我们]不会购买收入流,这不是我们的风格。我们不需要另一个有1000万美元的人,有什么意义?出于其他各种原因,我们必须拿出更多有意义的方案。"然而,在他之前的律师事务所,"如果你给我数字,我们明天就会买下一条收入流"(#76)。

虽然许多受访者急于向我们保证,他们的律师事务所没有试图购买收入流,但是他们暗示,这种情况发生在"其他"律师事务所。

这种区别可能表明,律师事务所对聘用横向流动合伙人感到潜在的不舒服,但是人们相信,律师事务所对横向流动合伙人的决策将有助于律师事务所的成功,从而减轻了这种不适感:

我非常确信,没有人说我们只是想买收入流,买案源。从数学上讲,这可能行得通,但是从文化上讲就行不通了,否则你就会变成一个由一群共用办公场所的人组成的律师事务所。只有当它真正符合我们要实现的目标,符合我们的战略目标时,才会这么做。横向流动合伙人需要在我们的全球计划范围内开展工作。横向合伙人需要在我们的全球计划中工作。我们的全球计划不仅仅是增加更多的人,这与我们的业务是一致的。(#69)

业务的互补性反映了律师事务所平台的扩展,增加了新合伙人和现有合伙人之间合作的可能性,这反过来有助于将横向流动的律师整合到律师事务所中。与直接购买收入流相比,这可以提供更大的经济利益。它还可以帮助合伙人培养个人纽带,这是职业满意度的一个重要来源。合伙人们指出,这种纽带的存在影响了他们对招聘来电的接受度。就像其中一位合伙人所说的那样:

> 我接到很多猎头公司的电话,但是如果真的去了别的地方,有赚更多钱的可能性,然而,[在这里]我非常喜欢这份工作,我非常喜欢我的委托人,我很喜欢和我一起工作的人,这些都是重要的方面,我相信它是由每个不同的个人驱动的。(#72)

另一位合伙人说:

> 我并不认为去另一家律师事务所会有更好的处境,因为我可能会失去我在8年间建立起来的关系,包括从其他业务团队,那些我知道如何联系并与之融洽相处的人,那些有关系的人,我知道他们可以提供帮助,或者我们有一个很好的分配工作的方法,或者我知道我可以得到某些不是我专长的问题的答案,我们有一个很好的工作团队。(#71)

这与一项研究一致,该研究表明,一个人是否会离职的关键预测因素是他在工作中是否有一个"最好的朋友"(Harter, Schmidt, and Keyes 2003)。对于律师事务所的合伙人来说,这种关系的存在可以提供一种律师事务所特有资本,可以缓和活跃的横向招聘可能带来的不稳定影响。这样的纽带可以帮助合伙人更好地为委托人服务,而且在职业和个人方面都是有回报的。

为文化契合度而进行筛选

大多数律师事务所声称会筛选潜在的横向流动人员,以确保他们能与律师事务所的文化相契合。与此同时,文化契合的概念对合伙人来说很难。许多合伙人用不雇佣"浑蛋"来表达这一点。他们经常引用这个概念来强调自己律师事务所的文化:

> 抱歉,但"浑蛋"是一个重要因素。我们在这方面并不总是成功,但那是……这绝对是一句口号——我们是不错的人,我们想要保持这一点。(#76)
>
> 我记得几年前我们面试一个人……他想过来,他在美国证券交易委员会工作过。在美国证券交易委员会我对他有一点了解,但是我听过很多关于他的传言,说这个家伙是一个非常难以打交道的人,所以当他接受面试时,我们围坐在一张桌子上谈论他。我说,"听着,我只想告诉你,这就是这个人的名声。这是在美国证券交易委员会的名声,据我所知,在私人实务中也是如此"。他们环顾四周,说,"这对我们来说已经足够了。他来不了"(#66)。
>
> 传统上有一条我称为"不招浑蛋"的规则,我至少熟悉这样一个例子:有个人有很多案源,却因为被视为浑蛋而被否决。这一规则至少在某种程度上仍然有效。(#82)

识别文化契合度往往依赖于直觉的评估,而不是严格的分析:

> 当我面试横向流动人员时,我有点凭直觉行事……因为我发现在30分钟或1小时的时间里很难真正了解一个人,所以你要尽可能地去了解他。很明显,你想知道这个人是否有危险的过去,是否会成为一个不善于团队合作的人,是否会很难相处,或者是否真的只为自己着想。或者,他是否会是这种人,即如果你在周五5点有问题,他会帮助你,而不是想办法把问题推给别人。这是一件有价值的事情,你希望周围的

人……想要帮助你。(#71)

另一位合伙人强调了声誉的重要性:

> 访谈者:你的团队在考虑雇佣横向流动的合伙人时,主要考虑的因素是什么?
>
> 合伙人:我认为他们必须是和我们合作愉快的人。我的意思是,他们必须是优秀的律师之类的,但是我认为,有些人——每个人都说过,我们不可能聘用他们,不管他们有什么案源。
>
> 访谈者:那是什么类型的人呢?
>
> 合伙人:很明显,那些人很难相处,令人讨厌。这并不意味着你必须对每个人都友好,但你要找的是正派的人。这是一个相当高的优先级。(#73)

拒绝雇佣可带来利润但是令人不快的人,可以通过有钱不赚,传达出关于职业价值的重要性的信息。例如,一位合伙人描述了他的律师事务所不追求某些本来有良好资质的人的决定:

> 当我们在找反垄断律师的时候,我们和城里几位非常有声望的反垄断律师谈过,你知道的,他们曾经是首席检察官助理,或是联邦贸易委员会的法律顾问。我们放弃了一些业务,因为我们说,你知道,那些人会与这家律师事务所不相容,他们太苛刻了,太难对付了,所以不值得这样做。(#247)

合伙人的观点各不相同,有时是在同一家律师事务所内,对于一个很大的案源是否会导致律师事务所忽视一个可能难以相处的个性,他们的看法各

不相同。一位合伙人指出,谁被认为是"浑蛋",可能是因人而异的:

> 你说不要招浑蛋是什么意思?这和我说的不要招浑蛋是完全不同的。他们所说的"不要招浑蛋"是指你不能把花瓶从窗户扔出去。我说的不要招浑蛋,是指不要给我脸色看……这些话只能让你对真正发生的事情有最肤浅的了解。(#131)

此外,同一时间从另一家律师事务所引进的横向流动人员越多,该律师事务所声称文化契合度是招聘的重要标准的可信度就越低。例如,一位合伙人指出,一家律师事务所最近从另一家律师事务所聘请了30多名律师,组成一个特定的业务团队:

> 就文化而言,我想说的是当一家律师事务所从另一家律师事务所引进35名律师时,他们的文化有什么不同?你是一个公司实体,他们是不是你文化的一部分并不重要,这是一项商业,你已经明确这只是一项商业,我们关注的是底线。如果你引进了那么多没有在律师事务所文化中成长的律师,那么律师事务所文化的重要性是什么呢?

正如他所说的那样,"我想知道[我们律师事务所]在面试[另一家律师事务所的人]时是否会说,'嗯,我们想在招聘35名员工之前了解一下贵律师事务所的文化。'我不认为会发生这种事"(#189)。

合伙人们提出,律师事务所在招聘横向律师时是否认真对待文化契合度,一个很好的标志就是律师事务所是否确保几个人面试一个未来的合伙人。一份报告描述了Sheppard Mullin律师事务所的方法(这家律师事务所不在我们的研究范围内)。潜在的横向流动律师要拜访"几乎律师事务所所有的国内办事处,还要(参加)视频会议",在这个过程中可能会见多达200名合伙人。律师事务所的主席说，这个过程使律师事务所受益，因为：

> 这确保合伙人有机会在全合伙人范围内投票决定是否聘用这位候选人之前与这位候选人见面——这对所有横向流动人员都会发生。所有这些会面也帮助 Sheppard Mullin 发现了潜在的危险信号，比如，他爱耍手腕，或者执业时自设壁垒，我行我素，不能像律师事务所希望的那样带来多少协同效应。从律师事务所的角度来看，这个想法是让每个候选人都有一个非常仔细的观察，从文化和商业角度确定他们是否契合。（Flaherty 2018）

让这么多合伙人参与到这个过程中，是另一种方式的有钱不赚。正如《美国律师》所指出的那样，"如果你有一个或者几十个小时的可收费时间可用，这可能是一个成功的方法"。这一策略似乎对 Sheppard Mullin 律师事务所很有效，据报道，该律师事务所自 2001 年以来聘用了 70% 的横向流动律师，而业内平均水平约为 50%。另一位横向流动合伙人描述了被 Munger Tolles 律师事务所聘用的过程，在这个过程中，他会见了约 100 名律师，约占该律师事务所律师的一半。"这要耗费大量时间，"他说，"相当多的本可以用于收费的时间。我认为这表明 Munger 是多么认真地对待它"（Flaherty 2018）。参与这样一个过程所放弃的收入可以帮助解决保证博弈，即传达律师事务所对文化的忠信（至少部分是由职业价值观引导的）。

横向流动人员的融入

即使律师事务所横向招聘的目标是扩大其平台和实现文化契合的愿望，也不能保证它会成功。直接把人们放在一起并不意味着他们真的会合作。一位合伙人描述了在进入一家新律师事务所后，为在业务之间形成协同效应而建立纽带时，所面临的挑战：

当你第一次到达那里时,你会想……所有的……1800 名律师或者至少 700 名合伙人[将]在他们的屏幕上看到[通知],知道我们现在[A 市]有一群[从事专业 A]的律师,他们全部[将]立即……关注它,每天早上醒来都在想,我该如何利用我们现在拥有这个团队的优势呢？然而事实是,每个人都专注于自己的事情,令人惊讶的是,直到今天,有这么多人……甚至不知道我们在[A 市]有这样的资源……

即使我已经在律师事务所工作 3 年了,我记得有一次很恼火,因为[城市 B]的一个合伙人的一项事务是我所擅长的,但他却把这项事务给了我所在办事处的其他合伙人,因为他不知道我的存在。我不怪任何人,因此我明白了关键是你必须去其他办事处多走走,我去过另一个办事处至少六到七次,你要在那些办事处大厅里走来走去,好让人们记住你,知道你的存在。(#244)

因此,除非律师事务所在横向流动合伙人到来后采取积极措施培养和支持合作,否则扩大平台的努力可能只会换来收入流。这些措施可以解释为一种手段,以确保横向招聘人员将产生经济利益。然而,律师事务所在这方面投入的时间和资源,也可以代表有钱不赚,表明合作的内在价值。律师招募公司 Major Lindsey & Africa（MLA）强调深思熟虑的融入计划对扩大其他合伙人和律师事务所机会的重要性。它对横向流动人员满意度的调查,包括了"律师事务所如何有效地将横向流动人员融入律师事务所文化和业务"的部分。在插入这一部分时,该公司报告说：

从我们的经验中发现,最不快乐的横向流动人员往往是那些其律师事务所没有让他们成为真正的合伙人的人,即没有成为在企业有股份,而不是纯粹的财务关系的人。如果没有某种共同的纽带,也没有曾经帮助把合伙人们团结在一起的"患难与共"的长期共同历史,那么在暴风雨来临的第一个迹象出现时,人们就很容易选择弃船而逃。(Lindsey and Lowe 2014,28)

MLA 2014 年的横向流动人员满意度报告显示,如果合伙人新入职的律师事务所能最有效地将其融入律师事务所及其文化,"包括让新入职的人感觉'是家庭的一部分'的非商业方面",那么他们的合伙人就最有可能对他们的流动感到满意,而那些未能做到这一点的律师事务所的合伙人就不那么满意了(Lindsey and Lowe 2014,28)。虽然与 10 年前相比,律师事务所在横向流动合伙人的融入方面做得更好,他们仍然"似乎在招聘横向合伙人这一相对短期和集中的任务方面做得更好,而不是在将这些新合伙人完全融入律师事务所的持续和更分散的挑战方面做得更好"(47)。

一位顾问指出,"真正的整合需要的不仅仅是向现有的律师事务所合伙人和委托人提供有关横向流动合伙人的事务技能和价值的信息",因为"尽管合伙人对招聘横向流动律师充满热情,总有一些人认为他们的新同事是个得不偿失的机会。毕竟,一位横向流动合伙人刚刚与他原来的律师事务所'离婚',并带走了其宝贵资产。谁说这种事不会再发生呢?"这些担忧"在经济下行期间只会加剧"。因为担心自己的碗还不满的合伙人,甚至更不愿意与那些他们没有特别理由信任的人分享委托人关系(Ostrow 2010)。换言之,律师事务所必须说服它的合伙人,合作是安全的。

因此,真正的融入需要对商业和人际关系的考虑都很敏感。一位合伙人指出,他所在的律师事务所为他设立了一个正式的职位,即横向流动人员融入的全职负责人,这在大型律师事务所中是罕见的。他说:

当我开始这项工作时,我认为它很简单,就像是"我们要有一个书面的整合计划,用于我们的招聘决定",我们合作完成它,这是一个实际的书面文件。当人们加入律师事务所的最初30天内,我们会和将致力于这个项目的人一起坐下来,我们制定了一些目标,然后每个人都开始做自己的事情。如果生活像那样运转,那就太好了,但现实总是事与愿违。(#105)

他发现,随着时间的推移,融入工作需要根据个人的具体情况进行调整,并加强与相关业务团队的人员合作。一般而言,这涉及:

> 向在需要专业知识的领域执业的律师介绍[横向流动人员]。不只是喝杯咖啡,而是试图促成会议,谈论他们的新平台给委托人带来的机遇。接着在几个月后,我们开会讨论委托人名单。关键是让他们和委托人相处这是你要做的第一件事。一旦他们适应了,做好了准备,几个月后就进入第二阶段,也就是"就我们就现有委托人不能做到的,你能做哪些事情?你想和哪些委托人见面?"然后我们联系了关系合伙人,试着把他们联系在一起。

除了启动这一过程,合伙人的一个重要功能是,为横向流动人员提供一种与律师事务所有意义的联系。其中包括帮助他们实现商业目标:"我总是与横向流动候选人保持联系,看看他们的经济表现,和他们坐下来,谈论他们做得对的地方,做得不对的地方,并向律师事务所的高级管理人员提供一张简短的表格,主要是主观地描述某人是否达到了预期,超过了预期,低于预期但是仍在改进,并简要说明原因。"(#105)然而,除此之外,"我的工作是保持与他人的联系,我的工作是知道别人什么时候感觉联系少了"。就像合伙人所阐述的那样,重要的是:

> 有人实际上在为他们说话,他们可以给该人打电话,向了解律师事

务所的人抱怨,当他们充满怨气的时候,该人会和他们谈话,或者告诉他们,他们的主意很好,这就是我们要如何解决这个问题,或者这就是我要做的,我制订了一个计划。这是一种感觉,这个人与律师事务所的管理层有联系,不管律师事务所有多大,他们都很容易接触到他们。(#105)

这位合伙人强调,扮演这个角色对于强化律师事务所文化中的非经济方面非常重要,"我认为保持凝聚力的关键是在律师事务所有足够的接触点,这样人们就会觉得这是他们的家,他们喜欢来这里工作,他们喜欢看到这些人,他们会一直听到这个人或者那些人的消息"(#105)。

一个专注于横向流动人员融入的律师事务所,可以进一步促进其商业价值和职业价值。融入增强了其他合伙人的能力,使其能够从横向流动人员的到来中产生业务,同时建立提高职业满意度来源的纽带。它还有助于确保横向流动人员通过与同事的互动和接触,真正理解律师事务所的文化价值观。此外,该公司还向合伙人表明,为了实现长期合作目标,它愿意为融入投入资源,包括计费时间。这是另一种通过有钱不赚来保证忠信职业价值的方法。

结　论

横向流动市场的突出作用,对那些想要维持一种不只是反映商业需求的独特文化的律师事务所构成了重大挑战。一家律师事务所无法保证,如果与大型委托人有关系的合伙人收到其他律师事务所更有吸引力的报价,他们是否会继续留下来。认识到这一弱点,以及为了保持竞争力而成长的愿望,意味着律师事务所正在不断地在横向流动市场上积极招聘。

这就产生了一种风险,即合伙人会认为律师事务所在强调商业价值,而牺牲了其他关切点。即使律师事务所试图维持一种重视职业价值的文化,与横向流动市场相关的频繁的人员往来,也会使合伙人很难对这些价值在律师事务所中的含义有一个共同的理解。结果可能是逆转到财务业绩的最小公分母作为统一的价值。

律师事务所可能试图减少积极参与横向流动市场所带来的潜在文化风险。它们可能会根据文化契合度来筛选横向流动人员,雇佣他们的目的是扩大律师事务所的平台,而不是简单地购买收入流,并致力于真正地将横向流动人员融入律师事务所。这些措施可以同时服务于商业和职业价值,特别是通过促进合作来推进财务目标,并为合伙人提供内在的回报。然而,这些做法可能需要时间,在一个耐心并不总是被视为美德的市场,放弃它们可能会带来更大的短期回报。

9

受信赖的顾问和服务提供者

前几章描述了律师事务所日益增长的商业需求如何在确保适当尊重传统上被认为是非经济职业价值方面所带来的挑战。其中的一些价值观包括在一个合作性的环境中执业，在这个环境中，人们帮助同事而不期待经济回报，共同努力解决智力上具有挑战性的问题，公平对待彼此，在必要时愿意将自己的利益置于同事或者律师事务所的利益之下，帮助律师事务所发展壮大，并因内部职业标准所定义的法律工作质量而受到重视。

然而，如果不讨论职业概念的一个重要组成部分，即一般意义上的职业人员，特别是律师，在当前市场条件下对职业主义的任何分析都是不完整的。律师被假定扮演一种独特的社会角色，包括遵守与其他行业的成员不同的职业伦理义务。一些论者认为，不断加剧的市场压力正在侵蚀律师扮演社会角色的意愿和机会，这些社会角色涉及超越促进委托人利益的职业伦理义务。关于律师愿意扮演这一角色的问题，一些人认为，由于达到个人经济目标的压力越来越大，以及委托人现在对律师的影响力越来越大，律师的意愿正在减弱。根据这一观点，律师在质疑或者抑制委托人的要求时，不太可能像以前那样保持职业独立。例如，马克·戈兰特（Marc Galanter）和威廉·亨德森（William Henderson 2008）认为，趋势是"大型律师事务所的律师将越来越不独立于他们的委托人，因此职业伦理的可靠典范也将越来越少"（1872）。他们的结论是，"在这种高度原子化的经济环境下，伦理灰色地带很可能会以有利于委托人的方式得到解决,而没有把握的律师将不太可能承认任何非黑即白的事情"(1913)。其他批评者认为,律师事务所工作性质的变化意味着,律师扮演独特社会角色的机会越来越少。安索尼·克罗曼(Anthony Kronman 1993)提出,律师事务所和委托人之间长期关系的弱化,意味着委托人现在更倾向于向就他们需要专业知识的离散问题来转向律师事务所。他认为,其结果是,律师对委托人的整体事务不那么熟悉,而且往往会被叫去做那些需要相对狭窄的关注点的工作。他认为,这些条件不利于运用律师——政治家特有的审慎智慧的能力。与上一代人不同的是,现在的律师无法"从单一观点出发综合整合委托人案件中呈现的所有考虑因素"(289)。

另一些人也赞同这一说法,他们指出,许多公司现在将律师事务所视为它们购买商品和服务的其他供应商,授权采购办公室决定它们聘请律师事务所的条款(Habte 2017)。一份关于这些条款所强加的越来越苛刻的义务的报告得出结论认为,它们"有可能降低……作为法律职业人员的律师的独特性。因为他们被视为——自认为是——并开始表现得像纯粹的'服务提供者'"(Vaughan and Coe 2015,1;see also Terry 2008)。服务提供者表面上采用"顾客永远是对的"方法,从而忽视了职业人员提供独立建议的义务。

本章评估了一种说法,即现代律师事务所的律师作为具有独特伦理义务的独立职业人员的意愿和机会正在减少。出于显而易见的原因,要从合伙人那里得到关于这一主张的第一部分——意愿——的坦率回答可能很困难。对预期的社会反对的恐惧,可能会使他们不愿意承认在获得和保留委托人方面的更大的不安全感,导致他们比在卖方市场更能容忍委托人的要求。他们可能对自己没有达到职业理想的感觉很敏感,尤其是因为表面上粗鲁的商业原因。此外,一些律师可能会经历认知失调。律师可能会比自己所知道的更乐意默许委托人的要求,但是承认这一点所带来的不适会使他找借口,让他觉得自己的行为符合职业义务。这样做时,他可以利用为委托人服务这一行风的共鸣,并在阐明他的职业角色时强调这一理想。通过这种方式,他可以以一种与他的行为一致的方式含蓄地重新定义他的角色,从而报告市场条件没有明显地影响他按照职业责任行事的能力。

在我们项目开始时的最初几次访谈中,我们询问了合伙人,他们是否认为这种说法是准确的,即商业需求对律师作为独立职业人员的意愿施加了更大的压力,对于他们来说,客户并不一定是对的。合伙人承认,观察者可能会认为,向买方市场的转变可能会产生这种风险。然而,他们都说,他们没有看到这种情况发生在他们自己或者其同事身上。他们说,他们没有看到委托人要求他们帮助从事可疑行为的更大压力,也没有看到合伙人因为害怕失去委托人而在适当的时候不太愿意挑战委托人。他们说,委托人试图让律师从事不当行为的情况实际上相当罕见,大多数律师都对自己的职业伦理义务有足够的忠信,并意识到违反这些义务的风险,从而抵制此类想法。

然而,我们所描述的动力表明,我们不应自动地把所有这些声明都当真。然后我们改变了我们的方法,采用了一种倾向于引出更有启发性的回答的方式。我们没有直接询问商业压力的影响,而是开始直接询问合伙人,他们是如何看待自己的职业角色的?在此之前,没有任何关于这一角色应该是什么样子的暗示,也没有任何关于市场环境正在改变律师对这一角色的理解的暗示。

合伙人往往将自己的角色理想性描述为委托人的"值得信赖的顾问"。正如我们在本章中所阐述的那样,受信赖的顾问既不同于这样的律师,即只把自己的角色看作促进委托人的欲望,也不同于这样的律师,即把自己的角色看作确保委托人的行为符合广泛的道德原则或者正义的要求。合伙人们说,他们觉得做一个值得信赖的顾问是有回报的,因为这可以提供一个机会,在法律的精神和字面含义方面,以及就法律合规之外的因素,为委托人提供咨询。然后,我们询问合伙人,是由于委托人现在从外部法律顾问那里寻求的技术帮助越来越狭隘,还是因为委托人对广泛建议的接受程度不如以前,所以他们扮演可信赖顾问角色的机会比以前少了。虽然一些律师承认在这个方向上有一些发展，但是大多数律师表示，他们的工作继续提供扮演这一角色的机会。他们的回答为内外部法律顾问之间的关系提供了一种更微妙的解释，这种关系不是零和博弈，即前者承担更大的责任自动意味着后者的工作范围更窄。

可信赖的顾问

当被问及如何看待自己的职业角色时，相当多的合伙人表示，他们渴望成为委托人"值得信赖的顾问"。因此，一位合伙人说，他"作为律师的目标是被视为委托人值得信赖的顾问"（#266）。另一位律师说，"我认为与你的委托人之间的理想关系，是理解你的委托人的业务和战略，并能够就法律领域内他们能做或者不能做的事情进行广泛的推荐，你就会对公司的整体战略有更多的了解"（#262）。

一位律师描述了他从这个角色中获得的职业回报：

> 我真的认为，无论你是为公共利益委托人、公益服务委托人还是企业委托人提供咨询，你所做的都是建议他们采取最好的行动，你是在维护他们，其实技巧都是一样的。我认为，帮助别人解决问题的核心情感、满足感也是一样的，这也是我真正喜欢的。这就是我上法学院的目的，我确实觉得我每天都能做到这一点。

然后他描述了他在规制合规方面的工作是如何做到这一点的：

> 这种情况在合规委托人身上经常发生。它可能是非常明达谙练的委托人，如联邦政府承包商，它们有一个非常复杂的合规系统，你可以帮助他们处理灰色地带，有时也可以帮助新公司或初创公司，或者突然

成长起来的公司,落实他们的合规政策程序。这也很有趣,因为你必须定制真正适合小公司的政策,以及他们如何以一种非常灵活简单的方式做到这一点。(#260)

与此类似,另一位律师说:

在律师事务所的背景下,显然明达谙练的委托人带着他们无法解决的复杂问题来找你,他们指望你帮他们解决问题,他们对此很满意。帮助不够明达谙练的委托人也有一种满足感,这基本上就是告诉他们应该做的一切,并说,"不要担心"……[告诉某人]你是他们的后盾,即使这个法律体系很复杂,似乎令人不知所措,你也不会让他们沉陷其中,这也会获得很大的满足感。(#95)

当委托人找到作为可信赖顾问的外部法律顾问并寻求判断时,外部法律顾问会讨论哪些考虑因素呢?法律顾问考虑的问题范围很广,但描述这些问题的一种通用语言是风险。例如,一位合伙人被问到,在提供涉及职业判断的建议时,需要考虑哪些因素?他回答说:"这好比在问:'好的,这里有三个选择——高、中、低风险——你认为我们应该怎么做'。"他继续说道:

或者[委托人可能会问],"我们决定我们真的想要追求那个选项,考虑到你明白事态会如何发展,我们还应该做什么?或者我们应该在内部安排哪些其他资源?"这有点像,"你经历过战争,你明白这将如何发生,你认为我们还应该做什么来尝试处理或者减轻风险,或提醒我们的组织?"(#139)

其中一个风险是法律风险:委托人选择做的事情是法律所允许的论点的

力度。律师可能会告诉委托人：

"如果这是你想做的，我们不能肯定地告诉你，你完全安全。根据我们的经验，我们认为，联邦贸易委员会在过去几年中所关注的和他们真正关心的并不在这个范围内，但是作为一个技术问题，我们不能指出一些安全的港湾，说你做这件事的方式是完全适当的。"因此你要帮助他们评估风险，因为通常情况下，在事情非黑即白时，他们不需要打电话给你。所以当你……精心设计解决方案时，你设计的方案要可行，但是它的风险要尽可能最小，或者涉及的灰色区域尽可能最小。

[作为一个值得信赖的顾问意味着要处理]越来越多的灰色地带[问题]，因此你要提出风险。最终这要由委托人作出决定，但是在大多数情况下，他们会问我们，"你怎么想？"或者他们不需要问，我们直接说，"当你权衡了所有的风险和后果后，这就是我的想法"。他们非常感激我们能提供这样的判断和建议。(#160)

另一位律师说：

根据我的经验，大多数情况下，当你提供建议时，你是在给不想靠近风险边缘的人提供建议，所以你的建议要嵌入其中：这是我的建议，这就是我为什么提出这样的建议，按照政策这就是风险频谱所在的地方。大多数人都会远离这个灰色地带。如果你想让我以一种更细致的方式分析灰色地带，我可以这么做，但你必须明白这是一个危险的地方，大多数人完全不想去那里。(#121)

在给委托人提供咨询时，一个普遍关注的焦点是"规制风险是什么？"一位律师代表了很多人的观点，她说自己的角色是"列出选项是什么。我总是喜欢告诉他们，'这是你的选择范围：最谨慎的是这个，最冒险的是那个'，然后我们会讨论什么是中间选项，我会问，'你对这个选项的风险厌恶程度如何'"（#74）？

我们询问的大多数合伙人表示，他们认为自己在法律风险咨询方面的角色不仅包括对法律字面意思的讨论，还包括对法律精神的讨论：

> 访谈者：如果有些事情是在法律字面意思范围内的，但你觉得它可能与法律目的或者精神不一致，你会觉得有就此说说的职业责任吗？
>
> 合伙人：是的，当然有。我的意思是，我认为这样做是非常明智的：即根据法律的字面意思，也要这么说，"看，这里没有判例说你不能那样做，可以这样做，也可以那样做，严格来说，这是可以的，但是不是最好的做法。这不是你应该追求的，而是你应该远离的"。我确实认为这么做是对的。（#37）

另一位合伙人呼应了这一观点：

> 访谈者：在法律的技术字面之外，法律的精神或者目的在多大程度上影响了你对委托人想要做什么的评估？
>
> 合伙人：这是个好问题。昨天就发生了。在某种情况下，委托人正在考虑做一件事，虽然根据对法规的技术解读，我们不能说这会引发任何负面后果，但是这种行为可能会违反法律精神。我们无法预测如果有关机关按照可能发生的情况来看待事实，他们会怎么做，所以我们告诉他们，"我们不认为这是直接违反了法律，但是这违反了法律的精神"。他们实际上决定做一些不同的事情。（#103）

律师们认为，可信赖的顾问不仅要负责讨论规制机构采取行动的风险，还要根据许多相关人员的反应讨论一系列其他问题。一位合伙人被问及,他是否会就当事人可能的反应向委托人提供建议,如债权人、投资者、供应商或类似的其他当事人时。他的回答是,"当然。因此,我们可能会遇到这样一个问题:我们的顾客是否对我们提出了有效的赔偿要求?"我想有时我们只是知道涉及一个更大的问题,即他们必须考虑与顾客的关系。他们真的不仅是为了有根据也说"是"或"否"而要我们的答案,也想就更大的问题要我们的答案。他们几乎总是想要我们就更大的问题提出想法。(#48)

另一位合伙人描述了在帮助成立私募股权基金的背景下如何实现这一目标:

> 合伙人:发起人想做点什么,他们问,"法律文件允许我这么做吗?"如果我们给出这样的回答,"是的,技术上允许你这么做"或者"你可能可以这么做",那么问题就变成了,"如果你这么做,你真的会激怒你的投资者吗?"因此,这不仅仅是法律建议,根据我们的经验,这也是投资者关系建议,并指导他们,或至少提醒他们,"嘿,这是一个你也需要考虑你和投资者关系的时刻"。
>
> 访谈者:所以你必须观察嵌入它们的一系列关系。
>
> 合伙人:没错。(#160)

一位从事房地产和建筑法方面工作的律师阐述了这些问题在提供咨询时的相关性。访谈者问道,所以当你谈到宽泛的建议时,你提到说,"是的,你可以在技术上做这个,但是……'但是'后面是什么?"他回答说:

> 专业的判断。我给你举个例子,我现在正在处理一些委托人的事情,这些项目没有按时完成。我会说,"这些是合同用来解决这个问题的工具,我们谈谈如果你使用这些工具,可能会发生的负面事情。也许

让我们想想对方现在正在经历什么,以及他们的担忧是什么。我们可以按什么按钮,我们可以通过什么交流如你所愿?"[这]不一定是一个法律程序,但这是这个行业的经验。(#136)

在其他情况下,这个律师可能会说,"这很可能会出现在你当地的报纸上,因为这是当地一个大项目,所以让我们谈谈这将会是什么样子,你的行动将会产生什么结果。这绝对是更广泛的职业判断,而不是技术性法律问题"。他指出,"在某些方面,我们可能会遇到最大的问题是,另一边的律师只是提供技术性建议,你知道,'增加这一条款,增加那个条款等',而不是从整个事情退一步说,'让我们谈论我们如何共同把这件事导向一个更好的方向'"(#136)。

与此类似,一位律师被问及,当她作为一个可信赖的顾问时,是否会考虑利益相关者的利益,如"顾客、供应商、投资者、雇员和社区"。她回答说,"是的,我认为你必须考虑到所有这些人员的利益,才能在这种情况下真正成为一个好律师"(#59)。

更广泛地说,公司对不同行动路线的声誉后果越来越敏感。当被问及这一点时,一位合伙人谈到了他的委托人,"我的意思是没有人招惹 FDA,尤其不愿招惹最近出来的一些问题,这些问题蔓延到媒体,然后从那里蔓延到原告律师那里"。因此声誉风险是他给出的建议的一个重要部分(#74)。

这位律师详细阐述了其提供医疗设备的委托人如何处理产品风险问题:

> 我不能说我们所打交道的委托人中有谁真的不关注与某事件相关的健康风险。我的意思是,他们知道设备是否会失灵,设备是否具有危险性,但愿不发生致人死亡事件,你知道他们不想要这样的名声。他们不希望这些产品在市场上出现这种情况,他们将尽一切努力确保这种情况不会发生。

他解释了自己如何就这些委托人的产品可能带来的风险向他们提供建议：

> 假设任何设备都有可能在某一天因使用不当而造成死亡。我们知道这一点，但我们总是建议我们的委托人，"好吧，什么是合理的最坏情况，这也是食品和药物管理局真正关心的主题……如果它发生了，最坏的情况是什么，最严重的伤害是什么"。只要我们按照一个合理的标准行事，我认为我们最终总能作出正确的决定。(#74)

一位律师指出，在就某一问题提供广泛建议时：

> 这可能是完全合法的做法，但是可能会在一个声誉受损风险很高的领域导致糟糕的结果。如果有人想在一个贿赂风险相对较高的国家投资，我们只是想确保委托人意识到这一点，他们不会两眼一抹黑地去做。我们可能会说："你可以这么做，但是你应该意识到，这是美国证券交易委员会就非公认会计准则财务指标不断审查的一个领域，这些指标会定期改变。它们并没有违法之处，但是美国证券交易委员会讨厌它们，你会一直要回答这些问题，你只需要问问自己，这真的是你想对美国证券交易委员会采取的姿态吗？"(#267)

某位律师说：

> 如今风险增加的原因之一就是游说组织。例如，以隐私为例，现在有很多游说组织，如果联邦贸易委员会不采取行动，某个隐私游说组织就会开始在他们自己的网站上向媒体施压，并敦促联邦贸易委员会或者其他规制机构说，"嘿，你真的需要采取行动"。当今世界信息的快速

共享加快并放大了这些声音。[结果是]公共关系变得更加重要,[律师将其纳入了他们的建议中]。(#139)

许多律师说,他们把就重要的非法律因素提供咨询视为自己角色的基本组成部分。"我认为,如果我们要把工作做好,"一个人说,"我们不仅要考虑我们能不能做这件事,或者我们怎么做这件事,还要考虑它会对委托人产生什么影响?"这意味着"即使他们没有问,我认为我们的回答通常是,'好吧,这里有一些其他的反响或者含义'"(#48)。

因此,受信赖的顾问可能不会只是简单地为委托人列出风险,还会建议委托人不要采取虽然合法但是不明智的方式。一位律师说,"如果我认为这是一个界外球,我会告诉他们"。然后发生了这样的对话:

访谈人:界外球是说在法律的界限之外,甚至在法律的范围内,这是一个好主意吗?

合伙人:两者兼而有之。因为即使你在法律允许的范围内,如果这不是一个好主意,你也有声誉风险,有信任问题。他们需要明白,他们正在超出信任的界限,如果我不让他们知道,他们可能不会进监狱,但是这无益于推进他们的事业,我将没有对我的委托人尽我的职责……我不会参与我认为是错误的事情,即使它是合法的。(#69)

另一位律师被问到,如果他建议委托人不要做一些合法但是"似乎不应该做的事情",他是否会"感到不舒服"。他回答说:"哦,是的。"(#271)另一位则被问及,他是否会建议委托人说,他想做的事情是有问题的,即便这是合法的。"是的,我想这是对的,"他说,"我认为我们有义务告诉他们(这将如何影响)他们自己的使命,而不仅仅是回答技术性问题。我认为我们也有这样的角色"(#265)。

这些评论指出了可信赖顾问的两个特点,这两个特点与职业责任的概念有关。首先是愿意讨论法律的精神和文字。其次是愿意就非法律方面的考虑提供建议。律师不需要提及任何一组关切来遵守已确立的律师角色的标准概念,即"中立当事人性"。这种模式下的律师是中立的,因为他不需要对委托人目标的道德性负责,也不需要对委托人的道德性进行判断,只要当事人的目的在表面上是合法的。律师是当事人性的,因为他必须尽最大努力帮助当事人达到目的,而不考虑其他人的利益。对委托人的忠诚,以及对委托人合法利益的偏向,定义了他的责任范围。因此,中立当事人性可以提出对法律的任何有利于其委托人的似是而非的解释,利用法律的字面意思而不顾其精神,并对委托人寻求实现的目标的道德可取性漠不关心(Freedman 1975)。

的确,《职业行为示范规则》2.1写道:"在代理委托人时,律师应当运用独立的职业判断,提供坦率的建议。在提供建议时,律师不仅可以以法律为依据,而且可以以诸如伦理、经济、社会和政治等可能与委托人的情势相关的因素为依据。"然而,这一条款并没有界定"法律",而根据规则字面含义这样做的律师遵循的是行业内公认的惯例。此外,该规则允许但是不要求律师就非法律方面的考虑提供建议。如果律师选择不这样做,那么可以说他并没有违反规则。

关键是,由于最近的市场压力,合伙人的职业责任概念缩水了,他们有完全可以接受的理由接受对其责任的狭隘理解。在我们的访谈中,合伙人没有这样描述受信赖的顾问的角色,这一事实表明(尽管这不能肯定证明)许多大型律师事务所的律师对自己的职业义务保持着更深刻的理解。

受信赖的顾问可以提供的一种形式的帮助,是支持内部顾问的努力,以说服委托人内部的人认识到某些行动计划的重要性。例如,一位从事规制合规工作的律师分享道:

[这包括]为组织的领导者提供他们需要的工具,以帮助创建一种合规文化,有时还在他们试图这么做时提供支持。公司内部的律师和商业领袖有时可能会说,"我如何说服人们,这很重要吗?"然后你和他们进行头脑风暴,可能会说,"你可以指出某件事是危险的"。你只是试着帮助他们充实他们的论点。(#264)

与另一位律师的交流中描述了这是如何发生的:

合伙人:委托人可能会说:"我们已经得到了法律建议,现在让我们谈谈我们的组织,你可以帮助我们找到其他的方法来与人们进行交际,让事情顺利进行。"

访谈者:所以他们在寻求你的支持和强化,以帮助他们完成说服别人的内部任务?

合伙人:是的,一部分是说服,一部分是教育。(#151)

一位律师说,他可能不仅会提供支持,还会"扮演重要角色"。他继续说:

我可以举个例子。我现在有两个项目,副总裁兼总法律顾问喜欢我们团队与他们的团队和论题专家一起工作,说,"这就是你要做的,你要这么做,这是规制机构所期待的。人们可能不喜欢,但是支付账单的总法律顾问喜欢"。(#74)

因此,受信赖的顾问提供的建议,似乎反映了艾尔·沃德和拉塞尔·皮尔斯(Eli Wald and Russell Pearce 2012, 2016)所描述的对委托人利益的"关系性"理解。正如他们所描述的那样:

关系性观点认为，所有行动者，无论是个人还是组织，都有各自的身份，但是在本质上相互联系，不能孤立地最大化其自身利益。从关系性自身利益的角度来看，个人或者企业的利益最大化需要考虑邻居、雇员或者顾客以及公众的利益。因此，注重关系性的律师会建议并协助委托人、同事在考虑和追求自己的利益时，要考虑他人的福祉。（Wald and Pearce 2016，601）

委托人想要什么

当被问及近年来委托人对受信赖的顾问所提供的那种广泛的职业建议的要求是否有所下降时，合伙人们的回答不一。一些人同意，而一些人说根本没有下降。然而，大多数人说，一些委托人倾向于少要求这类建议，但是仍有许多情况下他们这样做。他们的回答表明，克罗曼（Kronman）依赖于处理委托人的所有法律工作与处理与委托人没有持续关系的独立事务之间的过于简单的二分法。实务的现实往往介于这两种极端之间，根据委托人的类型、法务部的规模和有关事务的不同，担任受信赖顾问的机会也有所不同。总体来说，虽然发生了一些变化，但是外部顾问的角色似乎并没有从可信赖的顾问转变为服务提供者。

一位合伙人强调说，委托人不会减少向外部顾问寻求广泛建议的机会：

> 我的经验是，我们绝对仍在被用于进行更广泛的职业判断。是否有人向我们寻求法律技术建议？当然，一直都有，永远都有，但是我相信他们仍然期待我们提供更广泛的职业判断，在我的实务中，多年来我没有看到这方面的变化。我仍然被要求作出广泛的职业判断。（#136）

其他合伙人说,参与交易性工作的律师理应提供指导并将法律建议的商业含义考虑在内。"事实是,"一位合伙人说,"当你像我一样是一名交易性律师时,这些都是掺杂在一起的问题。他们不会技术性地问我'最低要求是什么,我们能做什么?'他们通常会说,'你看到了什么?'所以,我认为[委托人寻求广泛职业建议的次数减少]并不像我在媒体上看到的那样是个大问题"。当被问及这是否意味着委托人依赖于律师"在考虑到所有的事情,弄清楚什么是最符合委托人利益的"时,他回答说,"是的,我认为在交易业务的很多方面,这个角色更多的是顾问而不是律师"(#170)。

从事合规工作的另一位合伙人说,"我有内部律师(法务部),我每天、每周都和他们交谈,他们给我发邮件,给我打电话,问我与众不同的问题,我们会在半夜讨论,你知道,这是一个非常值得信赖的顾问角色,这很令人满意"(#37)。另一位律师提出,在"大公司"中,律师往往更少扮演可信赖的顾问角色。他说,情况就是这样,"随着公司的法务部门不断壮大,它们在自己的公司内部增加了自己的能力和专长"。然而,就较小规模公司的委托人而言,这名律师谈道:"我有更多的中小公司委托人,要么我直接与企业所有者互动,要么我与一个内部律师互动,他什么都做,我基本上支持他或者她所做的任何事情。"(#103)

另一位合伙人在回答委托人是否寻求更专业化的技术建议时表示,"对我来说,这是完全可能的。这是一种'是'和'否'的问题。这取决于委托人。在拥有庞大内部法务部的公司,我确实认为这是一种趋势"。然而,中小企业"既要找能给他们提供专业技术建议的律师,也要找能给他们提供更广泛判断的律师,而且我仍然看到可信赖的顾问角色正在发生"(#139)。

然而,委托人规模与建议的复杂性之间的关系可能有所不同。与拥有大型法务部的委托人相比,在某些情况下,拥有小型法务部的公司可能会要求律师事务所提供更为常规的法律工作。大型法务部的委托人可以在内部执行基本的法律任务,对于多个方面的复杂问题就需要考虑向外部律师寻求建议。

几位律师提出,技术咨询和职业建议表面上的区别被夸大了。除了最狭隘的技术问题外,律师会被要求作出更广泛的判断,即使没有被要求,委托人也欢迎他们提供这种判断:

> ……很明显,在一些情况下,他们需要的是更广泛的职业判断,也有一些明显是更专业化的建议,比如,"我想要就此提出专利申请",他们不想讨论这是否是一个好主意。但是在这中间,有很多人想要我们说——即使他们没有问,如果我们这么说,他们仍然很高兴——"你知道,我认为你需要做的是另一件事",他们似乎非常欣赏这么做。我认为我们的工作就是提出这类问题。所以我认为我并没有特别注意到这方面的变化。(#48)

另一位合伙人也提出了同样的观点:

> [委托人]可能会问,"这就是我们正在做的事情。和其他人做的相比怎么样?"这个问题的本质是,"你对市场有什么看法?"还有其他情况,在某些情况下,问题更狭隘,还有很多很多的情况会让你进退两难:虽然问你的问题很狭隘,但是如果你不用这句话来回答是不适当的:"我知道你只就此询问了我,但是你应该知道,大多数人认为它有点不同。"(#267)

一位律师是这样描述她的经历的:

> 这里有一个小的技术问题,比如"你能做到吗?"还有一个更广泛的问题:"我应该这么做吗?"后者对我来说更接近职业目标。有很多时候

他们会问,"我们应该这么做吗?"或者我们的建议是,"是的,你可以做,但这是一个愚蠢的想法"或者"这将是困难的,但是因为一些因素,我们认为你无论如何都应该尝试一下"。所以我确实认为我们经常会被问到更大的图景。(#48)

如果现在大公司的内部法律顾问是最了解委托人的明达谙练的律师,那么他向律师事务所的律师寻求广泛职业判断的依据是什么?答案是,外部法律顾问熟悉大量不同的公司,因此可能比内部法律顾问更了解整个行业。这包括了解市场状况,其他公司如何处理各种问题,新兴的最佳做法,利益相关者的观点,如规制者、投资者、供应商和顾客。

因此,委托人可能会问,"我们如何在内部完成这项工作,你看到其他公司是怎么做的?鉴于你对我们的了解,你会怎么做?"一个委托人"会来到这里,他们会给我们一个新任务,这对他们来说是新的,但对我们来说不是,因为我们和很多其他委托人都经历过。他们会说,'在我们的组织中,我们需要弄清楚如何实施这个项目,并将其销售给不同的团队,您能帮我们弄清楚如何在我们的团队中推出这个项目吗?'这是一个需要专业判断的问题"(#139)。

正如一位律师所言,"关键在于行业经验。这个问题我已经见过 25 次了,我很清楚沿着路径 A 和路径 B 会发生什么"(#141)。另一位合伙人解释说:"你可以提供职业判断,你可以根据你在市场上看到的情况提供一些判断。"(#160)

一位律师是这样描述的:

当你身在其中的时候,你会意识到你不一定有置身事外所能带来的那种视角。所以我们对外部法律顾问的观点非常尊重。公司内部值得信赖的顾问常常会联系外部的法律顾问,说:"你能不能看看我对这件事的考虑是否妥当，因为我没有处理这件事的其他公司的视角。"

然后他就这类请求提供了一个例子：

> 上周就有一个很好的例子。一个上市公司的委托人打电话来，他是一个非常有想法的人，他想了解不同的公司是如何处理开放的交易窗口。这个窗口是在你宣布收益之后，有一段时间你可以打开一个窗口，说它是安全的交易，但这是一个有限的期间，有时持续几周，有时是一两个月。[这个人]只是想说："这就是我们正在做的事情，与别人正在做的相比如何？"（#121）

另一位与私募股权基金合作的合伙人表示，许多委托人会向外部法律顾问寻求他所说的"市场数据"。他描述了这可能是如何发生的：

> 我们帮助基金发起人建立和组织他们的基金，并与投资者谈判，我们也帮助投资者就他们投资于这些基金进行谈判，这是我们的主要工作。即使你是一个大而复杂的基金，你了解你的基金文件，你了解你的投资者，你对宇宙有很广泛的了解，但它仍然是有限的。然而，我们为许多不同的委托人提供咨询，我们看到了很多正在发生的事情。
>
> 所以委托人会来找我们，说："技术上要确保这个可行，这里的法律是什么？我们怎么做？"但是他们也会问我们，"市场惯例是什么？人们要去哪里？你看到了这个、那个和其他东西吗？"即使他们没有问这些，我认为在很多情况下，他们的期望是："我希望你不仅是我的律师，而且要在商业条款上指导我。也就是说，你要成为建立商业安排的合伙人。"（#160）

另一名律师被问及,这类建议是否能提供有关新兴最佳做法的信息:

> 是的,有相当多的或者有很多的最佳做法。通常你可以说,"这是最好的做法,但是你也应该知道有很多常态做法"。如果有人问我,"最好的做法是什么?"应该是这样的,但是"做一些有点不同的事情既不违法也不令人感到奇怪,这是全部的范围,你只需要找到你想去的地方。你是处于最佳做法的前沿,还是一个追随者,而不是始作俑者,你宁愿踌躇一点?"(#267)

这种观点甚至可以导致老练的内部律师求助于外部律师,以确保前者对某个问题的深度卷入不会不当限制他的判断。一名律师说,"在内部工作最难的事情之一是,你如何既能成为团队的拥护者,又能成为一个客观的人。因此,当你在内部工作时,打电话给外部律师,获得一些观点是非常有用的"。内部律师可能会说,"我作出这个决定的方式真的会影响很多事情,包括为我工作的人,所以我希望你能听听我的想法,并给出你客观的观点"。他补充说,"在公司外部工作比在公司内部工作要客观一些,因为首先你在组织外部来关注内部,这会带来一些客观性;其次,你有不止一个委托人,所以你不是那么完全依附于[一个委托人]"(#121)。另一名律师附和道,"由于公司如此复杂,而且事情又如此多,外部法律顾问的集体经验仍将受到重视"(#69)。因此,律师事务所专业化程度的提高,并不一定意味着提供广泛专业建议的机会减少。当一位律师被问及,尽管他有自己的专业,委托人是否会向他寻求关于"他们的监管环境是什么样的以及其他律师事务所做了什么"的广泛建议时,他回答说,"当然"(#74)。另一名律师说,他的专长意味着他现在较少与大公司的总法律顾问打交道,而更多地与专业化的内部法律顾问打交道。在这些情况下,"你信任的顾问角色已经转移到相关的律师身上,他们能提供的系列服务包括了你的专长"。尽管他拥有更多的内部专业知识,但他

"仍然是一个可信赖的顾问",因为他可以就行业情况和最佳做法提供更广泛的视角(#95)。

一位合伙人提出,正在出现的模式是,内部和外部法律顾问现在经常合作,以发挥互补性的可信赖的顾问角色。他说,"我的观察是,现在,内部受信赖的顾问和外部受信赖的顾问之间的合作关系,是提供两结合的建议的关键途径"。他解释说:

> 当你身处其中时,你就无法真正有一个宽广的视野去了解其他人在这个行业里做什么。当你身处外部时,你对业内其他人在做什么有很好的了解,但是你对如何将其应用于你所为之提供咨询的企业却没有深入的了解。外部法律顾问带来的作用不仅仅是他们领域的技术专长,而是……了解市场以及人们如何处理这些不同的事情的能力。[这些]可以帮助你为特定的公司找到合适的方法。

在这种情况下,"建议的整合"是为委托人提供最佳指导的关键(#267)。

因此,我们的访谈表明,合伙人认为,作为一个可信赖的顾问的角色是,作为法律职业的一员,履行自己独特的社会义务。这一角色不仅涉及基于法律的字面提供咨询,而且涉及基于法律的精神提供咨询,以及在适当情况下提供非法律考虑。

下一节将介绍合伙人对委托人的忠诚如何使他们成为可信赖的顾问,从而提供广泛的咨询。合伙人认为对委托人的忠诚对于获得扮演这个角色的机会和有效地执行其职责至关重要。这与著名的法律职业伦理理论形成了鲜明对比,这种理论以怀疑的眼光看待这种忠诚,因为这威胁到律师关注委托人欲望之外的更广泛问题的能力。

忠诚与信任

许多受访者表示,能否向委托人提供广泛的建议,关键取决于委托人是否相信律师真诚地致力于促进委托人的最佳利益。此外,一些人还描述说,与委托人建立在这种信任之上的关系,是一种特别有益的职业成就感来源。

例如,一位律师说,"这种关系在某些方面难度要大得多,因为它就像你的朋友,你不想告诉你的朋友坏消息,但是在某些方面更容易,因为他们信任你,所以他们找到我们来寻求这个建议,他们知道有这种可能性,即我们要反对说,'不要这样做',但是我确实认为[总体而言]他们非常喜欢这样"(#261)。另一位律师被问及,他是否认为自己的基本角色是"独立于委托人,有责任关注更广泛的公共关切"。他回答说,"我不认为自己或者与我打交道的其他律师是某种独立的仲裁者。相反,我们通常是试图与谈判桌上的一方达成在习俗和惯例的范围内适合每个人的某种协议"(#170)。

一位合伙人这样说:

> 你必须和委托人建立关系才能和委托人沟通,但是这并不意味着你不能客观。我认为关键在于,你需要有这样的关系,才能成为一个好的沟通者,然而,你也需要一直用一部分大脑来思考,"向我提出的问题会导致正确的方向吗?向我提出的问题是我应该质疑的问题并这样说的吗?'天哪,是的,我们可以得到这个解决方案,但是让我们退一步想想,你真的想要这么解决吗?'"有时候答案是否定的,那些是最令人满意的对话,因为你让委托人参与了,他们会说,"哦,你是对的,我真的没想过这个问题",它会朝着一个稍微不同的方向发展。(#267)

另一位合伙人以这种方式强调了忠诚而非距离的重要性:

> 我一直认为我们的责任是这样的,并且我认为委托人也更喜欢这样,即"我知道你想做什么,我知道你想要实现什么,我们如何在法律的框架内实现这个目标,并为你提供一个有效的解决方案"。你越不远离委托人的需求和欲望,你就越能真正了解他们,你的解决方案就会越好,你就越有可能想出一个可行的方案。所以我觉得,这种与人保持距离的顾问的冷漠独立性,并不能准确地描述我在这么做时的角色。
> (#272)

因此,律师将对委托人的忠诚视为培养信任,使他们能够就广泛的考虑向委托人提供建议。他们还发现,与委托人的这种关系是职业回报的深层回报来源。

与我们谈话的律师并不认为他们对委托人的忠诚是不受限制的。做一个值得信赖的顾问意味着有时候给委托人不受欢迎的建议。委托人可能会抵触,这可能会导致更广泛的讨论,包括对可选行动方案的考虑。然而,在任何他们认为是法律范围之外的事情上,律师们在迁就委托人方面是有底线的。

某合伙人说,重要的是,委托人知道,"我不是你的组织中的唯唯诺诺的人,我不能这样,你雇我可不是为了这个,如果这是你想要的,你知道,去买一个傀儡,你想让它说什么,它就说什么"。他接着说道,"与此同时,你绝对需要成为他们团队的一员,把他们的最大利益放在心上。他们必须相信,你会把他们的最大利益放在心上,有时候,仅仅是为了他们的最大利益而不同意某个权威人士想要走的方向"(#268)。

另一位合伙人是这样表达的:"我实话实说,我是合规律师,有时答案是这样的,'不,你不能这么做',有时答案是,'你必须就此做点什么,因为你面临着重大的法律责任,我不会创造一个方法来回避它,法律就是法律'。"(#104)另一个人说,"有时我给出的是一点都不受欢迎的建议,我的意思是一点都不受欢迎,有时就是这样的建议,'看,我没有给你的高招,我解决不了这个问题。你现在遇到了一个问题,它不会以一个美好的方式结束,所以我们只能谈谈如何真正减轻目前正在发生的事情的负面影响。'你知道,这不是很好,但是你必须这样做"(#136)。

一位律师被问及她作为一名职业人员的与众不同之处时,她说:

> 我认为作为律师的区分因素之一是,我们有一个伦理承诺,即设身处地地为委托人着想,但是同时我们有一个伦理承诺,即告诉他们我们认为对的法律建议,即使他们不想听。我认为,其他提供服务的人,就我们提供的咨询和服务的性质而言,不受同样的伦理要求的限制。如果你是一位好律师,有时候你必须告诉委托人他们不想听的信息。

她描述了一种可能的情况:"例如,你可能有一个委托人,而你不确定员工 A 或者雇员 B 是否知道零件要运往伊朗。该公司说,'我们认为他真的不知道。'那么,你真的能提交该申请吗?有时候我不得不说,'看,除非我们能和他谈谈,看看他的电子邮件之类的,否则我们真的无法在这件事上帮助你。如果这不是你想要的方式,那你就得去找别人了。'"(#265)

另一位律师解释道:

> 如果一个委托人提出了一个可能导致消极结果的难题,我们需要引导他们了解他们的问题和答案的含义,因为一旦我开始寻找,我就有责任告诉你答案是什么。我昨天给一个委托人发了一份备忘录,他们要一份备忘录。我说,"嘿,这是你的备忘录,现在你的档案里有一份文件说,我建议你进行内部调查。抱歉,但是你问了一个问题,所以我必须告诉你我认为你应该怎么做"。

所以我认为,甚至在当今竞争压力世界中的律师也明白,我们在职业宇宙中的特殊地位是,我们有权利也有义务不要让我们的委托人违反法律,以及/或不让我们的委托人把他们的头埋在沙子里。(#103)

这样的评论说明了我们访谈过的律师中普遍存在的一种观点,即合法性为律师对委托人的忠诚划定了一个严格的界限。正如一位律师所说的那样,"作为一名律师,我永远不会,也永远不会让自己去建议委托人可以闯红灯"(#69)。另一个人说,"我们永远不能给不合法的建议……这对每个人来说都是坏消息"(#160)。这并不是说合法性问题总是黑白分明的。有一些灰色地带允许有不同的合理解释,但是这引发了风险和智慧的问题,而不是纯粹的合法性问题。

忠诚与距离

正如访谈所显示的那样,值得信赖的顾问所扮演的角色比中立当事人模式所规定的角色更为广阔。这些观点认为,律师的角色涉及对委托人以外利益的忠诚,如普通道德价值观或者正义利益。因此,例如,戴维·鲁本(David Luban 1988)认为,在刑事辩护之外的场景中,律师应该以普通的道德要求为指导,而不是以委托人的合法利益为指导。他应该作为一个"道德活动家",让委托人了解他们目标的道德可取性,如果他发现他们在道德上有问题,他应该拒绝帮助他们实现他们的目标。

与此类似,威廉·西蒙(William Simon 1999,9)认为,"律师应该采取那些考虑到特定案件的相关情况,似乎可能促进正义的行动"。正如他所解释的那样,"'正义'在这里包含了法律体系的基本价值,并包含了许多层次的更具体的规范"(138)。在他所描述的"情境观点"中,律师应该评估一些因素,如在特定情况中提供权威法律决断的程序的可靠性,法律规则背后的目的,以及在判断正义需要什么时的任何其他相关考虑因素(139)。

强调对委托人的忠诚，也与布拉德·温德尔（Brad Wendel 2010）提出的中立当事人性的修订版存在紧张关系。温德尔（Wendel）承认，律师可能会偏袒委托人而不是其他利益主体，因为他在民主政治体制中扮演着代理人的角色。该制度中的法律通过提供一种权威的解决分歧的办法，使具有不同道德忠信的人能够和平共处，否则这些分歧是难以解决的。因此，它提供的理由和证立不是基于有争议的道德要求，而是基于其扮演这一角色的权威被认为具有正当性的法律制度的结果。

温德尔（Wendel）认为，律师的角色是通过致力于为委托人确保他们合法享有的利益来实现这一制度的运行的。因此，"律师以代理人身份行事时，应关注当事人的法造权利——而不是委托人的利益、普通的道德考量或者抽象的法律规范（例如正义）——应成为律师关切的对象"（49）。温德尔（Wendel）将其与"律师版本的当事人性原则"区别开来，后者是"这样的观点，即在决定律师应该代表委托人采取哪些行动时，委托人利益是否至上"（31）。

这种模式似乎更能将律师对委托人的忠诚接受为律师角色的核心特征。然而，它微妙地区分了对委托人的忠诚与是委托人确保法律利益的投入。后者——而不是前者——是恰当的，它至少在律师和当事人之间建立了一定的距离。

这些模式不仅提供对律师角色的理论解释，而且指导行动。他们规定了一个律师应该如何看待自己，以及这种自我理解应该如何影响他的日常工作。他们在不同程度上认为，律师要扮演自己的社会角色，就必须与当事人保持距离。

这种强调与罗伯特·罗森（Robert Rosen 2010, 43）的观察一致，即"研究人员至少通过独立的视角分析公司律师和律师事务所，这是法律文化的一部分。最基本的研究问题是，律师是否能够抵制委托人的要求，律师事务所是否能够维持这种独立性"。这反映出，人们担心与委托人过于亲近可能会危及律师的职业身份，即使其成为"委托人的俘虏"（Dinovitzer, Gunz, and Gunz 2014a）。

罗森(Rosen)对这种思考律师职业义务的方式提出了质疑。相反,他认为,"我建议对公司律师及其律师事务所进行研究,即把他们视为忠诚于委托人,并探究他们如何处理这些忠诚"(34)。与其问"律师是否能承受住委托人的需求",不如问"他们是如何组织起来为委托人服务的"。这使我们能够"将律师事务所和公司视为合作组织,从而能够看到权力如何在它们之间流动,以及是如何共同确定它们的利益的"。罗森(Rosen)认为,对伦理行为的这种理解认为伦理行为源于参与某种关系,而不是遵从于外在于它的某种理想。

罗森(Rosen)认为,无论他们的行为是否符合理论,律师事务所的律师都自然地忠诚于他们的委托人。相比之下,他认为,"从独立的角度思考,要把律师与委托人区别开来"(35)。罗森(Rosen)认为,其结果是,"由于缺乏研究表明公司律师对其委托人的忠诚以及这些忠诚的后果,因此,除了独立之外,没有其他方法来考虑公司律师。结果,我们就陷入了把独立性归于律师,然后再揭穿他们独立性的死胡同"(38)。从这个角度来看,律师往往无法履行自己的职业义务。

罗森(Rosen)提出,"与认为他们试图保持对委托人的独立性相比,询问他们如何向委托人详细阐述自己的忠诚,或许能更好地描述公司律师面临的选择"(35)。承认律师事务所的律师对他们的委托人的忠诚,认为伦理是在这些关系的持续基础上形成的,因为律师就追求委托人的利益,与委托人讨价还价、妥协、建议、约束和赋权。在这个概念中,律师不是一个小心翼翼地与委托人保持距离的道德能动主义者或者司法人员,而是一个可能需要复杂伦理判断的联合事业中的合作者。

这与丽贝卡·洛芙(Rebecca Roiphe 2016,679)的观点一致,即职业的现代概念不是患者或者委托人必须自愿服从客观权威的来源,而是"作为一种方式,个人(包括职业人员和他们所服务的人)要结合成全面和稳定的关系,这些群体和社区使个人能够作出明智的选择,并在更广泛的情境下理解自己的角色"。与此类似,德纳·瑞摩斯(Dana Remus 2017,866)说,"在获得和维持稳定的法律框架方面,关系动力学——信任、忠诚赋权和服务——与独立判断一样重要。只有获得委托人的信任,并对委托人的情况有广泛的了解,律师才能成为这一框架的看门人和保护者"。这一表述与瓦尔德和皮尔斯(Wald and Pearce 2016, 624)的论点相一致,即律师可以通过参与"关系咨询"来更好地发挥独特的社会角色,"这种咨询并非源于试图占据道德高地,脱离了律师和委托人对律师角色的理解,而是律师关于其工作的概念所固有的"。

在评估律师行为时,关注点的转变会带来什么?就像罗森(Rosen 2010, 65)所提出的那样:

> 要了解忠诚的公司律师,就需要审查委托人权力的详细情况。重点将是律师如何与他们的委托人打交道,并与他们讨价还价和妥协。公司律师作出忠诚后,会被问及他们是如何履行这些忠诚的。他们会被问及如何看待自己的忠诚的出色之举和他人忠诚的价值。

罗森(Rosen)说,因此,律师们会被要求解释他们的忠诚是如何区分"可容忍和不可容忍的偏颇"的(54)。

罗尼特·迪诺维兹、休·根斯和萨利·根斯(Ronit Dinovitzer, Hugh Gunz and Sally Gunz 2014a, 2014b, 2014c)对公司律师伦理决策的实证研究明确地以罗森(Rosen)的建议为前提。他们指出,"我们不是问律师是否真正独立,而是问他们如何与委托人和项目打交道"(Ronit Dinovitzer, Hugh Gunz, and Sally Gunz 2014b, 6)。这将注意力引向"职业人员如何在一个不确定的世界中操作,在这个世界中,完全遵守抽象规则并不总是可能,也许很少有可能"(674)。这反映了一种即苏姗·西尔贝(Susan Silbey)和她的同事所说的"社会公民"这一律师概念(Silbey, Huising, and Coslovsky 2009; Parker and Rostain 2012)。这个概念关注的是代理人的活动如何延伸到……脚本化的责任之外,以及如何创建它们以适应特定的情境,尽管有时[他们]

也会开发一个具有适应性的过程的模式或者工具包。这种非常实用的、实验性的方法认识到,没有简单的脚本或者单一的工作方式,而是依赖于生动的互动关系,为自我纠正提供信息反馈——在目标和手段之间来回切换……在制度上和组织上实现正当性目标。(Silbey 2011,6)

对于罗尼特·迪诺维兹(Ronit Dinovitzer)、休·根斯(Hugh Gunz)和萨利·根斯(Sally Gunz)来说,这一观点开启了对律师在他努力以与职业责任合理一致的方式处理与委托人的关系的过程中可能利用的众多资源和可能影响他的各种因素的探究。例如,他们的研究说明了律师在律师事务所内的同事可能会向律师施加压力让其同意委托人的要求(2014a),律师对伦理插曲的反应,可能在两个维度上有所不同(2014c)。这些反应可以从律师是否"或多或少倾向于从律师事务所的整体或其他方面来讨论",以及他是否倾向于"参考法律而不是经验来解释他们的行为或决定"来描述(688)。其结果是形成了四种"身份"类型,代表了律师在处理与委托人关系时使用的不同方法。与罗森(Rosen)的告诫一致,这一观点将履行职业责任视为在与他人关系的背景下形成的一个不稳定的和动态的过程。

对于我们访谈过的合伙人来说,当他们早上起床,花很长时间解决难题,然后很晚才上床睡觉时,对委托人的忠诚提供了职业意义。一位合伙人描述了与一位经验丰富的内部律师合作解决问题所带来的职业满足感:

> 委托人想到你,想要你,所以你必须始终嵌入你的委托人。[这意味着]你了解他们的业务,你知道他们能获得了交易,你愿意真的付出额外的努力来帮助他们,他们信任你,他们知道如果他们的下属犯了错误,你会确保解决它,或者让他们知道。如果他们在组织里有一个有竞争力的人,该人不会告诉他们所有的事情,他们知道你会告诉他们的。这是人类的天性,但是就此你必须是特别的。这是委托人关系的关键。(#36)

合伙人意识到,他们作为律师的身份对这种忠诚施加了最终的限制,也就是说,法律为他们愿意为委托人做的事情设定了限制。在这方面,他们最符合温德尔(Wendel)的中立当事人模型,该模型的角色是确保其委托人的法造权利。然而,作为一个现象学问题,这似乎是背景而不是前景———个内在化的限制。运动员知道比赛场地的边界,然而,他的注意力并没有集中在这些界限上,而是在这些界限内尽力做到最好。与此类似,可信赖的顾问每天的大部分时间都花在履行他对委托人的忠诚上,而不是专注于为委托人设定最终限制的条件上。

此外,对委托人的承诺似乎给了合伙人机会,甚至可以推进律师角色更广泛概念中所包含的一些目标,比如促进普通道德价值观(Luban 1988)或者正义利益(Simon 1999)。然而,这种机会并不是通过这样的角色概念而产生的:与委托人保持足够的距离,以使其能够评估委托人目标的道德价值或者正义。相反,他们认为,通过展示忠诚来赢得委托人的信任,可以开启关于法律精神和法律之外的关注的对话。

与这种方法最接近的概念模型可能是查尔斯·弗里德(Charles Fried)的"律师是朋友"的概念(1976)。弗里德(Fried)认为,这种模式为律师将委托人的利益凌驾于他人利益和社会之上提供了正当理由。他将其根植于一个更普遍的观点,即道德情感始于对自己作为一个具体的个体的意识,这个个体可以在与其他特定个体的互动中,以道德主体的身份表达自己。在这样的互动中,"我对亲近的人产生的影响与对未知的人产生的影响在性质上是不同的"(1070)。

这种有所偏爱的道德权威在家庭和友谊关系中最为明显。然而,把个人的价值追求同公共事业发展紧紧连接在一起时,弗里德(Fried)坚持认为,在法律制度方面,我们可以把律师看作一个"有限目的的朋友"。这样,律师"将你的利益视为他自己的利益"(1071)。与其他关系相比,律师关注的范围更为有限,因为其令人鼓舞的目的是"维护并表达其委托人相对法律制度的自主权"（1074）。弗里德（Fried）说，"法律朋友"的角色，促进了"每个公民在法律面前应有的自由"，并且"至少在单方面的意义上，例证了信任和个人关怀的个人关系的理念就像自然的友谊一样，本身就是好的"（1075）。

合伙人对可信赖的顾问愿意提供广泛咨询的描述，与这样的观点是一致的，即真正关心朋友的利益会导致对一系列可能允许他做的法律之外的考虑的评估。正如弗里德（Fried）坚持认为的那样，"我的观点绝不是认为律师必须假设委托人不是一个体面的、道德的人，无意履行其道德义务，只询问他在法律范围内必须做的最起码的事情"。因此，"主张律师必须拒绝提供考虑到委托人的道德职责和他想要履行这些职责的假定欲望的建议，是荒谬的"（1088）。这一点对于公司高管和其他任何人都是正确的。确实，前者代表公司需要考虑问题的复杂性，可以说使其在这种情况下作为一个可信赖的顾问变得更加紧迫。

律师事务所文化与可信赖的顾问

我们的研究没有对伦理判断进行重点分析，而根据这样的伦理判断可以得出这样的结论，即律师事务所的哪些特征可能支持根据可信赖的顾问的稳健版本作出决策。然而，我们非常初步和不科学的印象是，那些认为非经济价值具有内在重要性的律师事务所，特别有可能拥有提供这种支持的文化。虽然对受信赖的顾问角色有广泛看法的合伙人在各种类型的律师事务所执业，但是他们往往属于为了自身利益而强调合作和其他职业益处的律师事务所。后者包含了律师具有独特伦理义务的概念。

具有这些特征的律师事务所和对可信赖顾问模型的支持之间，可能存在这样的相关性，这似乎至少是言之成理的。一个组织关于伦理行为的文化通常不能从它的整体文化中区分出来（Regan 2013）。正如一组学者所说的那样，"所有的管理政策、优先事项和行动计划——正式的或非正式的，明确说明的或隐式假设的——都可能破坏或支持律师事务所内部的伦理实践"（Parker et al. 2008, 161）（着重号为原文所加）。这是因为，就像汤米·泰勒（Tom Tyler 2005, 1303 - 04）所说的那样，"当人们认为那些自己所属的组织或者群体是正当的，并且符合他们自己的是非感时，他们就会被激励着将自己的行为与这些组织或者群体的规则相一致起来"。

因此，例如，研究表明，与组织的伦理和合规计划相一致的行为与成员对组织公平待人的感知以及成员对组织的认同和忠诚之间，有很强的联系（Killings-worth 2012; Treviño, Weaver, and Reynolds 2006, 967）。社会认知理论表明，人们往往将信息存储在宽泛的概念范畴中，他们用这些概念范畴来"解释传入的信息和从记忆中检索信息"。伦理学的范畴往往包括诸如正义、公平、权利和义务等概念。当一个组织将注意力集中在伦理上时，"这很可能会引发与员工所关注的伦理问题的认知联系"（Weaver and Treviño 2001, 115）。

就律师事务所而言，一个动力学可能是，在那些被视为真正重视非经济回报的律师事务所，合伙人不太可能被狭隘的自身利益所引导，可能会培养一种更多考虑他人的视角。这可能会让他们更愿意扮演值得信赖的顾问的角色，而不是扮演狭隘的、明显的中立当事人角色。此外，就合作促进委托人机构化而言，合伙人可能不太会被不惜任何代价留住委托人的愿望所打动。最后，一个被视为真正尊重与合作相关的职业价值的律师事务所，也可能强化履行律师社会角色的职业价值。要探索这些假说，还需要更多的系统研究，但它们可能是一个硕果累累的研究重点。

告　诫

执业律师认为，作为可信赖的顾问，对委托人的忠诚是发挥其社会作用的关键。我们的受访者认为，这是一个更现实的模式，而不是他们在委托人和社会之间作为中介,这就需要与委托人保持一定的距离。与此同时,如果心理现实主义导致我们将对委托人的忠诚视为一个合理的导向,它也应该促使我们识别采用这种方法的实际风险。

当律师将他们的职业自我概念建立在对委托人忠诚的基础上,并隐含地受到对法律的尊重的限制时,至少会产生两个问题。

第一个问题是,忠诚使之成为可能的关于委托人行为的更广泛影响的对话,通常是以风险而不是道德的角度表达的。寻找委托人的最佳利益,甚至是被广泛理解,也意味着关注行为如何影响委托人,而不是利益相关者。这表明了一种成本收益导向,只有在对公司声誉或者与规制机构、投资者或债权人的关系造成损害时,才会考虑对他人的不利影响。

从这个角度来看,对他人的伤害只是工具性的,而不是内在的问题。如果利益相关者不能以一种足够明显的方式进行抗议,或者如果公司获得的利益超过了其所遭受的伤害,那么委托人为了最佳利益就会建议采取行动。这导致《联合国工商业和人权指导原则》(2011,18)强调,"人权尽职调查可以包含在更广泛的企业风险管理制度中,只要它不仅仅是识别和管理给公司本身带来的重大风险,还包括给权利持有人带来的风险"。让委托人将某些行为是错误的——而不是轻率的——加以内化,最终是保护那些可能受到其行为不利影响的人的最好方法。

公司只有在其业务产生当前成本时,才会表现出对其运营的不利影响的担忧,对此我们有理由感到不安。一种回应是,我们应该鼓励任何拓宽公司委托人视野的方法,将关注的内容包括直接盈利能力和回报股东之外的东西。即使是工具导向也能在一定程度上限制对利益相关者造成的伤害。

另一种回应是,考虑潜在的声誉损害需要道德想象力,因为决策者必须预测,为什么采取某些行动可能会导致人们基于道德理由谴责该公司。

因此,定期考虑各种利益攸关方可能作出的反应,可能会对他们的观点和关切更加敏感,这一过程类似于内化这样的观点,即某些行为是完全错误的。就像里根和霍尔(Regan and Hall 2016,2032)所提出的那样：

> 站在公司外部人士的角度考虑问题的过程,需要根据道德考量,而不仅仅是自身利益,对公司的运营进行富有想象力的评估。这种评估最初可能是为了确定公共道德反应是否会导致对该公司的批评。然而,我们似乎可以这样设想,即就普通道德进行咨询的习惯,将导致道德标准对行为产生直接而非衍生性的影响。

与此同时,关注风险的倾向强调,可信赖的顾问就委托人行为的广泛影响向委托人提供咨询的能力,将取决于第三方对有害公司的行为施加经济或者声誉成本的能力。这些当事人可以是政府机构、非政府组织或者公民社会的其他团体,也可以是债权人、投资者和缔约方等市场参与者。这些团体采取不利行动的可能性,构成了顾问在与委托人对话时可以提及的风险。因此,律师的广泛建议并不能代替其他当事人采取的生成具有社会责任的企业行为时的行动——后者实际上是前者的一个重要前提条件。

第二个问题是,强调对委托人的忠诚可能会导致律师对法律的限度注意不足。这种风险不需要以自愿为违反法律提供咨询的形式出现。更微妙的是,它可以影响律师如何解释法律——也就是说,他在哪里确定合法的界限。就像唐纳德·兰格沃特(Donald Langevoort 2011,495)指出的那样,"当律师说话时,他们有时会用'舒适'这个词来描述他们的思维过程,在这个过程中,他们得出结论认为委托人想做的事情是可以允许的——也就是说,不会产生不可接受的法律风险"。兰格沃特(Langevoort)提出,这一过程中的危险是,律师可能会失去他的"认知独立性",因为"一大群行为特征能让人们看到他们想看到的东西,并让他们觉得自己更喜欢的东西是'正确的',尽管有客观的证据证实并非如此"(496)。律师认为自己主要是忠诚于委托人的,虽然律师可能会认为法律性就这一忠诚设置了限制,但是他可能会微妙地倾向于更宽泛地解释这些限制，而不是设想自己的角色是确保委托人只有权得到他们应得的合法利益。

这也是一个合理且现实的担忧。将自己视为对委托人忠诚的人会开始通过委托人的眼睛看世界，这是很自然的。确实，这似乎可以提高作为一个有效的、值得信赖的顾问的能力。与此同时，我们访谈的律师表示，采用这一取向是取得这一机会的一个条件，即基于技术合法性以外的考虑向委托人提供建议。

合伙人指出，如果一名律师预先认为自己是委托人法造权利的不偏不倚的仲裁者，那么用纳尔逊和尼尔森（Nelson and Nielsen 2000）在其对内部法律顾问的研究中所使用的术语，他更可能被视为"警察"而不是"法律顾问"。警察扮演着守门人的角色，确保委托人不触犯法律。顾名思义，委托人往往认为，扮演这个角色的律师是在监督他们的行为。正如纳尔逊（Nelson）和尼尔森（Nielsen）所描述的那样，这种方法的一个风险是，委托人可能会避免在他们的决策过程中将他们这样认为的律师包括在内。他们可能会放弃法律建议，或者更有可能的是，去找一个他们认为更愿意帮助他们实现目标的律师。因此，采用强调独立和与委托人保持距离的角色的成本，可能会使律师被边缘化。虽然这样的律师可能拥有很强的职业判断力，但是他提供判断力的机会可能有限。相比之下，在我们的研究中，律师认为自己扮演着顾问的角色。这个角色"意味着与商业参与者有更广泛的关系，为顾问提供了基于商业、伦理和境况提出建议的机会"（464）。这样的律师更有可能得到商业委托人的定期咨询。当他这样做的时候，与不被认为对委托人真正忠诚的律师相比，委托人可能更容易接受他的建议。委托人相信律师把自己的最大利益放在心中，这让律师可以提出与法律精神有关的问题，以及完全超出法律的问题。然而，采用这个角色的潜在代价是认知独立性的丧失。

纳尔逊（Nelson）和尼尔森（Nielsen）强调，他们所描述的角色是理想的类型，律师可能会在这两种角色之间来回切换。尽管如此，它们的类型学表明，每种角色都有不同的好处和风险。警察可能具备很少被要求的无可挑剔的独立判断能力。法律顾问可能有几次机会提供广泛的建议，但是这些建议可能会被委托人想要听到的内容所巧妙塑造。我们访谈的合伙人认为，第二种角色更有效，因为在作出重要决定时，律师更有可能在场。正如我们所提出的那样，这表明律师角色的模型应该把对委托人的忠诚接受为一个正当取向，然后专注于律师如何实现该忠诚的要求。

结　论

我们的访谈表明，许多律师认为，作为一名受信赖的顾问，是他们作为一名职业人员扮演独特社会角色的方式。他们还认为，尽管市场的变化为委托人提供了更大的议价能力，但是扮演这一角色的机会仍然存在。他们并不把可信赖的顾问视为不偏不倚的道德活动家或者正义的工具。相反，他们认为他是一个情有可原的偏袒者，致力于促进委托人的最佳利益。他们认为利益是受法律约束的，但是不限于法律。受信赖的顾问可以超越技术合法性，就法律的精神和文字以及超越法律的因素，一并向委托人提供咨询。在这方面，他们不赞同中立当事人模式的狭隘观点。

虽然可信赖的顾问与温德尔(Wendel)的忠实于法律的模型非常相似，但是他与该模型的微妙区别在于，他每天都以对委托人的忠诚为导向，而不是确定委托人貌似合理的法造权利。作为一个心理问题，这些权利是背景限制，而不是激励。正是他的忠诚使委托人产生了信任，反过来又给了他提供广泛建议的机会。在这方面，可信赖的顾问类似于弗里德(Fried)将律师定义为有限目的朋友的概念。

我们相信，接受而不是哀叹律师事务所的律师忠诚于他们的委托人这一事实，是一种更现实的法律职业伦理方法，可以引导人们关注在律师和委托人之间的互动过程中，职业独立性是如何动态形成的。这种忠诚产生的信任,既为律师提供了广泛建议的机会,也带来了微妙的风险,他可能不加批判地将委托人的观点内化。调查律师事务所律师如何处理这种紧张关系的研究,有可能为职业身份的持续形成过程提供丰富的见解。

结　　论

现代律师事务所中的商业和职业价值观

本书提出的问题旨在解释在大型律师事务所法律实务的日常经验和合伙人的自我概念。在实务中，律师事务所的合伙人面临哪些关切和压力？他们如何看待自己所工作的律师事务所？他们是把自己理解为职业人员，或是从事商业活动的人，还是两者的某种结合？如果是后者，他们认为这种身份的这些方面是互补的还是对立的？我们在开始我们的研究时，在头脑中没有任何具体的理论或者分析框架，希望访谈将揭示有意义的主题和模式。

然而，我们注意到，普遍存在的说法是，现代大型律师事务所的实务已经失去了作为一种职业的特性，现在只是一种商业活动。这一论点的前提是，对财务绩效的更大关注意味着对非财务职业价值的忠信的相应减少。换言之，商业导向和职业导向本质上是对立的。

然而，我们的访谈显示出一种更为复杂的经历和自我理解，而不是商业和职业之间的截然二分法所能说明的。这一发现促使我们将职业概念化为不可避免地包含商业和职业特征的混合的行业的解释。从这个角度来看，问题在于这些特征在多大程度上是相辅相成的或是对立的。我们发现两个有用的分析框架采用了这种方法。第一个是艾略特·弗雷德森（Eliot Freidson）的职业概念，他认为职业是一种组织行当的工作的方式，而不是市场和科层制原则那种方式。第二个是制度逻辑视角,当应用于职业组织时,假设一个组织将在动态关系中混合商业和职业元素。通过将一个行业及其组织形式置身于市场中,这些理论提出,我们应该关注律师事务所在不同市场条件下能够在商业和职业特征之间取得的平衡。

这些访谈还表明,现代市场力量继续增强,随着律师事务所变成更加可互换的商业企业,其鲜明特色有可能逐渐淡去。要想通过建立一种独特的文化来避免这种结果,律师事务所必须通过传达律师事务所是一个共同合作企业的感觉,找到一种方法来获得其律师的承诺和忠诚。这既能将变节到其他律师事务所的行为降到最低,又能鼓励合作而不是狭隘的利己行为。这一见解引导我们提出了律师事务所特有资本的概念,它使律师事务所能够提供一个比其他律师事务所更有回报的工作场所。

我们的访谈表明,合伙人在他们的实务中寻求经济和非经济职业回报。也就是说,他们既追求商业价值,也追求职业价值。注重经济回报意味着,律师事务所必须通过让合伙人相信,对律师事务所的忠诚和促进成功的合作将比狭隘的自利行为在经济上更有回报,从而解决一个集体行动问题,或解决囚徒困境。关注对职业回报的渴望,意味着律师事务所必须可信地传达它所代表的不仅仅是经济上的成功。有效地传达这一信息能够帮助律师事务所解决保证博弈。这种对律师事务所的忠诚力量,反过来又能促进律师事务所的经济成功,因为合伙人愿意更努力地工作,为他们所信任的律师事务所付出更多。通过这种方式,解决这两个挑战可以启动一个良性循环,使商业和职业关切彼此加强。

最强大的文化形式源于律师事务所成功地解决了这两个挑战。仅仅解决囚徒困境,会为忠诚和合作行为创造经济激励,但是这些激励只有在替代性行为没有更高经济回报的情况下才会发挥作用。只解决保证博弈带来的风险是,对职业价值有明确忠信的律师事务所可能在经济上不够成功,无法在竞争激烈的律师事务所服务市场中生存下来。因此,希望建立和保持一种平衡商业需求和职业价值的独特文化的现代律师事务所,必须既是一个提供经济回报的经营良好的企业,又是一个提供非经济职业回报的组织。

这些分析框架提出了一种富有成效的方式,来思考从19世纪末到21世纪初的大型律师事务所的演变。从19世纪后期出现到20世纪最后几十年,大型律师事务所都是在一个以长期委托人关系为特征的市场中运营的。这种持续业务的保证,减少了律师事务所明确和积极地关注确保竞争性经济业绩的措施的需要。这反过来又允许律师事务所根据其合伙人对非经济职业回报的渴望来组织他们的工作。结果是,律师事务所拥有的律师事务所的特有资本,使合伙人对律师事务所的忠诚在财务上理性,在职业上令人满意。这些资本既是解决囚徒困境的手段,也是解决保证博弈的手段。它为建立一种独特的组织文化提供了必要的稳定性,在这种文化中,职业价值观可以蓬勃发展。

然而,在过去的几十年里,律师事务所的市场条件发生了巨大的变化。长期委托人关系的丧失意味着业务竞争更加激烈。其结果是,律师事务所不得不更加有意地关注确保经济竞争力的措施。这些措施反映了律师事务所内部对商业逻辑的更多关注。这反过来意味着,那些寻求维持一种反映对职业价值观的忠信的独特文化的律师事务所,必须更明确地采取行动,传达这种忠信。如果不这样做,随着律师事务所成为商业企业,彼此之间的区别越来越小,商业逻辑的影响力可能会逐渐扩大。

建立具有共同期望和规范的文化的前提是相对稳定。然而,现代律师事务所不再以长期委托人关系的形式拥有律师事务所特有资本,从而提供这种稳定性。因此,律师事务所需要开发律师事务所特有资本的其他来源,通过鼓励合伙人忠诚于律师事务所,并且进行合作来促进其成功,而不是只追求自身利益,从而促进稳定。在现代市场条件下,他们必须解决囚徒困境,即通过说服合伙人,让他们相信,与到其他律师事务所相比,合作会带来更大的经济回报,而这将从纯粹的个人主义行为中获得。这样做可以为忠诚于律师事务所及其福祉提供经济理由,从而增强稳定性。

然而,如果离开律师事务所或者不合作的行为对个人来说更有利可图,纯粹的经济激励可能是脆弱的。我们的访谈显示了律师事务所能提供的非经济职业价值观对合伙人的重要性。相信律师事务所致力于这些价值观可以加强经济激励,并与律师事务所建立更牢固的纽带。可信地向合伙人传达这种承诺是保证博弈所带来的挑战。通过各种方式,律师事务所必须可信地传达它认为非经济价值具有内在重要性。

下一节将这个分析框架置于一个学术辩论中,即在现代市场条件下,什么(如果有)可以使大型律师事务所凝聚在一起。

寻找律师事务所特有资本

拉里·利伯斯坦(Larry Ribstein 2010)的研究一直探寻大型律师事务所是否有能力创造和维持律师事务所特有资本,从而在合伙人和律师事务所之间建立安全联系。利伯斯坦(Ribstein)认为,委托人传统上从大型律师事务所购买服务,而不是从个别律师或者他们的小群体购买服务,是因为委托人依赖这些律师事务所的声誉来弥补评估法律服务质量的困难。委托人认为,律师事务所会仔细筛选和监控它们的律师,以维护这种声望保证。这反过来要求律师事务所"激励它们的律师提供指导、筛选和监督,以支持律师事务所的声誉"(754)。

利伯斯坦(Ribstein)提出,公司法律顾问的影响力和成熟度的提高,减少或消除了导致需要建立声誉保证的信息不对称。因此,"当委托人拥有无须专业律师的技术专长,并能够自行判断哪些律师是可靠的并能满足他们的特定需求时,他们将不再需要根据与各个律师的个人关系购买或者依赖'首选提供商'大型律师事务所来购买外部法律服务"(761)。这种方法反映在常见的公司委托人的断言上,即"我们雇佣的是律师,而不是律师事务所"。利伯斯坦(Ribstein)认为,越来越多的法律工作转移到公司内部,越来越多地依赖技术，以及更常规服务的非律师替代性提供商的崛起，都进一步降低了委托人对大型律师事务所的依赖。

其结果是，正如我们在本书中所指出的那样，律师事务所现在发现更难从常年委托人那里为其律师提供稳定的工作流，这可能会破坏律师与律师事务所之间的纽带。反之，较低的联系感会削弱律师在那些支持律师事务所声誉的职能上花时间的动机。正如利伯斯坦（Ribstein）指出的那样，"问题在于，律师必须不断地在建立律师事务所声誉和建立自己的委托人基础之间分配时间和精力。如果律师与律师事务所之间的纽带断了，律师建立个人人力资本和委托人关系的诱惑，可能会超过他们投资建设律师事务所的动机。这样，律师事务所就可能变成一群个人的集合，共同分担费用和收入，作为一个独立的实体，它的价值很小，甚至没有任何价值"（754）。

利伯斯坦（Ribstein）对大型律师事务所目前的生存形式表示悲观：

> 这些律师事务所需要外部资本才能生存，但是缺乏一种商业模式来开发律师事务所特有资产，从而使其能够吸引这些资本。这些基本问题使大型律师事务所在面对委托人对更便宜和更精细的法律产品的需求、各种法律服务提供商之间的竞争以及国内和国际规制竞争时，变得脆弱不堪。其结果可能是，大型律师事务所在提供法律服务方面扮演主要角色的光辉将不复存在。（813）

伯纳德·伯克和戴维·麦高恩（Bernard Burk and David McGowan 2011）的研究，以及伊曼纽尔·拉泽加（Emmanuel Lazega 2001）的研究说明，在现代律师事务所中，合伙人之间的资源依赖关系，至少可以提供一定数量的黏合剂，帮助对抗律师事务所所受的众多离心力。

伯克和麦高恩（Burk and McGowan 2011, 65）指出，"自20世纪80年代以来，委托人雇佣律师而不是律师事务所，这既是一句咒语，在很大程度上也是一个事实"。因此,律师个人的声誉通常比律师事务所的声誉更重要。因此,"推介不再是来自委托人对外部律师事务所的一般性询问,而是对某个特定的合伙人的询问,该合伙人的声誉、经验或先前的可靠性证明吸引了委托人的来电"。就像他们所详细阐述的那样:

> 委托人在某一特定事务上选择领衔合伙人,通常或多或少是盲目地接受合伙人所带领的团队来协助他完成任务。委托人在很大程度上认为,已被证明拥有最合适技能和经验的领衔合伙人将有机会接触并知道如何选择和部署……具备妥善完成工作所必需的知识、技能和经验的同事和下属。与此类似,领衔合伙人接到一个电话,就其专业知识以外的事务寻求帮助,通过指出如何获得合适的专业知识,证明了来电者的信任是值得的,专业知识的最终质量将反映在委托人眼中他的可靠性和判断力上。(67)

伯克(Burk)和麦高恩(McGowan)提出,"在这个激励网络中出现了一个作为内部推介网络的职业合伙模型,合伙和律师事务所的建构,都是为了最大化每个合伙人的关系和其他人力资本的价值"(69)。关系网的这一功能可以作为黏合剂,将合伙人与律师事务所联系在一起。同时,这种胶水可能相对较弱,因为:

> 为律师事务所内部推介网络提供动力的合伙人的个人关系资本没有一项是律师事务所特有的:如果合伙人退伙转投另一个合伙,而与原律师事务所的合伙人相比,该合伙的成员的个人资本类似、更多或者"更好"(如更互补或者更不容易产生利益冲突),则该合伙人的关系资本应该不会有什么损失。(73)

拉泽加(Lazega 2001)对律师事务所的人类学研究,审视了不同地位、不同办事处、不同专业的同事、顾问、合伙人之间的友谊关系。他认为,这些交换网络可以提供一种稳定的力量,进一步促进组织综合:

> 两两成对或者同事小团队跨越了地位的界限,抵消了层化的离心效应。由互助顾问组成的小团体跨越了地理边界,抵消了办公室之间距离和差异的影响。朋友组成的小团体跨越了业务界限,抵消了工作分工的影响。这表明,至少在律师事务所的非正式结构中,没有单一最强的关系基础来进行组织融合。每一种关系都以特定的方式对律师事务所的凝聚力作出贡献。(185)

因此,伯克(Burk)和麦高恩(McGowan)与拉泽加(Lazega)一道认为,大型律师事务所可能仍有办法建立一定数量的律师事务所特有资本,从而激励律师忠诚于特定的律师事务所。然而,他们警告说,这些资本在合伙人和律师事务所之间建立牢固联系的能力是有限的。

根据我们研究中的访谈,我们认为,利伯斯坦(Ribstein)的观点在凸显现代律师事务所在创造和保持律师事务所特有资本方面面临的挑战很重要。他正确指出了一个潜在的风险,即合伙人将选择把时间花在建立自己的业务上,而没有去采取增强律师事务所实力的举措。然而,我们认为,他对律师事务所创造现代形式的律师事务所特有资本的能力表达的看法过于悲观。尽管内部律师已经变得明达谙练,但是他们仍需要依靠律师事务所来完成大量的工作。在决定向谁提供这项工作时,律师事务所的整体声誉可能不是一个很重要的因素,因为假设是,任何被认真考虑的律师事务所都将提供高质量的服务。尽管如此,律师事务所仍然可以建立合作性团队和流程,他们整合的专业知识和对委托人需求的响应能力,使他们在竞争工作时具有优势。和与委托人的长期关系不同,这种形式的资本必须不断补充和展示,因为激烈竞争会带来潜在离心力。然而,如果律师事务所一直这样做,那么它至少有机会提供较好的经济回报和职业满意度,从而引发合伙人的忠诚。

伯克(Burk)和麦高恩(McGowan)的精细分析,反映了对塑造现代律师事务所的重要动态的理解。他们是对的,基于推介关系的纽带可能很弱,因为它们是根据其财务回报来加以评估的。这些回报提供了一个通用的衡量标准,可以持续地用于评估现有律师事务所内的与未来新律师事务所内的纽带。因此,以转介关系形式存在的律师事务所特有资本将是脆弱和偶然的。这方面,转介网络为囚徒困境提供了一种解决方案,但这是相对较弱的解决方案。

然而,正如我们上面所提出的那样,推介网络只是律师事务所可能提供的律师事务所特有资本的一种类型。律师事务所可能能够集合多种资源,这些资源在其他地方很难复制。这些可能包括初级律师、非律师专家、员工、信息技术支持、互补性业务、组织和提供工作的方法,以及过程和系统。这种资源的组合可能会创造一种更强大的律师事务所特有资本形式,与仅仅通过推介网络形成的纽带相比,可以在律师和律师事务所之间建立更强的经济纽带。尽管拉泽加(Lazega)主要关注的是个人之间而不是流程和系统之间的联系,但是他的研究反映了对各种类型的关系的理解,这些关系可能有助于律师融入律师事务所。

此外,形成这种类型的律师事务所特有资本所需的合作,可以提供具有内在价值的非经济职业回报,如共治、智力刺激和改进职业知识和技能的机会。如果律师事务所能够向其合伙人证明它致力于提供这些类型的奖励,那么它就可以通过解决"保证博弈"来建立更牢固的纽带。

迎接挑战

第 3 章至第 8 章讨论律师事务所采取的各种措施,以应对日益激烈的市场竞争,并通过解决囚徒困境和保证博弈来避免被商业逻辑所支配。第3章描述了强调合伙人的创业精神,以确保律师事务所有稳定的业务流。获得新委托人是一种获得丰厚回报的创业行为,但是合伙人也可以通过向律师事务所内部的同事出售自己的服务,从现有委托人那里创造新的业务。该章还讨论了女性在实现成为企业家的期望时可能面临的特殊挑战。

第4章指出,鼓励创业精神会带来风险,导致主要合伙人为了发展自己的自给自足的业务而放弃合作行为。因此,解决"囚徒困境"要求律师事务所强调,创业是一种合作而非单打独斗的活动。这么做的方法之一是,试图将委托人"机构化",即让众多的合伙人为每个委托人服务。这可能会成为跳槽到另一家律师事务所的障碍,因为合伙人无法确定委托人是否会追随他。这使得留在律师事务所比去另一家律师事务所工作对个人更有好处,并强调了合作的经济益处。律师事务所也可以强调合作的经济利益,即在其薪酬制度中重视合作行为,因自私或者不合作行为而减少薪酬。

律师事务所可以通过与合伙人可靠地沟通,将合作视为一种内在的职业奖励,而不仅仅是一种提高财务业绩的工具,来解决这个保证博弈。其中一种方法是为参与律师事务所内部的"公民"活动提供薪酬分数,这些活动可以加强律师事务所作为一个组织的地位,但是不能直接产生创收。另一种方法是通过维持一定的薪酬水平来补贴寻求建立新业务的合伙人,这种薪酬水平由于花费在不可收费的业务开发上的时间而无法严格符合律师事务所的薪酬标准。

第5章描述了现代律师事务所有更大的意愿来终止律师,包括合伙人,因为他们被认为是生产力不足。这种发展产生了一种风险,即通过暗示律师事务所只关心律师事务所及其合伙人的财务表现,削弱了律师事务所具有独特文化的感觉。这种看法反过来又会削弱合伙人及律师事务所成员对律师事务所的忠诚和采取合作行动的意愿。

正如第5章所解释的那样,在这种情况下,解决囚徒困境需要说服合伙人,律师事务所的政策确保每个人都为一个共同的事业承担同等的责任。合作的意愿需要相信其他人不会利用这种行为。因此,让每个人都对共同的生产率标准负责可以促进信任,从而鼓励合作,从而以对律师事务所有更大忠诚的形式产生律师事务所特有资本。对这一过程至关重要的是,合伙人相信每个人都遵守同样的标准,并且这些标准得到了公平的适用。

解决保证博弈尤其具有挑战性,因为越来越多的人愿意因生产力不足而终上合伙人。一些律师事务所采取的一种措施,是通过提供创收和盈利能力各不相同的各种业务来减少解雇的需要。与许多其他律师事务所相比,这些律师事务所接受了更大的经济生产力差异。然而,它们通过向那些生产力较低的人提供较低的报酬,来避免所有合伙人都没有尽到自己的责任的看法。选择提供几种不同的业务也可能代表了一种商业战略,即通过分散风险来促进律师事务所的经济目标。这凸显了政策有时可能既服务于商业目的,也服务于职业目的。

另一种旨在解决保证博弈的措施,是通过依赖长期经济指标而不是短期生产力波动作为作出解雇决定的依据,来调和商业逻辑。结合与业务遭遇衰退的合伙人的早期磋商,这可以让合伙人提高绩效,或至少适应最终需要离开的情况。此外,被要求离开的合伙人可能会有充裕的时间离开,以顺利过渡。

第6章和第7章解释了律师事务所的薪酬制度是如何代表物质经济和象征经济的,它分配了经济回报和职业尊重。他们描述了这些经济体如何在由律师事务所规制的正式薪酬程序和基本上不受规制的非正式内部市场的基础上运作的。从广义上讲,律师事务所可以尝试通过奖励合作行为来解决囚徒困境,这种合作行为可以帮助律师事务所建立基于团队和流程的特有资本,从而为委托人提供卓越的服务。它可以通过奖励符合传统非经济职业理想的行为来寻求解决保证博弈问题,比如合伙人工作的质量和创造力,以及愿意为行政管理任务、指导初级律师、解决伦理问题或者商业冲突,以及为新的横向流动合伙人提供咨询等责任投入非收费时间。

第8章描述了横向流动市场活动的巨大增长，以及这对建立律师事务所特有资本的努力所带来的挑战。合伙人不断地离开或者从横向流动市场进入，可能会侵蚀一种共同的期望和规范感，并有可能使经济业绩成为唯一的共同标准。第一种可以通过解决囚徒困境和保证博弈来应对这种风险的方法是，律师事务所寻找能够扩展律师事务所"平台"的横向流动人员，而不是简单地通过追逐那些有盈利能力的人来"购买收入流"。第二种方法是花时间筛选潜在的横向流动人员，以确保他们能融入律师事务所的文化。第三种方法是投入大量资源，将横向流动人员在经济上和文化上融入律师事务所。以上的每一种方法都可以为律师事务所带来经济利益，但是同时也表明律师事务所认真对待自己的文化，不愿意仅仅根据财务生产率来雇佣员工，以防危及律师事务所的文化。

最后，第9章指出，律师事务所的合伙人也寻求作为委托人的可信赖顾问的职业满意度。这一角色可以提供一个机会，提供超出法律条文范围的广泛咨询意见，将法律精神与非法律因素考虑都纳入进来。尽管面临越来越大的商业压力，但是这种律师角色的概念以及扮演这种角色的机会似乎一直存在。

本章旨在描述这种职业自我理解的细微差别，而不是严格测试其在实践中的影响力，或者深入探讨律师事务所文化如何支持和强化这种自我理解。有一种说法似乎是合理的，即律师事务所通过展示对非经济职业价值观的真正忠信来解决保证博弈，可能会创造一种有利于充当可信赖顾问的氛围。通过更有针对性的研究来验证这种尝试性的假设，或许是一种卓有成效的探索。

我们所关注的6家律师事务所，在刻意解决囚徒困境和保证博弈的程度上，以及在这么做的效率上，各有不同。访谈表明，律师事务所6在应对这一挑战方面特别有效，律师事务所4在这方面也取得了相当大的成功。两家律师事务所的合伙人都表示，律师事务所的文化是一个明确的话题，各个层面的决策通常都将对文化的影响作为考虑因素。这两家律师事务所都有意提供一系列有着不同创收和利润水平的服务,并在一定程度上根据这些指标为合伙人提供不同的薪酬。这两家律师事务所的合伙人都表示,这反映出两家律师事务所都在努力将终止合伙人身份的需要最小化,即便近年来两家律师事务所都需要更频繁地采取这种手段。他们还表示,这种理念是有钱不赚,也就是说,更专注于高端业务可能会让律师事务所更有利可图。通过这种方式,律师事务所发出了一个关于非经济职业价值观的重要性的可信信息。值得注意的是,两家律师事务所都有反对这种做法的人,他们担心在竞争日益激烈的市场中,这可能不是最谨慎的政策。

律师事务所 6 也强调合作是薪酬的一个重要因素,要求合伙人自我评估自己的合伙人曾帮助过谁以及哪些人曾帮助过他。这使它在让委托人机构化方面特别成功,尽管这么做仍然存在挑战。与律师事务所 6 相比,律师事务所 4 在薪酬信息的分享上更为广泛,但是两家律师事务所都有一种感觉,即从事管理职位的人获得的薪酬比他们可以要求的金额要少。这被认为是一个人有钱不赚的另一个例子,这是帮助解决保证博弈的另一种方式。

律师事务所 6 采取了一些额外的措施,这些措施有助于培养一个合理的独特的文化。它明确地只追求那些能够帮助扩展其"平台"的横向流动人员,而不仅仅是那些提供利润丰厚的案源的人。它还让大量的合伙人参与审查潜在横向流动人员的过程,以确保良好的文化契合。它选择不向那些被认为不合适的人提供工作机会,即使他们会帮助扩大平台并提高律师事务所的经济业绩。

其他律师事务所至少在维持一种合理的独特文化方面取得了一些成功。律师事务所 2 似乎在利用它的公益项目来加强它的文化。虽然计费工时和公益工作时间之间并不存在必然的零和关系,但是对后者的坚定承诺至少会以放弃计费工时的形式而有钱不赚。这似乎既向律师事务所的现有成员传递了信息,也向潜在的新员工传递了信息,理想情况下,后者会导致自我选择进入律师事务所的明显文化。

律师事务所 2 也因推迟在一个有巨大创收潜力的地区开设新办事处而出名。如今,在一个新地点开展业务的一种典型方式是与该地点的一家律师事务所合并或者收购它。有一次,律师事务所 2 选择了等待,直到它可以派一个现有的合伙人来开设办事处,因为它希望把办事处融入律师事务所的文化中。这也有效地帮助解决了"保证博弈"的问题,即不过早开设办公室,放弃创收,放弃有钱不赚。

律师事务所 3 的合伙人强调律师事务所内强大的合作文化。访谈表明,一个可能导致这种情况的因素是,如果薪酬委员会认为合伙人在索取薪酬分数方面不公平,它愿意重新分配薪酬分数。合伙人还描述了律师事务所曾因被视为不可接受的行为而要求可带来利润的合伙人离职的情况,这种不可接受的行为至少会导致短期的创收不足。最后,正如我们在第 8 章中所描述的那样,与我们研究的其他律师事务所相比,该律师事务所有一个更正式的横向整合计划。我们无法系统地就这个项目的有效性向合伙人进行调查,但是它至少正式表明了律师事务所对融入过程重要性的忠信。

虽然有钱不赚强调的是职业逻辑而不是商业逻辑,但应该清楚的是,在某些情况下,逻辑是一致的。例如,奖励合作,惩罚不合作的人,可以提高律师事务所的盈利能力,同时激励合伙人发现有着内在回报的职业关系。培养一种集体而不是个人主义的创业精神也可以创造经济利益和非经济职业回报。雇佣横向流动人员来帮助加强律师事务所的"平台",而不是简单地"购买收入流",可以提高盈利能力,并培养合伙人之间的亲密关系。

认识到一些措施既可以促进盈利能力也可以促进职业价值,挑战了商业原则和职业原则之间的传统二分法。正如我们所说的那样,理解律师事务所需要超越这个框架。比如,乔纳森·莫洛特(Jonathan Molot 2014)提出,律师事务所应该能够向合伙人提供永久性股权,这些股权在退休后可以兑现。这些股权的价值将是合伙人创收的几倍。

举例来说,如果一位合伙人每年能创造 1000 万美元的收入和 500 万美元的利润,那么目前只要他还在为律师事务所工作,就能分享利润。有了对律师事务所的股权投资,合伙人就可以 1000 万美元或者 5000 万美元的数倍的价格将业务变现出售。虽然律师事务所可能会将合伙人的部分股权分配给律师事务所内的其他人,但是"对于一个年收入数百万美元的律师来说,在退休后获得价值数千万美元的养老金很可能会改变他的人生"。这将促使合伙人帮助律师事务所将其与委托人的关系机构化:

> 这种律师执业机构的市场价值,往往与其高级律师对其持续成功的重要性成反比,因此,直接取决于该律师离职或退休后,该律师事务所的运作如何。如果一个企业家创建的企业能够在没有他的情况下也能正常运转——这样企业就有了独立于他或者她的劳动之外的内在价值——那么与那些其企业依赖于企业家的持续劳动的企业相比,他就有可能以更高的价格出售企业。(Molot 2014, 26)

通过这种方式,股权投资可以让合伙人获得律师事务所的长期股份,从而提高合伙人的忠诚度,鼓励非合伙律师有意义的职业发展,并通过减轻对短期业绩的强调,提供更多内在的职业满意度。因此,似乎固有地表达商业逻辑的度量,可以促进职业逻辑。仅仅以它将使律师事务所的实务从一种职业转变为一种商业为由而罢黜它,忽视了这种可能性(Regan 2008)。问题是一种度量方法在多大程度上可以将商业价值和职业价值一致起来,或者在两者之间制造紧张关系。

结　论

我们的访谈表明,尽管近年来律师事务所和律师事务所合伙人面临的商业压力显著增强,但律师事务所的合伙人仍然觉得自己是与众不同的职业人员。他们继续从对他们重要的法律实务中寻求非经济职业回报。在某些方面,这并不奇怪。与这种观点一致的是,即那些申请法学院的人是受到经济成功之外的各种目标激励的(Stetz 2018)。尽管在申请法学院和成为律师事务所合伙人之间,可能会发生很多事情,但是我们的访谈表明,许多合伙人保留了这种定位。尽管普遍怀疑职业主义在法律实务中仍然是一个有用的概念,但是这种情况依然如旧(Morgan 2010)。

然而,没有什么能确保这些价值会继续存在,这些回报会一直存在,或者合伙人们会继续追求它们。无情的竞争压力要求律师事务所更加明确地关注经济业绩,并采取进一步促进这一目标的政策。律师事务所如果想提供一种独特的文化,在这种文化中提供职业回报,就必须仔细考虑促进商业成功的措施究竟是与职业价值相辅相成还是相抵触。如果对这个问题不敏感,律师事务所可能会漂向一种由商业逻辑主导的文化,从而使其与其他律师事务所无甚区别。

直到上一代人之前,许多律师事务所都拥有长期委托人关系行事的律师事务所特有资本,这使他们能够在商业和职业逻辑上保持一致。在现代市场条件下,这种形式的资本已不复存在。律师事务所必须创造新的方式来吸引合伙人的投入和忠诚。正如我们所提出的那样,完成这项任务是可能的,但是越来越困难。大型律师事务所成功做到这一点的程度,将决定它们是否能够继续为其内部的合伙人提供金钱和意义。

附录:研究项目

我们的研究包括对259名合伙人的访谈,以及另外对该组20个合伙人的第二次访谈,总共279次访谈。书中引用的数字表示的是279个访谈中的一个。所有第一次访谈是在2009年7月至2014年8月进行的。第二次访谈于2016年7月进行。

在259名受访合伙人中,244名(94%)来自6家律师事务所。这些律师事务所中有5家是AmLaw 100强律师事务所,在访谈时至少有900名律师。第六家律师事务所是AmLaw 200强中的一员,访谈时共有400多名律师。另外15位受访合伙人中,有12位来自AmLaw 100强律师事务所。访谈地点被认为是这6家核心律师事务所的总部,以及其他律师事务所的办事处。他们在东海岸、西海岸和中西部的办事处工作。在AmLaw 100强中的5家律师事务所中,受访的合伙人分别为26人、39人、40人、51人和62人。我们访谈了AmLaw 200强律师事务所中的26位合伙人。

约37%的合伙人是从其他律师事务所跳槽来的。我们的访谈中有80人(约31%)是女性合伙人。这一比例高于2018年全美女律师协会对AmLaw 200强律师事务所进行的调查报告中所报告的女性收入合伙人(30%)和女性股权合伙人(20%)的比例。尽管我们访谈了一些非洲裔美国人、西班牙裔美国人和亚裔美国人合伙人,但这些人太少了,以至于我们无法就种族背景对经验和态度可能产生的影响得出任何结论。

受访者从法学院毕业至今的年数及人数所占比例如下:

7~10年:7.6%;

11~15年:15.8%;

16~20年:12.5%;

21~25年:14.6%;

26~30年:19.8%;

31~35年:13.4%;

36~40年:11.7%;

40年以上:3.2%。

毕业后的年限中位数是25年。如果我们做一个粗略的假设,每个人在成为合伙人之前平均花了8年的时间,那么受访者成为合伙人的年限的中位数是17年。

在对最初的259名合伙人的访谈中,除了一名是通过电话进行的以外,其余都是面对面进行的。第二次访谈的20人全部通过电话进行。在获得每位合伙人同意的情况下,对6家律师事务所244位合伙人的访谈全部进行了录音。访谈由一到两个访谈者进行,采用半结构化的访谈形式。访谈时间从1小时至2小时不等,平均不到90分钟。

与6个主要律师事务所合伙人的所有面谈都是在律师事务所管理层的合作下安排的。合伙人的选择考虑了一系列受访者的业务领域、资历、性别、种族背景、办公地点、管理责任和横向流动市场地位。我们采访了研究中所有6家主要律师事务所的管理合伙人,以及另外3家AmLaw 100强律师事务所的现任或者前任管理合伙人。

致　　谢

我们衷心感谢法学院招生委员会的慷慨资助,使我们得以开展这本书的基础研究。我们也要感谢芝加哥大学出版社的查尔斯·迈尔斯(Charles Myers),以及系列编辑林恩·马特(Lynn Mather)和约翰·康利(John Conley),感谢他们在我们完成手稿时,提供的有洞察力的指导、鼓励和耐心。乔治城大学法律中心的贝齐·库恩(Betsy Kuhn)提供了非凡的编辑协助,大大提高了条理清晰度和书的可读性。

一路走来,我们特别感谢那些和我们一起阅读或者讨论手稿部分内容的人。伊丽莎白·钱布利斯(Elizabeth Chambliss)是项目的最初参与者,但是由于其他工作,她不得不在早期阶段退出。尽管如此,她在参与这个项目期间以及之后,还是作出了重要的贡献,这有助于我们加深对研究的思考。约翰·达利(John Darley)和安·坦布塞尔(Ann Tenbrunsel)也是最初的参与者,他们因工作而不得不退出,但是他们也帮助我们塑造了我们的关注点。此外,安凡尼·苏德(Avani Sood)在攻读普林斯顿大学博士期间,提供了宝贵的帮助。就项目过程中有价值的评论和对话,我们感谢罗尼特·迪诺维兹(Ronit Dinotitzer)、海蒂·加德纳(Heidi Gardner)、凯希·霍尔(Kath Hall)、尼尔·汉密尔顿(Neil Hamilton)、薇薇安·福尔摩斯(Vivien Holmes)、莱斯利·莱文(Leslie Levin)、戴维·鲁本(David Luban)、吉姆·琼斯(Jim Jones)、阿希什·南达(Ashish Nanda)、鲍勃·纳尔逊(Bob Nelson)、德纳·瑞摩斯(Dana Remus)、罗布·罗森(Rob Rosen)、塔妮娜·罗斯坦(Tanina Rostain)、南希·

萨克斯(Nancy Sachs)、卡罗尔·西尔弗(Carole Silver)、丽莎·史密斯(Lisa Smith)、克里斯汀·斯塔克(Kristin Stark)、乔伊斯·斯特灵(Joyce Sterling)、艾尔·沃德(Eli Wald)、布拉德·温德尔(Brad Wendel)和戴维·威尔金斯(David Wilkins)。第6章和第7章的部分内容曾作为下文发表:"Money and Meaning: The Moral Economy of Law Firm Compensation, *University of St. Thomas Law Journal* 10, no.1 (2012): 74 – 151"。

如果没有几家大型律师事务所高级管理层的合作,这本书是不可能出版的。这些领导人告诉他们的合伙人我们的项目,并鼓励他们与我们交谈,没有任何试图影响他们将说什么或者了解他们说什么。我们非常感谢许多合伙人在他们非常繁忙的日程安排中同意与我们会晤,他们总是慷慨地花时间,并对所提出的每一个问题作出了坦率和深思熟虑的回答。没有他们的参与,这本书是不可能完成的。

里根(Mitt)将这本书献给南希(Nancy)、丽贝卡(Rebecca)、本(Ben)和布莱恩(Bryan),以及家族的最新一代利亚姆(Liam)和达什(Dash)。他们的爱、耐心、幽默、不羁、嬉闹,无可比拟地丰富了我的生活。能成为他们生活的一部分,我真是太幸运了。我相信,如果我说南希(Nancy)是我的中心和基础,他们谁也不会介意:她是一位有爱心的伴侣,有着令人印象深刻的成就。她培育了我,挑战了我,扩大了我的意识。在我们共同分享的每一天里,她都是一个有天赋的伴侣,不断地让这个世界看起来焕然一新,充满希望。

丽莎(Lisa)要感谢她的同事,尤其是丽莎·史密斯(Lisa Smith)和克里斯汀·斯塔克(Kristin Stark),以及 Fairfax Associates 的委托人,感谢他们关于法律职业的对话和深刻见解。她也要感谢她的哈佛商学院博士导师阿希什·南达(Ashish Nanda)把她引向了通过案例研究和定性研究来讲述故事的道路。最后,丽莎(Lisa)很幸运有她的家庭,加文(Gavin)和麦迪(Maddie)是耐心、欢笑和爱的源泉。而 J. J. 一直是丽莎(Lisa)事业的忠实支持者,他总是通过奖励和挑战来表达他的爱和慷慨。没有 J. J. ,这是不可能完成的。

参 考 文 献

Adams, J. S. 1963. "Toward an Understanding of Inequity." *Journal of Abnormal Psychology* 67, no. 5 (November): 422 – 36.

Altonji, Joseph B. 2009. "Who Broke the Two-Tier Model?" (unpublished manuscript on file with authors).

Amabile, Teresa M., and Steven Kramer. 2011. *The Progress Principle: Using Small Wins to Ignite Joy, Engagement, and Creativity at Work*. Boston: Harvard Business Review Press.

American Bar Association. *Report of the Twentieth Annual Meeting of the American Bar Association*. 1897. Philadelphia: Dando.

——. Commission on Professionalism. 1986. " '…In the Spirit of Public Service': A Blueprint for the Rekindling of Lawyer Professionalism." Chicago: ABA. *American Lawyer*. 1895. "The Commercializing of the Profession." January 1895, 84.

——. 1989. "TheAmLaw 100." July/August 1989.

——. 2018. "The 2018AmLaw 100." April 24, 2018.

Atkinson, Rob. 1995. "A Dissenter's Commentary on the Professionalism Crusade." *Texas Law Review* 74, no. 2 (December): 259 – 343.

Babcock, Linda, Michele Gelfand, Deborah Small, and Heidi Stayn. 2006. "Gender Differences in the Propensity to Initiate Negotiations." In *Social*

Psychology and Economics, edited by David De Cremer, Marcel Zeelenberg, and J. Keith Murnighan, 239–59. Mahwah, NJ: Lawrence Erlbaum.

Babcock, Linda, and SaraLaschever. 2003. *Women Don't Ask: Negotiation and the Gender Divide*. Princeton, NJ: Princeton University Press.

Beiner, Theresa M. 2008. "Not All Lawyers Are Equal: Difficulties That Plague Women and Women of Color." *Syracuse Law Review* 58, no. 2: 317–34.

Berle, Jr., A. A. 1933. "Modern Legal Profession." In *Encyclopaedia of the Social Sciences*, edited by Edwin R. A. Seligman and Alvin Johnson. London: MacMillan.

Besharov, Marya L., and Wendy K. Smith. 2014. "Multiple Institutional Logics in Organizations: Explaining Their Varied Nature and Implications." *Academy of Management Review* 39, no. 3: 364–81.

Bévort, Frans, and Roy Suddaby. 2016. "Scripting Professional Identities: How Individuals Make Sense of Contradictory Institutional Logics." *Journal of Professions and Organization* 3, no. 1: 17–38.

Bond, James T., and Families and Work Institute. 2003. *Highlights of the National Study of the Changing Workforce*. New York: Families and Work Institute.

Bowles, Hannah Riley. 2012. "Psychological Perspectives on Gender in Negotiation." RWP12–046. Faculty Research Working Paper Series. Harvard Kennedy School.

Bowles, Hannah Riley, Linda Babcock, and Lei Lai. 2007. "Social Incentives for Gender Differences in the Propensity to Initiate Negotiations: Sometimes It Does Hurt to Ask." *Organizational Behavior and Human Decision Processes* 103, no. 1: 84–103.

Bowles, Hannah Riley, Linda Babcock, and Kathleen L. McGinn. 2005.

"Constraints and Triggers: Situational Mechanics of Gender in Negotiation." *Journal of Personality and Social Psychology* 89, no. 6: 951–65.

Brandeis, LouisD. 1905. "The Opportunity in the Law." Presented at the Harvard Ethical Society, Harvard University, May 4, 1905. https://louisville.edu/law/library/special-collections/the-louis-d.-brandeis-collection/business-a-profession-chapter-20.

Bristol, George W. 1913. "The Passing of the Legal Profession." *Yale Law Journal* 22, no. 8: 590–613.

Brock, David M. 2006. "The Changing Professional Organization: A Review of Competing Archetypes." *International Journal of Management Reviews* 8, no. 3 (2006): 157–74.

Brock, David, C. R. Hinings, and Michael Powell. 1999. *Restructuring the Professional Organization*. London: Routledge.

Bruch, Nicholas. 2018. "Associate Salary Increases: Don't Follow Milbank's Lead." Law.com, June 5, 2018.

Bruch, Nicholas, Michael A. Ellenhorn, and Howard Rosenberg. 2019. *Risky Business: Rethinking Lateral Hiring*. New York: ALM Intelligence. https://decipherglobal.com/wp-content/uploads/2019/03/RethinkingLateralHiring_Web.pdf.

Burk, Bernard A., and David McGowan. 2011. "Big but Brittle: Economic Perspectives on the Future of the Law Firm in the New Economy." *Columbia Business Law Review* 2011, no. 1: 1–117.

Campello, M., J. R. Graham, and C. R. Harvey. 2010. "The Real Effects of Financial Constraints: Evidence from a Financial Crisis." *Journal of Financial Economics* 97:470–87.

Carruthers, Bruce G., and Wendy Nelson Espeland. 1998. "Money,

Meaning, and Morality." *American Behavioral Scientist* 41, no. 10 (August): 1384 – 1408.

Cassens Weiss, Debra. 2012. "Law Firm Consultant Predicts 'Absolutely' More Layoffs and as Many as Five BigLaw Dissolutions." *ABA Journal*, September 6, 2012.

Chandler, Mark. 2007. "The State of Technology in the Law." *Legal Evolution*, November 11, 2017. https://www.legalevolution.org/2017/11/mark-chandler-speech-january – 2007 – 035/.

Chen, Chao C., Jaepil Choi, and Shu-cheng Chi. 2002. "Making Justice Sense of Local-Expatriate Compensation Disparity: Mitigation by Local Referents, Ideological Explanations, and Interpersonal Sensitivity in China-Foreign Joint Ventures." *Academy of Management Journal* 45, no. 4: 807 – 17.

Cipriani, Gina. 2018. "Volatility Is Now a Fact of Life for America's Biggest Firms." *American Lawyer*, April 24, 2018.

Clay, Thomas S., and Eric A. Seeger. 2018. *Law Firms in Transition: An Altman Weil Flash Survey*. Altman Weil.

Connelly, Brian L., S. Trevis Certo, R. Duane Ireland, and Christopher R. Reutzel. 2011. "Signaling Theory: A Review and Assessment." *Journal of Management* 37, no. 1: 39 – 67.

Cooper, David J., Bob Hinings, Royston Greenwood, and John L. Brown. 1996. "Sedi-mentation and Transformation in Organizational Change: The Case of Canadian Law Firms." *Organization Studies* 17, no. 4: 623 – 47.

Cotterman, James D. 2009. "Law Firm Compensation Practices Update." *Report to Legal Management*, Altman Weil Inc., July/August.

Daly, Mary C., and Carole Silver. 2007. "Flattening the World of Legal Services? The Ethical and Liability Minefields of Off-Shorting Legal and Law-

Related Services." *Georgetown Journal of International Law* 38:401.

Dau-Schmidt, Kenneth G., Marc S. Galanter, Kaushik Mukhopadhaya, and Kath-leen E. Hull. 2009. "Men and Women of the Bar: The Impact of Gender on Legal Careers." *Michigan Journal of Gender and Law* 16, no. 1: 49–146.

DeLong, Thomas J., John J. Gabarro, and Robert J. Lees. 2007. *When Professionals Have to Lead: A New Model for High Performance*. Cambridge, MA: Harvard Business Press.

Dinovitzer, Ronit, Hugh Gunz, and Sally Gunz. 2014a. "Corporate Lawyers and Their Clients: Walking the Line between Law and Business." *International Journal of the Legal Profession* 21, no. 1: 3–21.

——. 2014b. "Reconsidering Lawyer Autonomy: The Nexus Between Firm, Lawyer, and Client in Large Commercial Practice." *American Business Law Journal* 51, no. 3: 661–719.

——. 2014c. "Unpacking Client Capture: Evidence from Corporate Law Firms." *Journal of Professions and Organization* 1, no. 2: 99–117.

Dinovitzer, Ronit, Nancy Reichman, and Joyce Sterling. 2009. "The Differential Valu-ation of Women's Work: A New Look at the Gender Gap in Lawyers' Incomes." *Social Forces* 88, no. 2: 819–64.

Donnell, Cathlin, Joyce Sterling, and Nancy Reichman. 1998. *Gender Penalties: The Results of the Careers and Compensation Study*. Denver: Colorado Women's Bar Foundation.

"DuPont Case Study: Joining the Interests of Panel Law Firms and Client." 2011. *Times of London*, June 9, 2011. Economist. 2011. "A Less Gilded Future." May 5, 2011.

Festinger, Leon. 1954. "A Theory of Social Comparison Processes."

Human Relations 7, no. 2: 117 – 40.

Flaherty, Scott. 2018. "The 200 – Partner Tour: Reducing Lateral Risk the Old-Fashioned Way." *American Lawyer*, January 28, 2018.

Flom, Barbara M. 2012. *Report of the Seventh Annual NAWL National Survey on Reten-tion and Promotion of Women in Law Firms*. Chicago: National Association of Women Lawyers Foundation.

Freedman, Monroe. 1975. *Lawyers' Ethics in an Adversary System*. Indianapolis: Bobbs-Merrill.

Freidson, Eliot. 2013. *Professionalism: The Third Logic*. Hoboken, NJ: Wiley, 2013. Fried, Charles. 1976. "The Lawyer as Friend: The Moral Foundations of the Lawyer-Client Relation." *Yale Law Journal* 85: 1060 – 89.

Furnham, Adrian, and Michael Argyle. 1998. *The Psychology of Money*. London: Routledge.

Galanter, Marc, and William Henderson. 2008. "The Elastic Tournament: A Second Transformation of the Big Law Firm." *Stanford Law Review* 60, no. 6 (April): 1867 – 1929.

Galanter, Marc, and ThomasPalay. 1991. *Tournament of Lawyers: The Transformation of the Big Law Firm*. Chicago: University of Chicago Press.

———. 1994. "The Many Futures of the Big Law Firm, Conference on the Commer-cialization of the Legal Profession." *South Carolina Law Review* 45, no. 5: 905 – 28.

Gardner, Donald G., Linn Van Dyne, and Jon L. Pierce. 2004. "The Effects of Pay Level on Organization-Based Self-Esteem and Performance: A Field Study." *Journal of Occupational and Organizational Psychology* 77, no. 3: 307 – 22.

Gardner, Heidi K. 2013. *The Collaboration Imperative for Today's Law*

Firms: Leading High-Performance Teamwork for Maximum Benefit. Cambridge, MA: Harvard Law School Center on the Legal Profession.

———. 2015. "When Senior Managers Won't Collaborate." *Harvard Business Review* 93, no. 3: 74 – 82.

———. 2016. *Smart Collaboration: How Professionals and Their Firms Succeed by Break-ing Down Silos*. Boston: Harvard Business Review Press.

Garth, Bryant G., and Joyce S. Sterling. 2018. "Diversity, Hierarchy, and Fit in Legal Careers: Insights from Fifteen Years of Qualitative Interviews." *Georgetown Journal of Legal Ethics* 31: 123 – 74.

Gerhart, Barry, and Sara L. Rynes. 2003. *Compensation: Theory, Evidence, and Strategic Implications*. Thousand Oaks, CA: Sage.

Gilson, Ronald J., and Robert H. Mnookin. 1985. "Sharing among the Human Capital-ists: An Economic Inquiry into the Corporate Law Firm and How Partners Split Profits." *Stanford Law Review* 37, no. 2 (January): 313 – 92.

Glendon, Mary Ann. 1994. *A Nation under Lawyers: How the Crisis in the Legal Profes-sion Is Transforming American Society*. New York: Farrar, Straus, and Giroux.

Gordon, Robert W. 1983. "Legal Thought and Legal Practice in the Age of American Enterprise, 1870 – 1920." In *Professions and Professional Ideologies in America*, ed-ited by Gerald L. Geison, 70, 110. Chapel Hill: University of North Carolina Press.

———. 1984. "The Ideal and the Actual in the Law: Fantasies and Practices of New York City Lawyers, 1870 – 1910." In *The New High Priests: Lawyers in Post-Civil War America*, edited by Gerard W. Gawalt, 51 – 74. Contributions in Legal Studies 29. Westport, CT: Greenwood Press.

Gorman, Elizabeth H., and Julie A. Kmec. 2009. "Hierarchical Rank and

Women's Or-ganizational Mobility: Glass Ceilings in Corporate Law Firms." *American Journal of Sociology* 114, no. 5: 1428 –74.

Gough, Margaret, and Mary Noonan. 2013. "A Review of the Motherhood Wage Pen-alty in the United States." *Sociology Compass* 7, no. 4: 328 –42.

Green, MarkJ., and Ralph Nader. 1978. *The Other Government: The Unseen Power of Washington Lawyers*. New York: W. W. Norton.

Greenwood, Royston, C. R. Hinings, and John Brown. 1990. "'P2 – Form' Strategic Management: Corporate Practices in Professional Partnerships." *Academy of Man-agement Journal* 33, no. 4: 725 –55.

"Guiding Principles on Business and Human Rights: Implementing the United Nations 'Protect, Respect and Remedy' Framework." 2011. HR/PUB/11/04. Geneva: Office of the High Commissioner, United Nations Human Rights.

Habte, Samson. 2017. "Law Firms Take Aim at Outside Counsel Guidelines, Irking Clients." *Bloomberg News*, June 14, 2017.

Hagan, John, and Fiona M. Kay. 2010. "The Masculine Mystique: Living Large from Law School to Later Life." *Canadian Journal of Law and Society* 25, no. 2: 195 –226.

Halgren, Guy. 2018. "The 200 – Partner Tour: Reducing Lateral Risk the Old-Fashioned Way." *American Lawyer* (online), January 28.

Harper, Steven J. 2013. "Big Law's Troubling Trajectory." *New York Times*, June 24, 2013.

Harter, J. K., F. L. Schmidt, and Corey L. M. Keyes. 2003. "Well-Being in the Work-place and Its Relationship to Business Outcomes: A Review of the Gallup Studies." In *Flourishing: Positive Psychology and the Life Well-Lived*, edited by Jonathan.

Haidt and Corey L. M. Keyes, 205 – 24. Washington, DC: American Psychological Association.

Henderson, William, and Christopher Zorn. 2013. "Playing Not to Lose." *American Lawyer*, March 1, 2013.

Hildebrandt Consulting, LLC, and Citi Private Bank. 2013. "2013 Client Advisory."

Ho, Karen Zouwen. 2009. *Liquidated: An Ethnography of Wall Street*. Durham, NC: Duke University Press.

Hobson, Wayne K. 1986. *The American Legal Profession and the Organizational Society: 1890 – 1930*. New York: Garland.

Hochschild, Arlie, and AnneMachung. 2012. *The Second Shift: Working Families and the Revolution at Home*. New York: Penguin.

Hodges, Melissa J., and Michelle J. Budig. 2010. "Who Gets the Daddy Bonus? Orga-nizational Hegemonic Masculinity and the Impact of Fatherhood on Earnings." *Gender and Society* 24, no. 6: 717 – 45.

Hoffman, Jan. 1994. "Oldest Law Firm Is Courtly, Loyal and Defunct." *New York Times*, October 2, 1994.

Jasper, Colin, and Susan Lambreth. 2016. "Law Firm Pricing: Focusing on the Right Problem." *Law Firm Management* (blog), Thomson Reuters. April 27, 2016.

Kay, Julie. 2012. "Greenberg CEO Richard Rosenbaum Discusses Finances, Internal Controls and the Future." *American Lawyer*, August 20, 2012.

Kelly, Michael. 1994. *Lives of Lawyers: Journeys in the Organizations of Practice*. Ann Arbor: University of Michigan Press.

——. 2007. *Lives of Lawyers Revisited: Transformation and Resilience in the Organiza-tions of Practice*. Ann Arbor: University of Michigan Press.

Kim, W. Chan, and Renée Mauborgne. 2003. "Fair Process: Managing in the Knowl-edge Economy." *Harvard Business Review* 81, no. 1: 127–36.

Killingsworth, Scott. 2012. "Modeling the Message: Communicating ComplianceThrough Organizational Values and Culture." *Georgetown Journal of Legal Ethics* 25:96.

Koltin Consulting Group. 2014. "Lateral Hiring Study: First Half."

Krause, Elliott A. 1996. *Death of the Guilds: Professions, States, and the Advance of Capi-talism, 1930 to the Present.* New Haven, CT: Yale University Press.

Kronman, Anthony T. 1993. *The Lost Lawyer: Failing Ideals of the Legal Profession.* Cambridge, MA: Harvard University Press.

Krueger, David W. 1986. "Money, Success and Success Phobia." In *The Last Taboo: Money as Symbol and Reality in Psychotherapy and Psychoanalysis*, edited by David W. Krueger, 3–16. New York: Brunner/Mazel.

Kulik, Carol T., and Maureen L. Ambrose. 1992. "Personal and Situational Determi-nants of Referent Choice." *Academy of Management Review* 17, no. 2: 212–37.

Langevoort, Donald C. 2011. "Getting (Too) Comfortable: In-House Lawyers, Enter-prise Risk and the Financial Crisis." *Wisconsin Law Review* 2012, no. 2: 495–519.

Lat, David. 2013. "Nationwide Layoff Watch: Major Cuts Come to WeilGotshal." *Above the Law*, June 24, 2013.

Lattman, Peter. 2013. "Mass Layoffs at a Top-Flight Law Firm." *New York Times*, June 25, 2013.

Lazega, Emmanuel. 2001. *The Collegial Phenomenon: The Social Mechanisms of Coopera-tion among Peers in a Corporate Law Partnership.*

Oxford: Oxford University Press.

Lee, Raymond T., and James E. Martin. 1991. "Internal and External Referents as Pre-dictors of Pay Satisfaction among Employees in a Two-Tier Wage Setting." *Journal of Occupational Psychology* 64, no. 1: 57 – 66.

Levine, Samuel J. 2013. "The Law: Business or Profession?: The Continuing Relevance of Julius Henry Cohen for the Practice of Law in the Twenty-First Century." *Ford-ham Urban Law Journal* 40, no. 1: 1 – 32.

Lewinsohn-Zamir, Daphna. 1998. "Consumer Preferences, Citizen Preferences, and the Provision of Public Goods." *Yale Law Journal* 108, no. 2: 377 – 406.

Liebenberg, Roberta D., and Stephanie A. Scharf. 2019. *Walking Out the Door: The Facts, Figures, and Future of Experienced Women Lawyers in Private Practice.* Chi-cago: American Bar Association and ALM Intelligence Compass.

Lindsey, Jon, and Jeffrey A. Lowe. 2014. "Lateral Partner Satisfaction Survey" Major, Lindsey & Africa.

Linowitz, Sol M. 1994. *The Betrayed Profession: Lawyering at the End of the Twentieth Century.* New York: Charles Scribner's Sons.

Llewellyn, K. N. 1931. Review: *A Lawyer Tells the Truth*, by Morris Gisnet. *Columbia Law Review* 31, no. 7: 1215 – 20.

Lok, Jaco. 2010. "Institutional Logics as Identity Projects." *Academy of Management Journal* 53, no. 6: 1305 – 35.

Longstreth, Andrew, and Nate Raymond. 2012. "Fat Guarantees Helped Weaken Dewey & LeBoeuf." Reuters (Business News Edition), May 4, 2012.

Lowe, Jeffrey. 2013. 2012 *Partner Compensation Survey.* Washington, DC: Major, Lind-sey & Africa. https://www.mlaglobal.com/publications/research/

compensation-survey – 2012.

———. 2014. 2014 *Partner Compensation Survey*. Washington, DC: Major, Lind-sey & Africa. https://www. mlaglobal. com/en/knowledge-library/research/ compensation-survey – 2014.

———. 2016. 2016 *Partner Compensation Survey*. Washington, DC: Major, Lindsey & Africa. https://www. mlaglobal. com/publications/research/compensation-survey – 2016.

———. 2018. 2018 *Partner Compensation Survey*. Washington, DC: Major, Lindsey & Africa. https://www. mlaglobal. com/en/knowledge-library/research/2018 – partner-compensation-report.

Luban, David. 1988. *Lawyers and Justice: An Ethical Study*. Princeton, NJ: Princeton University Press.

MacEwen, Bruce. 2013. *Growth Is Dead: Now What*? New York: Adam Smith, Esq. Maister, David H. 1997. *Managing the Professional Service Firm*. New York: Free Press Paperbacks.

McLellan, Lizzy. 2018. "How Morgan Lewis Grew into a Powerhouse on Its Own Terms." *American Lawyer*, April 24, 2018.

McQueen, M. P. 2016. "Perpetual Motion." *American Lawyer* 38, no. 2 (February): 38 – 41.

Mitchell, Terence R., and Amy E. Mickel. 1999. "The Meaning of Money: An Individual-Difference Perspective." *Academy of Management Review* 24, no. 3: 568 – 78.

Moliterno, James E. 2012. "Crisis Regulation." *Michigan State Law Review* 2012, no. 2: 307 – 46.

Molot, Jonathan T. 2014. "What's Wrong with Law Firms? A Corporate Finance Solu-tion to Law Firm Short-Termism." *Southern California Law*

Review 88:1.

Morgan, Thomas D. 2010. *The Vanishing American Lawyer*. New York: Oxford Univer-sity Press.

Nanda, Ashish, and Lisa Rohrer. 2012a. "Robinson & White (A): Pay for Perfor-mance." Cambridge, MA: Harvard Law School. https://casestudies.law.harvard.edu/robinson-white-a-pay-for-performance/.

———. 2012b. "Robinson & White (B): Compensation Review." Cambridge, MA: Harvard Law School. https://casestudies.law.harvard.edu/robinson-white-b-compensation-review/.

National Association of Law Placement. 1989. *Directory of Legal Employers*. Washing-ton, DC: NALP.

———. 2019. "Employment for the Class of 2018—Selected Findings." *Jobs & JDs*. https://www.nalp.org/uploads/SelectedFindingsClassof2018_FINAL.pdf.

National Law Journal. National Law Journal Law Firm Rankings. 2007–2012. Washing-ton, DC: ALM.

Nelson, Robert L. 1988. *Partners with Power: The Social Transformation of the Large Law Firm*. Berkeley: University of California Press.

Nelson, Robert, Ronit Dinovitzer, Gabriele Plickert, Joyce Sterling, and Bryant G. Garth. 2014. *After the JD, Wave 3: A Longitudinal Study of Careers in Transition, 2012–2013, United States* (ICPSR 35480). Ann Arbor, MI: Inter-university Con-sortium for Political and Social Research.

Nelson, Robert L., and Laura Beth Nielsen. 2000. "Cops, Counsel, and Entrepreneurs: Constructing the Role of Inside Counsel in Large Corporations." *Law and Society Review* 34, no. 2: 457–94.

Newsham, Jack. 2019. "The Growing Nonequity Tier Is Forcing a Conversation on Partnership." *American Lawyer*, July 31, 2019.

Noonan, Mary C., Mary Corcoran, and Paul N. Courant. 2008. "Is the Partnership Gap Closing for Women? Cohort Differences in the Sex Gap in Partnership Chances." *Social Science Research* 37, no. 1: 156–79.

Ostrow, Ellen. 2010. "Great Expectations: Lateral Integrations." *New York Law Journal* 243, no. 20: 6.

Packel, Dan. 2018. "'The Wave of the Future': Law Firm Panels Are Creating a New In-Crowd." *American Lawyer*, July 29, 2018.

——. 2019. "Law Firms Are Reimagining Origination Credit." *American Lawyer*, January 3, 2019.

Parker, Christine, and Tanina Rostain. 2012. "Law Firms, Global Capital, and the Sociological Imagination." *Fordham Law Review* 80:2347.

Parker, Christine, Adrian Evans, Linda Haller, Suzanne Le Mire, and Reid Mortensen. 2008. "The Ethical Infrastructure of Legal Practice in Larger Law Firms: Values, Policy and Behaviour." *UNSW Law Journal* 31, no. 1: 158–88.

Parnell, David J. 2018. "The Battle for Talent Is Disrupting the Business of Law." Law.com, August 15, 2018.

Pearce, Russell G. 1995. "The Professionalism Paradigm Shift: Why Discarding Professional Ideology Will Improve the Conduct and Reputation of the Bar." *New York University Law Review* 70, no. 6: 1229–76.

Pearce, Russell G., and Eli Wald. 2012. "Rethinking Lawyer Regulation: How a Relational Approach Would Improve Professional Rules and Roles." *Michigan State Law Review* 2012:513–36.

Peery, Destiny. 2018. *2018 National Association of Women Lawyers Survey on Retention and Promotion of Women in Law Firms*. Chicago: NAWL.

Percheski, Christine. 2008. "Opting Out? Cohort Differences in Professional

Women's Employment Rates from 1960 to 2005." *American Sociological Review* 73, no. 3: 497 – 517.

Pinansky, Thomas Paul. 1987. "The Emergence of Law Firms in the American Legal Profession." *University of Arkansas at Little Rock Law Review* 9, no. 4: 593 – 640.

Pinnington, Ashly, and Jorgen Sandberg. 2013. "Lawyers' Professional Careers: Increasing Women's Inclusion in the Partnership of Law Firms." *Gender, Work and Organization* 20:616.

Pollock, Ellen Joan. 1990. *Turks and Brahmins: Upheaval at Milbank, Tweed: Wall Street's Gentlemen Take off Their Gloves.* New York: American Lawyer Books/ Simon and Schuster.

Press, Aric. 2011. "A Chasm with Consequences: Despite Recovery, Market Forces Creating Challenges for Am Law 200 Firms." *Legal Intelligencer*, June 6, 2011.

——. 2014. "Special Report: Big Law's Reality Check." *American Lawyer*, October 29, 2014.

Randazzo, Sara. 2019. "Being a Law Firm Partner Was Once a Job for Life. That Culture Is All but Dead." *American Lawyer*, August 9, 2019.

Rapp, Richard. 2016. "Understanding the Lateral Hiring Frenzy." Adam Smith, Esq. March 11, 2016. https://adamsmithesq.com/2016/03/understanding-the-lateral-hiring-frenzy/3/.

Regan, Milton C., Jr. 1999. "Law Firms, Competition Penalties, and the Values of Professionalism." *Georgetown Journal of Legal Ethics* 13, no. 1: 1 – 74.

——. 2004. *Eat What You Kill: The Fall of a Wall Street Lawyer.* Ann Arbor: Univer-sity of Michigan Press.

———. 2008. "Lawyers, Symbols, and Money: Outside Investment in Law Firms." *Penn State International Law Review* 27, no. 2: 407 – 38.

———. 2010. "Taxes and Death: The Rise and Demise of an American Law Firm." In *Law Firms, Legal Culture, and Legal Practice*, edited by Austin Sarat. Studies in Law, Politics, and Society 52. Bingley, UK: Emerald.

———. 2013. "Nested Ethics: A Tale of Two Cultures." *Hofstra Law Review* 42, no. 1: 143 – 74.

Regan, Milton C., Jr., and Kath Hall. 2016. "Lawyers in the Shadow of the Regulatory State: Transnational Governance on Business and Human Rights." *Fordham Law Review* 84, no. 5: 2001 – 37.

Regan, Milton C., Jr., and Palmer Heenan. 2010. "Supply Chains and Porous Boundaries: The Disaggregation of Legal Services." *Fordham Law Review* 78, no. 5: 2137.

Regan, Milton C., Jr., and Lisa H. Rohrer. 2012. "Money and Meaning: The Moral Economy of Law Firm Compensation." *University of St. Thomas Law Journal* 10, no. 1: 74 – 151.

Rehnquist, William H. 1987. "The Legal Profession Today Dedicatory Address." *Indi-ana Law Journal* 62, no. 2: 151 – 58.

Reichman, Nancy J., and Joyce S. Sterling. 2002. "Recasting the Brass Ring: Deconstructing and Reconstructing Workplace Opportunities for Women Lawyers." *Capital University Law Review* 29:923.

———. 2004. "Sticky Floors, Broken Steps, and Concrete Ceilings in Legal Careers." *Texas Journal of Women and the Law* 14, no. 1: 27 – 76.

———. 2013. "Parenthood Status and Compensation in Law Practice." *Indiana Journal of Global Legal Studies* 20, no. 2: 1203 – 22.

Remus, Dana. 2017. "Reconstructing Professionalism." *Georgia Law*

Review 51, no. 3: 807-77.

Rhode, Deborah L. 2011. "From Platitudes to Priorities: Diversity and Gender Equity in Law Firms." *Georgetown Journal of Legal Ethics* 24:1041.

——. 2014. "Diversity and Gender Equity in Legal Practice." *University of Cincinnati Law Review* 82, no. 3: 871-900.

Ribstein, Larry, E. 2010. "The Death of Big Law." *Wisconsin Law Review* 2010, no. 3: 749-815.

Ridgeway, Cecilia L. 2011. *Framed by Gender: How Gender Inequality Persists in the Modern World*. New York: Oxford University Press.

Rikleen, L. 2013. *Closing the Gap: A Road Map for Achieving Gender Pay Equity in Law Firm Partner Compensation*. Chicago: American Bar Association.

Rogers, Abby. 2013. "Law Firm Partners Can Expect Major Layoffs This Year." *Business Insider*, January 8, 2013.

Rohrer, Lisa, and Nicole DeHoratius. 2015. "SeyfarthLean: Transforming Legal Service Delivery at Seyfarth Shaw." Case Study HLS 15-13. Boston: Harvard Law School. https://casestudies.law.harvard.edu/seyfarthlean-transforming-legal-service-delivery-at-seyfarth-shaw/.

Roiphe, Rebecca. 2016. "The Decline ofProfessionalism." *Georgetown Journal of Legal Ethics* 29:649-82.

Rose, Joel A. 2010. "Administering Partner Compensation Systems." *Compensation and Benefits for Law Offices* 10, no. 10-12: 1-11.

Rosen, Robert Eli. 2010. "Rejecting the Culture of Independence: Corporate Lawyers as Committed to Their Clients." In *Law Firms, Legal Culture, and Legal Practice*, edited by Austin Sarat. Studies in Law, Politics, and Society 52. Bingley, UK: Emerald.

Rostain, Tanina. 2010. "Self-Regulatory Authority, Markets, and the

Ideology of Pro-fessionalism." In *The Oxford Handbook of Regulation*, edited by Robert Baldwin, Martin Lodge, and Martin Cave, 169 – 200. Oxford: Oxford University Press.

Rozen, Miriam. 2018. "The NLJ 500: Career-Nurturing Firms Win High Rankings on Women-in-Law Scorecard." *National Law Journal*, June 28, 2018.

Rudman, Laurie A. 1998. "Self-Promotion as a Risk Factor for Women: The Costs and Benefits of Counterstereotypical Impression Management." *Journal of Personality and Social Psychology* 74, no. 3: 629 – 45.

Ryan, Richard M., and Edward L. Deci. 2000. "Intrinsic and Extrinsic Motivations: Classic Definitions and New Directions." *Contemporary Educational Psychology* 25, no. 1: 54 – 67.

Sako, Mari. 2010. "Make-or-Buy Decisions in Legal Services: A Strategic Perspective." Conference Presentation. Law Firm Evolution: Brave New World or Business as Usual, Georgetown University Law Center, Washington, DC, March 21 – 23, 2010.

Scheiber, Noam. 2013. "The Last Days of Big Law." *New Republic*, July 21, 2013. Seal, Ben. 2019. "What Helps the Super Rich Maintain Their Success?" *American Lawyer*, April 23, 2019.

Shelton, George F. 1901. "Law as a Business." *Yale Law Journal* 10, no. 7: 275 – 82.

Silbey, S. 2011. "The Sociological Citizen: Pragmatic and Relational Regulation in Law and Organizations." *Regulation and Governance* 5:1 – 13.

Silbey, S., R. Huising, and S. Coslovsky. 2009. "The Sociological Citizen: Recogniz-ing Relational Interdependence in Law and Organizations." *L'Année Sociologique* 59:201 – 229.

Silverstein, Silvia Hodges. 2014. "White Paper: Gender Study." Sky Analytics. Simmons, Christine. 2018a. "Fewer Firms Expected to Follow Milbank's Associate Pay Boost." *American Lawyer*, June 4, 2018.

——. 2018b. "Milbank Boosts Associate Salaries with $190K Starting Pay." *Ameri-can Lawyer*, June 4, 2018.

——. 2018c. "The Super Rich Are Getting Richer." *American Lawyer*, April 24, 2018. Simon, William H. 1999. *The Practice of Justice: A Theory of Lawyers' Ethics*. Cambridge, MA: Harvard University Press.

Simons, Hugh. 2017. "Global Lateral Hiring by the Numbers: A Look Behind the High 5-Year Attrition Rate." *American Lawyer*, February 3, 2017.

——. 2019. "Equity and Nonequity Partners Are on Divergent Paths." *American Lawyer*, April 17, 2019.

Simons, Hugh, and Bruch, Nicholas. 2018. "Success in the Am Law 100 Is Being Driven by Management." *American Lawyer*, April 24, 2018.

Sloan, Karen. 2013. "ABA Issues Toolkit, Aiming to Eliminate Gender Pay Gap." *Na-tional Law Journal*, March 18, 2013.

Smets, Michael, Paula Jarzabkowski, Gary T. Burke, and Paul Spee. 2014. "Reinsurance Trading in Lloyd's of London: Balancing Conflicting-yet-Complementary Logics in Practice." *Academy of Management Journal* 58, no. 3: 932–70.

Smets, Michael, T. Morris, S. Carroll, and N. Malhotra. 2009. "Orchestrating for a Winning Performance: Re-Thinking Strategy in Professional Service Firms." Work-ing paper, Novack Druce Centre for Professional Service Firms, Said Business School, University of Oxford, Oxford, UK.

Smigel, Erwin Orson. 1964. *The Wall Street Lawyer. Professional Organization Man?* 2 ndprtg. New York: Collier-Macmillan.

Smith, Jennifer. 2014. "Female Lawyers Still Battle Gender Bias." *Wall Street Journal*, May 4, 2014, US ed.

Smith, Reginald Heber. 1940. "Law Office Organization, IV." *ABA Journal* 26, no. 8: 648–51.

Solomon, Rayman L. 1992. "Five Crises or One: The Concept of Legal Professional-ism, 1925–1960." In *Lawyers' Ideals/Lawyers' Practices: Transformations in the American Legal Profession*, edited by Robert L Nelson, David Trubek, and Rayman L. Solomon, 144–74. Ithaca, NY: Cornell University Press.

Sommerlad, H. 2015. "The "Social Magic" of Merit: Diversity, Equity, and Inclusion in the English and Welsh Legal Profession." *Fordham Law Review* 83, no. 5: 2325–47.

Sommerlad, H., and P. Sanderson. 1998. *Gender, Choice and Commitment: Women So-licitors in England and Wales and the Struggle for Equal Status*. London: Routledge.

Stein, Jacob A. 2010. "Legal Spectator: Finders, Minders, and Grinders." *Washington Lawyer*, April 2010.

Sterling, J., and N. Reichman. 2016. "Overlooked and Undervalued: Women in Private Law Practice." *Annual Review of Law and Social Science* 12: 373–93.

Stetz, Mike. 2018. "Why Go to Law School? Most Go to Help Others." *PreLaw*, Octo-ber 12, 2018. http://www.nationaljurist.com/prelaw/why-go-law-school-most-go-help-others.

Stevens, Mark. 1987. *Power of Attorney: The Rise of the Giant Law Firms*. New York: McGraw-Hill.

Stone, Harlan F. 1934. "The Public Influence of the Bar." *Harvard Law*

Review 48, no. 1: 1–14.

Strom, Ray. 2019. "Big Law Is Humming, but Collections Keep Tumbling." *Bloomberg Law*, September 19, 2019.

Strom, Roy, and Christine Simmons. 2018. "The Top 5 Strategies Behind Law Firms' Lateral Hiring—And Whether They Work." *American Lawyer*, January 28, 2018.

Strong, Theron George. 1914. *Landmarks of a Lawyer's Lifetime*. New York: Dodd, Mead.

Suddaby, Roy, and Royston Greenwood. 2005. "Rhetorical Strategies of Legitimacy." *Administrative Science Quarterly* 50, no. 1: 35–67.

Sullivan, William M. 2005. *Work and Integrity: The Crisis and Promise of Professionalism in America*. San Francisco: Jossey-Bass.

Susskind, Richard. 2008. *The End of Lawyers? Rethinking the Nature of Legal Services*. Oxford: Oxford University Press.

Terry, Laurel S. 2008. "The Future Regulation of the Legal Profession: The Impact of Treating the Legal Profession as 'Service Providers.'" *Journal of the Professional Lawyer* 2008: 189–211.

Thomson Reuters Legal Executive Institute and Peer Monitor, and Georgetown University Law Center. 2017. *Alternative Legal Service Providers: Understanding the Growth and Benefits of these New Legal Providers*. Thomson Reuters, January 1, 2017.

———. 2018. *2018 Report on the State of the Legal Market*. Thomson Reuters, Janu-ary 18, 2018.

———. 2019. *2019 Report on the State of the Legal Market*. Thomson Reuters, Janu-ary 8, 2019.

———. 2020. *2020 Report on the State of the Legal Market*. Thomson

Reuters, January 6, 2020.

Thomson Reuters Legal Executive Institute, Georgetown Law, Said Business School at University of Oxford and Acritas. 2019. *Alternative Legal Service Providers* 2019: *Fast Growth, Expanding Use and Increasing Opportunity*.

Thornton, Patricia H., and William Ocasio. 1999. "Institutional Logics and the Historical Contingency of Power in Organizations: Executive Succession in the Higher Education Publishing Industry, 1958–1990." *American Journal of Sociology* 105, no. 3: 801–43.

———. "Institutional Logics." 2008. In *Sage Handbook of Organizational Institutionalism*, edited by Royston Greenwood et al., 99–129. London: Sage.

Treviño, Linda K., Gary R. Weaver, and Scott J. Reynolds. 2006. "Behavioral Ethics in Organizations: A Review." *Journal of Management* 32: 951–90.

Tribe, Meghan. 2018. "Cravath Sets New High in Associate Salary Race." *American Lawyer*, June 11, 2018.

———. 2019. "Baker McKenzie Moves Toward Black Box System for Equity Partner Pay." *American Lawyer*, March 12, 2019.

Triedman, Julie. 2007. "The AM LAW 100 2007 Top Design." Law.com, May 1, 2007.

———. 2012. "House of Cards, Part III: A Perfect Storm." *American Lawyer*, July/August 2012.

Trotter, Michael H. 1997. *Profit and the Practice of Law: What's Happened to the Legal Profession?* Athens: University of Georgia Press.

Tyler, Tom R. 2005. "Promoting Employee Policy Adherence and Rule Following in Work Settings: The Value of Self-Regulatory Approaches." *Brooklyn Law Review* 70: 1287–1312.

Tyler, Tom R., and Steven L. Blader. 2002. "Autonomous vs. Comparative Status: Must We Be Better than Others to Feel Good about Ourselves?" *Organizational Behavior and Human Decision Processes* 89, no. 1: 813–38.

Vaughan, Steven, and Claire Coe. 2015. *Independence, Representation and Risk: An Empirical Exploration of the Management of Client Relationships by Large Law Firms*. Birmingham, UK: Solicitors Regulation Authority.

Wald, Eli. 2010. "Glass Ceilings and Dead Ends: Professional Ideologies: Gender Stereotypes, and the Future of Women Lawyers at Large Law Firms." *Fordham Law Review* 78, no. 4: 2245–88.

———. 2015. "BigLaw Identity Capital: Pink and Blue, Black and White." *Fordham Law Review* 83, no. 5: 2509–56.

Wald, Eli, and Russell G. Pearce. 2016. "Being Good Lawyers: A Relational Approach to Law Practice." *Georgetown Journal of Legal Ethics* 29:603.

Weaver, Gary R., and Linda Klebe Treviño. 2001. "The Role of Human Resources in Ethics/Compliance Management: A Fairness Perspective." *Human Resources Management Review* 11:113, 115.

Wendel, W. Bradley. 2010. *Lawyers and Fidelity to Law*. Princeton, NJ: Princeton University Press.

Wesemann, Ed, and Nick Jarrett-Kerr. 2012. *The Edge International 2012 Global Partner Compensation System Survey*. London: Edge International.

Wilkins, David B. 1992. "Who Should Regulate Lawyers?" *Harvard Law Review* 105, no. 4 (February): 799–887.

Williams, Joan. 2001. *Unbending Gender: Why Family and Work Conflict and What to Do About It*. New York: Oxford University Press.

Williams, Joan C., Marina Multhaup, Su Li, and Rachel Korn. 2018.

"You Can't Change What You Can't See: Interrupting Racial and Gender Bias in the Legal Profession." Executive Summary. Chicago: ABA/MCCA.

Williams, Joan C., and Veta Richardson. 2010. "New Millennium, Same Glass Ceiling—The Impact of Law Firm Compensation Systems on Women." *Hastings Law Journal* 62:597.

Williams-Alvarez, Jennifer. 2017. "Legal Departments Keep Huge Percentage of Work In-House. Here's Why." *Corporate Counsel*, June 26, 2017.

Wolinsky, Asher. 1993. "Competition in a Market for Informed Experts' Services." *RAND Journal of Economics* 24, no. 3: 380–98.

Zaretsky, Staci. 2018a. "Are Layoffs Looming If Some Firms Match Milbank's Associ-ate Salary Increase?" *Above the Law*, June 5, 2018.

——. 2018b. "Salary Wars Scorecard: Which Firms Have Announced Raises and Bonuses? (2018)." *Above the Law*, June 5, 2018.

Zelizer, Viviana. 1994. *The Social Meaning of Money*. Princeton, NJ: Princeton Univer-sity Press.